REABILITAÇÃO CRIMINAL

Dados Internacionais de Catalogação na Publicação (CIP)
(Câmara Brasileira do Livro, SP, Brasil)

Falconi, Romeu
  Reabilitação criminal/ Romeu Falconi. — São Paulo: Ícone, 1995. — (Elementos de direito)

  Bibliografia.
  ISBN 85-274-0343-9

  1. Criminosos — Reabilitação 2. Psicologia criminal I. Título. II. Série.

95-1190
CDD-364.3

Índices para catálogo sistemático:

1. Criminosos: Reabilitação: Criminologia   364.3
2. Psicologia criminal: Criminologia   364.3
3. Reabilitação de criminosos: Criminologia   364-3

ROMEU FALCONI

Prof. Titular de Direito Penal da Faculdade de Direito das Faculdades Metropolitanas Unidas; Prof. Adjunto no curso de Direito da Universidade São Judas Tadeu; Coordenador Executivo do CEPG; Advogado Militante, Conselheiro da OAB-SP, onde também preside a Comissão de Direitos e Prerrogativas para o Triênio 95-96-97

REABILITAÇÃO CRIMINAL

© Copyright 1995, Ícone Editora Ltda.

Coleção Elementos de Direito

Coordenação Técnica
Carlos E. Rodrigues
Márcio Pugliesi

Produção e Capa:
Anízio de Oliveira

Diagramação:
Rosicler Freitas Teodoro

Revisão:
Rosana M. A. Kurt

Proibida a reprodução total ou parcial desta obra, de qualquer forma ou meio eletrônico, mecânico, inclusive através de processos xerográficos, sem permissão expressa do editor (Lei nº 5.988, 14/12/1973).

Todos os direitos reservados pela
ÍCONE EDITORA LTDA.
Rua Anhanguera, 56/66 — Barra Funda
CEP 01135-000 — São Paulo — SP
Tels. (011)826-7074/826-9510

ÍNDICE GERAL

INTRODUÇÃO 9
1. CULPABILIDADE E PENA 13

1.1 — NOÇÃO DE CULPABILIDADE, SEGUNDO AS ESCOLAS 13
1.1.1 — Escola Clássica 13
1.1.2 — Escola Positiva 15
1.1.3 — Escola Eclética 17
1.1.4 — Escola Social 18

1.2 — ATUAL DOUTRINA DA CULPABILIDADE 21
1.3 — POSICIONAMENTO DO AUTOR 31
1.4 — UMA PALAVRA SOBRE A PENA 36

2. A REABILITAÇÃO 39

2.1 — CONSIDERAÇÕES PRELIMINARES 39
2.1.1 — Etimologia e Conceito 39
2.1.2 — Natureza Jurídica 44
2.1.2.1 — Preliminares sobre o tópico 44
2.1.2.2 — Suspensão ou extinção sobre os efeitos da pena? 45
2.1.2.3 — Direito subjetivo, graça ou indulgência? 48
2.1.2.4 — Direito substantivo ou direito adjetivo? 51
2.1.3 — Escopo da Reabilitação Criminal 52

3. ORIGEM DO INSTITUTO 57

3.1 — BREVE INTRODUÇÃO 57
3.1.1 — Considerações Preliminares 57
3.1.2 — "Graça" e "Indulgência" 58
3.1.3 — "Restitutio in integrum" 63

3.2 — A CONTROVÉRSIA: A POSIÇÃO DE MANUEL
       GROSSO GALVAN 67
3.3 — EVOLUÇÃO DO INSTITUTO 71
3.3.1 — França e Espanha: Modernidade 71

3.4	— A REABILITAÇÃO NO BRASIL	76
3.4.1	— Brasil Colônia	76
3.4.1.1	— As Ordenações	77
3.4.1.2	— Dominação Holandesa	79
3.4.2	— Código Criminal do Império	80
3.4.3	— Código da República (1890)	83
3.4.4	— Consolidação das Leis Penais	86
3.4.5	— Projeto Alcântara Machado	88
3.4.6	— Proposição de Nelson Hungria (vencedora no Código de 1940)	91
3.4.7	— Lei nº 5.467/68	96
3.4.8	— O Código de 1969	100
4. DIREITO COMPARADO		101
4.1	— EUROPA	101
4.1.1	— Alemanha	101
4.1.2	— Áustria	103
4.1.3	— Espanha	103
4.1.4	— Itália	105
4.1.5	— Portugal	107
4.2	— AMÉRICA LATINA	108
4.2.1	— Argentina	108
4.2.2	— Bolívia	110
4.2.3	— Chile	111
4.2.4	— Colômbia	113
4.2.5	— Costa Rica	115
4.2.6	— México	117
4.2.7	— Nicarágua	118
4.2.8	— Panamá	120
4.2.9	— Peru	121
4.2.10	— Uruguai	122
4.3	— PAÍSES SOCIALISTAS	123
4.3.1	— União das Repúblicas Socialistas Soviéticas	124
4.3.2	— Cuba	126
4.3.3	— Outras Sociedades Socialistas	128
5.	A REABILITAÇÃO NO DIREITO BRASILEIRO ATUAL	131
5.1	— A NORMA JURÍDICA EM GERAL	131
5.2	— A NORMA JURÍDICA ESPECÍFICA	133
5.3	— DOUTRINA	140
5.4	— JURISPRUDÊNCIA	145

5.4.1	— Considerações Preliminares	145
5.4.2	— Competência Jurisdicional	146
5.4.3	— Recurso Ex-officio	148
5.4.4	— Ressarcimento do Dano	151
5.4.4.1	— Deferimento	152
5.4.4.2	— Indeferimento	154
5.4.5	— Reincidência	156
5.4.6	— O Requisito "Tempo" e a "Readaptação Social"	156
5.4.7	— Demais Requisitos	158
A NORMA JURÍDICA NO DIREITO PENAL MILITAR		159
6.	A QUESTÃO DOS ANTECEDENTES CRIMINAIS	163
6.1	— CONSIDERAÇÕES GERAIS	163
6.2	— O DESENVOLVIMENTO DA CRIMINALIDADE	164
6.3	— A JUSTIFICATIVA PARA O REGISTRO DOS ANTECEDENTES CRIMINAIS	166
6.4	— OS ARQUIVOS PARALELOS	168
6.5	— A NORMATIZAÇÃO	172
6.5.1	— As Normas Jurídicas Ordinárias	172
6.5.2	— A Regulamentação Normativa Complementar	175
6.5.3	— A Hermenêutica Pretoriana	177
6.6	— A PUBLICIDADE DOS ANTECEDENTES E SUAS CONSEQÜÊNCIAS	180
6.6.1	— A Publicidade	180
6.6.2	— A Imagem do Cidadão	182
6.7	— O QUE FAZER?	187

7. CONCLUSÕES 193
BIBLIOGRAFIA 199

INTRODUÇÃO

O tema eleito para a presente dissertação foi a **REABILITAÇÃO**: Interessa nesta oportunidade pesquisar sobre os aspectos humanos de um instituto jurídico por excelência. Por excelência porque, desde o primeiro momento, percebe-se no vocábulo a ambigüidade própria dos termos equívocos. Assim, é absolutamente imperioso concentrar-se precisamente no conteúdo jurídico de algo profundamente humano, evitando, destarte, que aquela faceta acabe por observar esta última, como tem sido a regra geral na aplicabilidade da norma jurídica pertinente, que acaba sendo interpretada exclusivamente do ponto de vista axiológico-jurídico.

Após longo tempo de reflexões sobre todos os pontos, sobre os quais, foi dado criar hipóteses, adotou-se a opção estrutural sob a qual se desenvolverá o trabalho proposto: **REABILITAÇÃO CRIMINAL**.

Isto posto, foi possível discorrer com certa segurança sobre tópicos pertinentes:

I — **Culpabilidade**: porque intimamente ligada ao fato anterior que irá fomentar os fatos futuros. Essa foi a orientação esclarecedora recebida, e que em muito ajudou atingir o alcance do instituto a ser discutido. Não seria possível, de outra parte, deixar de emitir conceito sobre a *pena*, que é a conseqüência natural de qualquer conduta comprometida com a culpa no terreno do Direito Penal.

II — **Considerações preliminares sobre o instituto** ora posto em discussão. Nesse espaço serão abordados a etimologia e o conceito, principalmente.

III — **História da reabilitação criminal**. É ela indispensável para se conhecer bem o instituto, desde a sua gênese. Saber a origem das coisas sempre facilita discorrer sobre elas. Nem todos os pesquisadores pensam assim, preferindo desde logo uma abordagem direta sobre o tema discutido. Entretanto, havendo acalorada discussão no campo científico sobre a origem do instituto, tal fato, por si só, seria bastante para abrir espaço ao debate e à pesquisa, justificando a busca das origens da reabilitação criminal.

IV — História Nacional do Instituto. Também aqui parece necessária a pesquisa histórica, posto haver choques de informações. Embora não se pretenda nada de definitivo sobre as questões levantadas, parece não ser aconselhável deixar omissas certas situações, para se poupar o trabalho da pesquisa, ou mesmo para não se expor ao debate da controvérsia.

V — O Instituto perante o sistema normativo pátrio. Serão abordadas as normas jurídicas pertinentes a parca doutrina pátria e a jurisprudência existente. Procurou-se ademais, demonstrar quão complexo é o problema da adequação do fato ao direito e, conseqüentemente, a confusão reinante sobre o conceito de "defesa social".

VI — A questão dos antecedentes criminais. Finalmente, quiçá a mais complicada de todas as aporias existentes no tema como um todo, na análise do trabalho proposto. Procurou-se trabalhar, nessa fase, com o "direito vivo", equacionando a norma jurídica e a jurisprudência ao fato concreto e às conseqüências.

É para alertar desde logo e para sempre que este estudo não quer, e não pode, atingir as raias do definitivo. Seria ele altamente recompensado se pudesse ser de algum modo útil para o aprimoramento, a agilização e a aplicação do instituto da Reabilitação Criminal. Não haverá de ser eles, ademais, comparado a trabalhos congêneres de muito maior merecimento, produzidos anteriormente por mestres de renome e junto a quem se foi buscar ensinamentos, como Jair Leonardo Lopes, Manuel Grosso Galvan, César Camargo Hernandéz, entre outros. Lastima-se profundamente não poder desfrutar das obras do professor Ernest Delaquis, o precursor da matéria, inquestionavelmente, que escreveu nada menos que quatro trabalhos a respeito da reabilitação criminal, no começo do século.

Todas as críticas serão bem-vindas e servirão para ajudar na localização da verdade epistemológica deste modesto ensaio. Doutra parte, certas colocações de cunho absolutamente pessoal não querem desmerecer ou enaltecer quem quer que seja. São, em realidade, o enfoque pessoal e global das coisas e suas conseqüências. A final, um mesmo fato pode refletir de maneira diversa, de pessoa para pessoa. O autor procurou ser tão honesto e sincero quanto possível na colocação de cada questão, propondo soluções que, a seu juízo pareciam ser as mais adequadas, sem contudo pretender, nem de longe, ser o dono da verdade.

1 — CULPABILIDADE E PENA

SUMÁRIO

1.1 — NOÇÃO DE CULPABILIDADE, SEGUNDO AS ESCOLAS; 1.1.1 — Escola Clássica; 1.1.2 — Escola Positiva; 1.1.3 — Escola Eclética; 1.1.4 — Defesa Social; 1.2 — ATUAL DOUTRINA DA CULPABILIDADE; 1.3 — POSICIONAMENTO DO AUTOR; 1.4 — UMA PALAVRA SOBRE A PENA.

1.1 — NOÇÃO DE CULPABILIDADE, SEGUNDO AS ESCOLAS:

1.1.1 — Escola Clássica

Fundamentalmente, o Direito Penal Contemporâneo tem início com os ideais do "iluminismo", derivando daí algo que se convencionou chamar "Escola Clássica" — denominação essa que, segundo alguns denota a jocosidade com que eram tratados os seguidores dessa corrente pelos que vieram depois. César Bonesana — Marquês de Beccaria — um filósofo italiano, escreveu em 1764, um livro do qual não se esperava muito: *Dei Delitti e Delle Pene* (Dos Delitos e das Penas). Entretanto, a ânsia pelas mudanças era tal que o livro se constitui, de imediato, no breviário de todos os pensadores humanistas da época.

Calcados nos princípios jusnaturalistas de Grottius, bem como no trabalho de Emanuel Kant, os "clássicos" adotaram teorias epistemológicas para análise e aplicabilidade da norma jurídica penal. Tudo em homenagem às garantias mínimas do homem feito delinqüente. Era o liberalismo que ocupava o espaço deixado pelo obscurantismo. Já não mais seria possível a sanção do Estado sem a norma anterior. E que a pena não ultrapassasse a pessoa do criminoso. Era o início do respeito ao criminoso, enquanto pessoa humana.

O crime começava a ser encarado como "infração à lei". Vale dizer: haveria sempre a necessidade da lei. A mais expressiva das cabeças que compunham aquela Escola, Francesco Carrara, definiu o delito com as seguintes palavras:

13

> *"A infração da lei do Estado, promulgada para proteger a segurança dos cidadãos, resultante de um ato externo do homem, positivo ou negativo, moralmente impútavel e politicamente danoso"*[1].

A pena, para os clássicos, estruturada no pensamento de Emanuel Kant, como já se disse, pode ser pensada como sendo "um método dedutivo lógico abstrato", o que, no dizer de Luiz Jiménez de Asúa, implica um sistema dogmático baseado exclusivamente em conceitos racionalistas. Ao descartar o crime como fato social que é, a pena passa a representar uma "retribuição" justa, segundo esse pensamento, pelo mal causado.

Assim colocada por via das teorias absolutas, fica a pena alicerçada sobre certas condicionantes. Em realidade, um tripé composto por um *postulado,* que está representado pela imputação moral que se atribui ao acusado; um *fundamento,* que pressupõe o livre-arbítrio que se diz detentor o homem, o que implica admitir-se ser ele livre de qualquer pressão endógena ou exógena. A elevação desse fundamento à categoria de dogma compromete um efetivo juízo axiológico sobre a motivação de agir do acusado, um *pressuposto,* que nada mais é que a responsabilidade legal que recai sobre a pessoa do criminoso.

Essencialmente, essa Escola discute sistematicamente o delito e a pena, descartando o **HOMEM,** enquanto pessoa humana, cheia de contradições, temores, razões e desequilíbrios. Nada, nem ninguém pode excluir o homem em relação à sua conduta. Ele é o centro do seu próprio universo.

Modernamente, não é possível admitir-se ser a pena um castigo à guisa de justa retribuição em contrapartida ao mal injusto causado...Moniz Sodré [2], criticando acidamente a aplicação da pena com tais predicados, assim se manifesta:

> *"A pena não lhe é imposta tão-somente como meio de eficaz defesa social, senão também, e muito principalmente, como um castigo devido a todo culpado".*

Sem qualquer esforço, seguimos pensando em sentido contrário quanto ao escopo da pena. A defesa social, tal como a concebemos, deve alcançar outros objetivos que não a pura e simples punição do culpado

---
(1) CARRARA FRANCESCO, Programa de Direito Criminal, vol. I, § 21.
(2) SODRÉ MONIZ, Antonio de Aragão, As três Escolas Penais, pág. 213.

(criminoso). Melhor pensar em uma sociedade protegida contra o delinqüente pela efetiva recuperação deste, sempre que possível. Portanto, haveremos de discordar de **PROAL**, citado por Moniz Sodré [3]. A pena deve estar fundamentada na culpabilidade, ou ausente até mesmo, se isso for melhor para os interesses dessa mesma sociedade.

Ademais, seguimos pensando que a pena, uma vez necessária, não deve ultrapassar a pessoa do criminoso e, sempre que possível, há de ser menor que a própria culpabilidade. Como sabemos, não raro os valores se invertem, vindo a pena a atingir violentamente terceiras pessoas e, o que é mais grave, maior o castigo do que a peraltice. O "direito vivo" de que tanto fala Montoro tem-nos demonstrado um grande número de aberrações, que em nada ajudam o Direito Penal.

De qualquer forma, temos que Beccaria está para o Direito Penal moderno como esteve Talião para o antigo. Se hoje é possível comparar a brutalidade contida no Talião, não é menos verdadeiro que ele, para sua época, representou um freio quanto à aplicação indiscriminada da pena e do direito de punir. Modernamente, fazem-se críticas a certas medidas — ou pressupostos — da Escola Clássica, mas esta também — a exemplo do Talião, à sua época — veio para coibir a barbárie reinante, ofertando ao delinqüente um mínimo de garantias, por meio da regulamentação da pena em relação do fato praticado — culpabilidade do agente. Isso foi revolução e progresso, pelo que respeitamos.

1.1.2 — Escola Positiva

Cesare Lombroso, um psiquiatra, é tido o precursor desta Escola. Ao que sabemos, teria esse insigne mestre milanês seguido os passos dos pensadores Darwin e Spencer, acabando por concentrar-se em Augusto Comte, o sociólogo. Seu livro *L'Uomo Delinqüente,* publicado em 1876, veio para revolucionar certos princípios que, até então, eram incontestáveis. Na esteira desse cataclismo, surge o magistrado Rafaelle Garofallo, para quem a pena deveria ser motivo de "prevenção", devendo atender ao *especial*, que era a forma de evitar que o delinqüente prosseguisse na prática de atos lesivos à sociedade, e ao *geral*, método com o qual não posso concordar: intimidação das pessoas por meio da

---

[3] SODRÉ MONIZ, Antonio de Aragão, As Três Escolas Penais, pág. 214.

pena aplicada individualmente. Seria, a meu juízo, a adoção do "Estado aterrorizante", que governa pela via da coerção.

Finalmente, em 1891, surge a figura de Enrico Ferri, com idéias claras e objetivas, propondo modificações radicais em quase tudo até então existente. Não havia, para ele, qualquer responsabilidade legal do criminoso, mas uma outra responsabilidade: a social[4]. Não reconheceu jamais a existência de um "livre-arbítrio". Afirmando não ser o homem tão livre assim em seus desígnios, a ponto de poder operacionalizar todas as suas condutas e as circunstâncias inerentes, conforme seu livre-arbítrio[5]. Ademais, a pena deveria ser uma medida contra o crime e não contra o criminoso. Bem mais lógico esse raciocínio, pois vê-se com muita clareza quão inócuo é correr atrás do fato consumado e de seu realizador, quando melhor seria cuidar de abrandar as causas que provocam tais efeitos.

Para os positivistas, o Direito Penal deve ser enfocado sob dois aspectos distintos, mas convergentes entre si: I — o crime de ser encarado e tratado como "fato social exterior", e não como "ente jurídico", como pretendem os clássicos; II — o criminoso deve ser tratado não somente como uma pessoa má, mas principalmente, como "produto do meio social" em que vive e no qual desenvolve todas as suas aptidões. Afinal, segundo Rousseau[6], ninguém nasce mau; a sociedade, esta sim, produz essa maldade. São os contornos sociais — na maior parte das vezes — que irão amoldar o homem. Aí, talvez, o maior e mais contundente desencontro entre o que disse Lombroso e o que pretendeu Ferri. Para aquele, o homem nasce com problemas congênitos, dos quais não irá se livrar pela vida toda. Ferri, ao contrário, coloca nesse rol somente aqueles que não têm condições mínimas de recuperação ou adaptação

---

(4) FERRI insistiu sempre não estar o delinqüente comprometido com a legalidade, e sim com a sociedade. O ser "legal" é, sempre, um produto artificial. Já o ser "social" é o resultado da cultura acumulada durante longo tempo.
(5) O homem vive condicionado constantemente a uma gama imensa de valores que lhe são impostos pelo convívio social. Não raro, esses valores ali vivificados não refletem propriamente a realidade social daquele grupo, pelo menos no que concerne aos interesses do "homem médio comum", que é, verdadeiramente, o destinatário da norma jurídica.
(6) Para JEAN JACQUES ROUSSEAU o homem nasceu bom, transformando-se durante seu convívio com a sociedade a que está, de certa forma, subordinado. Melhor prova disso é a convivência de delinqüentes primários com os chamados reincidentes, convivendo comunitariamente, o bom não absorve o ruim, mas a recíproca também não acontece. Diferentemente pensava Thomas Hobbes, para quem a sociedade que fazia o homem ficar "bom", visto que ele nascia mau.

ao meio social que seja seu habitat. Para desenvolver sua tese, Ferri considerou a existência de cinco espécies de delinqüentes: os natos, os loucos, os de ocasião, os passionais e o habituais.

Deve-se pensar que, para Enrico Ferri, já que o crime não advém de um duvidoso "livre-arbítrio", a culpabilidade deve estar intimamente ligada ao tipo de criminoso que se tenha em apreciação, considerado o "fato" como elemento essencial nessa análise. Da mesma forma, a pena é de tão mínima eficácia que sua aplicabilidade é posta sob questionamento. Eis aí, quem sabe, a preponderância das teorias relativas entre os seguidores da Escola Positiva. Entendo que o sistema punitivo está por demais comprometido com a realidade. Não corrigindo o criminoso, a pena não pode ser entendida como medida de "prevenção". Além disso, não concordo também com a adoção do sistema duplo-binário, que já não mais existe entre nós. Há de se pensar em outras formas de coibir a criminalidade, tratando o criminoso de maneira individualizada. Assim, aquele que não for delinqüente congênito deve receber outro tipo de condicionamento, enquanto custodiado pelo Estado. Negar que o sistema penitenciário está falido é negar uma realidade brutal e assustadora. Portanto, haveremos de melhor valorar a culpabilidade, para podermos melhor valorar a pena e seus efeitos na verdadeira recuperação do homem delinqüente.

1.1.3 — Escola Eclética

Na "Terza Scuola", assim conhecida, agrupam-se as teorias mistas, representativas das posições intermediárias, conforme a própria denominação indica. Melhor seria utilizar a expressão "escola eclética", com suas teorias mistas, pois há autores que nela identificam a existência de quatro correntes distintas e principais: a Terceira Escola, a Escola Sociológica Francesa, a Escola Sociológica Alemã e o Tecnicismo Jurídico.

A *Terceira Escola* tem em Alimena e Carnevalle seus dois maiores nomes. Arrima sua convicção filosófica nos seguintes pontos: **I** — a imputabilidade com fundamento no livre-arbítrio; **II** — o escopo da pena é a defesa social (enquanto elemento de proteção da sociedade); **III** — a pena, quanto à sua eficácia, consiste na coação psicológica que se exerce sobre o delinqüente, alcançando daí a sua readaptação social.

A *Escola Sociológica Alemã* surge do pensamento elaborado por Franz Von Liszt, para quem não há livre-arbítrio, mas uma série de fatores sociais, inclusive econômicos[7]. Em resumo, Liszt descartava o livre-arbítrio, mas adotava a preponderância da finalidade da pena como medida de prevenção especial. Aceitava o crime como *ente jurídico* e a pena como *utilidade*, adotando-a também como medida de segurança, o que acaba por desaguar no antigo e criticado sistema duplo-binário, tão criticado por Heleno Fragoso, admirador da obra de Liszt.

O segmento convencionalmente denominado *Sociológico Francês*, por sua vez, trabalhou com a *responsabilidade moral*, aceitando o "meio social" na etiologia do crime. O delito era tido como um fenômeno de duplo aspecto: social e individual. A pena seria, então, medida utilitária.

O *Tecnicismo Jurídico*, descarta o livre-arbítrio. Não confunde imputáveis com inimputáveis. Compromete-se ao entender que o indivíduo tem responsabilidade legal, motivo pelo qual é responsável penalmente por suas ações. A pena deve servir de prevenção, tanto especial quanto geral. **GRENA**, autor citado por Luiz Vicente Cernicchiaro[8], evidencia que o tecnicismo jurídico pende mais para os clássicos do que para qualquer outro segmento filosófico do Direito Penal. Nessa linha de raciocínio, a culpabilidade volta a ser encarada com reflexos retrógrados: a pena tem caráter retributivo. Há aceitação da medida de segurança.

1.1.4 — Defesa Social

Não é comum incluir-se a Defesa Social no rol das "Escolas".

Melhor direcionamento é o de Marc Ancel[9]: trata o tema como *Movimento*. A idéia — ou ideal — de uma nova concepção de defesa social já alcança quase um século, originária do pensamento de Carlos David August Roeder, passando por Pedra Garcia Dorado Montero, até

---

(7) CERNICCHIARO, LUIZ VICENTE, Estrutura do Direito Penal, pág. 101.
(8) CERNICCHIARO, mesma obra, págs. 102/3
(9) ANCEL MARC, A Nova Defesa Social, pág. 29.

Filippo Gramática e, finalmente, Marc Ancel[10]. Entre nós, alguma coisa escreveu o pranteado Heleno Cláudio Fragoso[11].

Em que consiste esse "movimento" de que cuida Marc Ancel, já que "escola" não é? É de se constatar a possibilidade de afirmar ser o termo *Defesa Social,* portador de absoluta equivocidade[12]. Ambíguo mesmo, posto que se presta, não raro, também para justificar o endurecimento do sistema repressivo do Estado. Assim, ouvimos dizer freqüentemente que o governo tem satisfações a prestar ao povo e que a "defesa social" — que não é a mesma de que aqui tratamos — deixa a desejar, reportando-se à inocuidade das penas. São aquelas vozes que só acreditam na força bruta, via de regra confundindo a verdadeira concepção do Movimento de Defesa Social. O pecado está, a meu juízo, em duas premissas, a primeira, a imprecisão do termo, sobre o que iremos discorrer logo mais; a segunda é de matiz ideológico. Defesa Social pressupõe, ainda, amparo à sociedade. E a melhor maneira de o Estado resgatar essa dívida é cuidando da criminalidade como um todo, e da pessoa do criminoso em especial. Preocupar-se exclusivamente com o fato consumado não conduz a bons resultados, definitivamente.

Em realidade, viveremos ainda por algum tempo sem chegar a definir corretamente o conceito de Defesa Social. Jiménez de Asúa já tinha concluído nesse sentido[13], queixando-se da confusão então reinante, mas nada mudou, de lá para cá. Quer-nos parecer que a confusão nasce precisamente da conceituação ideológica: o que querem alguns com a denominação "defesa social", e o que pretendem outros, os que a vêem como um "movimento", cujo escopo é bem mais elevado e altruísta do que a mera defesa física de uma sociedade que se vê ameaçada por onda de criminalidade, num certo momento.

Não podemos comungar, entretanto, com a utópica preleção de Concepción Arenales, para quem não há criminosos incorrigíveis, mas criminosos incorrigidos. Também, não nos permite a boa lógica aceitar a pregação perversa do americano Jerome Hall, que afirma que toda

---

(10) Sobre o desenvolvimento desse "movimento", veja-se a obra A Nova Defesa Social, pags. 82/129
(11) FRAGOSO, HELENO CLAUDIO foi quem prefaciou a obra de Marc Ancel, editada em português pela Forense
(12) A equivocidade do termo é referida por Marc Ancel nas paginas 1/21, em que procura explicar o verdadeiro significado da "Defesa Social". No mesmo sentido Filippo Gramatica, pag. 61
(13) ASÚA, JIMÉNEZ DE é citado por Marc Ancel, pag. 2, onde se lê: "ninguem sabe hoje o que seja a *Defesa Social*.

medida necessária à proteção da sociedade é justificável[14]. Pensamentos reacionários como este nos fazem recordar posições radicais, como: "Brasil, ame-o ou deixe-o". Ou ainda, a aventura nazi-fascista.

Os correcionalistas, pretendem a ressocialização do homem. O "homem real", dizem eles, é o que interessa. Assim, para os lesados mentalmente, ensina Dorado Montero[15]:

> *"Al contrário, lo que reclama todo el mundo és que, atendida su desgracia, se procure atenuar los malos efectos de la misma hasta donde sea dado y en caso de ser posible, se les saque de la situación en que actualmente se hallan, combatiendo y destruyendo las causas naturales de que tal situación se estima ser resultado".*

Complementando, a seguir, com a afirmação textual da necessidade da instalação de *"instituiciones y estabelecimientos destinados a curar, mejorar, proteger y assitir a las personas..."*.

Parece-nos que, desde quase um século atrás, a razão estava com o grande mestre de Salamanca. Ao visitarmos Israel, tivemos oportunidade de conhecer a Penitenciária de **DAME**, nos arredores de Tel-Aviv, onde travamos excelente relacionamento com o professor Dan Phillip, hoje amigo, criminologista-clínico — um dos trinta e cinco encarregados de cuidar de 620 reclusos. Disse-nos ele que, mesmo nos casos patológicos, há uma recuperação da ordem de 20%. Se comparado o quadro de profissionais e internos que ali convivem, com o que temos em nossas melhores penitenciárias, haveremos de concluir que, em nosso país, não há qualquer infra-estrutura para cura ou recuperação em nossos presídios. Como falar-se, então, da possibilidade de ressocialização? Aliás, melhor utilizar a expressão reinserção, posto que o termo "ressocialização" segue sendo agressivo, expressando algo que talvez não tenha faltado ao indivíduo, apenas que, sua maneira de agir era própria do seu habitat. Já o termo reinserção mostra-se mais adequado, mas não menos comprometido, pois reinserir implica admitir que o criminoso esteve um dia inserido, o que, na realidade fática, nem sempre é verídico.

Assim é que, como bem explana Filippo Gramatica[16], o Direito Penal, enquanto movimento de Defesa Social, tem a finalidade de aperfei-

---
(14) Referência de Marc Ancel, à página 3 com remissão à nº 23 (nota nº 11).
(15) MONTERO, DORADO, Pedro Garcia. *Base para um Nuevo Derecho Penal*, pag. 9.
(16) Princípios de Defesa Social, obra fundamental de FILIPPO GRAMATICA, págs. 63/64.

çoamento do sujeito, pela via da sua "valoracion practica". Daí a valoração da personalidade do sujeito em relação aos seus elementos subjetivos, o que acaba por se constituir em condição para que a sanção penal possa ou não ser aplicada.

É ainda o Direito Penal quem irá cumprir a função de equilibrar as relações sociais[17], conforme afirma Gramatica mais adiante:

> *"La función de esta rama de Derecho"* — referência ao Direito Penal — *"consiste en defender al individuo, en función de un equilíbrio justo entre sus exigencias y las de la sociedad, en educarlo, curarlo, adaptarlo y mejorarlo, caracteriza a todo el sistema y al própio tiempo constituye la própia función, inspirando el método practico".*

A defesa Social, seja ela "escola" seja "movimento", pretende ver Direito Penal voltado para o "homem real", como já se disse. Vale dizer: só punir não leva a resultado algum. Pensa-se em algo semelhante à "responsabilidade social", a que fez menção Enrico Ferri, meio para valorar a culpabilidade, sem valorizar muito aquela para não comprometer demais esta, conforme Severin Versele[18]. A pena será, então, o meio pelo qual se chegará ao equilíbrio, mas, somente após a tentativa de outros meios de ressocialização. Não se pense, ademais, na pena como "retribuição" ou como "prevenção", como forma profilática. Afinal, é cuidando do criminoso que a sociedade estará realmente protegida.

1.2 — ATUAL DOUTRINA DA CULPABILIDADE

A culpabilidade se insere num dos pontos culminantes do moderno Direito Penal, dela derivando a proporcionalidade da pena nos casos concretos, de tal forma que o preceito *"nullum crimen sine culpa"* foi inserido na atual Constituição Federal[19], que exige o respeito à presunção de inocência até prova cabal da culpa (lato senso).

Trata-se de confirmação do que já disse Manuel Cavaleiro de Ferreira [20]: haverá de ter a certeza — "prova certa da culpabilidade na

---

(17) Obra citada, pág. 65.
(18) VERSELE, SEVERIN é citado nominalmente por Filippo Gramatica, pag. 8.
(19) É o que se lê no art. 5º, LVII, da Constituição Federal.
(20) DE FERREIRA, Manuel Cavaleiro. *Direito Penal Português*, vol. I, pág. 94.

decisão final" — de que o agente está mesmo definitivamente "responsabilizado"[21].

Essa adequação dosimétrica — individualização — conforme tratamos nós, implica o arbítrio do juiz, a quem compete analisar a culpabilidade e a possibilidade de readaptação do culpado. Mas, ainda assim, está o magistrado adstrito à adequação da pena à culpa, conforme ainda Cavaleiro de Ferreira[22]. *In verbis*:

> *" o princípio de que não há pena sem culpa supõe naturalmente que a definição da culpa não é uma definição formal da lei, mas tem de ser a recepção pela lei de uma noção substancial de culpabilidade".*

Entendo indispensável a perfeita adequação da culpabilidade e da pena. Não vejo, da mesma forma, prejuízos maiores quando, apurado certo grau de culpabilidade, a punição não se faça presente. São esses meros distúrbios, insuficientes para desarranjar o mecanismo que aciona a sistemática penal. Entretanto, a recíproca não se faz verdadeira. Havendo uma punição, por menor que seja, sem a correspondente culpabilidade, estará sendo gerado um mal-estar — insatisfação generalizada — a que denomino *sentimento do injusto,* contra ação do Estado. que se vê violentando as concepções do próprio Estado de Direito.

A culpabilidade difere da antijuricidade e da tipicidade. A antijuricidade revela-se ante a conduta contrária à orientação do legislador. A tipicidade, por sua vez, surge como produto legítimo da formulação laboratorial do legislador, ficção jurídica, portanto, já que pode ser alterado o tipo penal ao bel prazer do legislador ou do órgão legiferante. Exemplo disso é a Lei nº 8.072/90, que define os crimes hediondos.

A culpabilidade se orienta não pelos caprichos do legislador ou pelos anseios populares (clamor público), mas por valores assimilados pela criatura. Reação mitologicamente subjetiva, como ensina Maggiore[23]:

> *"La culpabilidade es el aspecto essencialmente subjetivo del delito, por cuanto lo considera como un hecho de conciencia".*

Ouso afirmar, a exemplo do professor Eduardo Correia[24], que a culpabilidade é algo intrínseco ao ser humano, enquanto sujeito capaz

---
(21) Sobre *responsabilidade* e *culpabilidade*, voltaremos com CLAUS ROXIN e PAULO JOSÉ DA COSTA JR
(22) DE FERREIRA, MANUEL CAVALERO, obra citada, pág. 94.
(23) MAGGIORE, GIUSEPPE, vol. I, pág.447
(24) CORREIA, EDUARDO. Direito Criminal, vol. I, pág. 321.

de aperfeiçoar o tipo penal, ou de realizá-lo, nas palavras de Binding, provocando assim, com a sua conduta, antijuricidade ou ilicitude, como entendem os autores tedescos. A culpabilidade é o "aspecto" anímico do delito, nada tendo em comum com os demais componentes deste: tipicidade e antijuricidade, a primeira uma ficção jurídica, como já foi dito; a segunda, elemento regulador da conduta exigível conforme a juridicidade imposta pelo Estado Social.

O surgimento da culpabilidade se dá precisamente quando o agente realiza, dolosa ou culposamente, o evento cujo resultado planejou, ou sobre o que não teve o cuidado da análise da previsibilidade exigível, sendo irrelevante se obteve ou não sucesso[25].

Diz-se que a culpabilidade é a consciência de desobedecer voluntária ou involuntariamente a lei à qual se está obrigado. Se assim é, culpável é todo aquele que, podendo e devendo obedecer uma certa norma jurídica, vem a violá-la por sua livre vontade e inteira consciência.

Em outras palavras, pretende-se a afirmação de uma certa "exigibilidade" de conduta, conforme a norma jurídica. Nesse particular, prefiro aderir à doutrina de Claus Roxin, que questiona essa exigência, como se todos os seres humanos fossem absolutamente iguais nas suas reações, bem como exatamente iguais os *habitats sociais.* O ser humano é, essencialmente, produto do seu meio social. Paulo José da Costa Jr.[26] interpreta Roxin, demonstrando a total impossibilidade da aferição desse "querer" pela via tortuosa da ciência empírica, em clara alusão à teoria psicológica da culpabilidade.

Não creio ser possível uma valoração psíquica generalizada da conduta humana [27]. Mas, não a dispenso pura e simplesmente. Se a lei serve para o "homem médio comum", isto é, para a faixa mais ampla de uma determinada sociedade, nem por isso se pode garantir uma generalização. É preciso considerar que cada pessoa reage, diante de determinada situação, de forma diversa da outra. Assim, a responsabilização do indivíduo pela eleição da conduta diante de tal quadro não pode ser

---

(25) Eis porque não consigo vislumbrar o dolo e a culpa estrito senso sendo inseridos no *tipo penal*, conforme HANS WEIZEL e, entre nós, Damasio de Jesus e Francisco de Assis Toledo, finalistas.
(26) Matéria a ser inserida na próxima edição do volume I do *Comentários*, possivelmente pág. 120 e seguintes, onde o Mestre discorre sobre a concepção roxiana de culpabilidade (material gentilmente cedido do original).
(27) Vide, *in casu*, COSTA JR., PAULO JOSÉ DA, e as palavras e aulas do prof. Dirceu de Mello.

levada ao nível de afirmação categórica do "dever-ser", de que fala Hans Kelsen. Implica, aqui, a incidência de uma gama infindável de valores que irão produzir um resultado mais ou menos comprometedor, alterando a própria substância do fato, como preleciona o professor Dirceu de Mello em suas aulas. Ouso, mais uma vez, chamar esse fenômeno de "adequação social" do fato ao resultado. Voltarei oportunamente ao tema, quando cuidar da pena.

Desde Franz Von Liszt[28], vem-se insistindo na compatibilização entre a dogmática e a política criminal. Visa-se, é certo, a estudar e a encontrar soluções e meios eficazes da prevenção contra a criminalidade. Claus Roxin avança no sentido de que, havendo essa tão pretendida compatibilização, cria-se uma dogmática que se aproxima, tanto quanto possível, da realidade social[29], pretendendo-se clareza absoluta e ordenamento estrutural rigoroso para a norma jurídica penal. Modernamente, isso já não parece tarefa impossível. Vários autores começam a se posicionar nesse sentido.

Claus Roxin não abandona a teoria sobre a qual se sustenta de que o crime está alicerçado num tripé: tipicidade, antijuricidade e culpabilidade[30]. Realça o autor alemão de Munique que o *Tatbestand*[31] deve ser componente tutelador dentro do esquema do Direito Penal, devendo ser, destarte, confeccionado:

> *"com determinação e taxativamente, segundo o postulado garantidor do princípio da legalidade"*[32].

---

(28) LISZT, FRANZ VON é citado por Paulo José da Costa Jr., referindo-se à *Teoria dello scopo nel diritto penale*, tradução italiana publicada em 1962, em Milão.
(29) Na mesma direção, um trabalho recente de Moccia (1989) na *Rivista Italiana di Diritto e Procedura Penale*, pág. 1006, apud Paulo José da Costa Jr.
(30) *Politica Criminale e Sistema del Diritto Penale*, tradução italiana realizada e publicada em Napoli, 1986, pág. 40.
(31) Conforme LUIZ LUISI, na tese " O Tipo Penal e a Teoria Finalista da Ação", que nos traz algumas informações julgadas pertinentes nesta oportunidade: "A Doutrina do Tatbestand representa na Dogmática Penal a versão técnica do apotegma político *nullum crimen sine lege*, ou o técnico do *princípio da legalidade*, citando Jimenez Huota e Bettiol.
No rodapé a definição do termo *Tatbestand*: " a palavra alemã *Tatbestand* (literalmente: estado de fato), vem traduzida para as línguas românicas. Os autores italianos usam indiscriminadamente como "fatto" ou "fattispecie". Na tradução espanhola, vê-se, não raro, "contenido legal del derecho". **FINZI** traduz *Tatbestand* como sendo "delito-tipo".
(32) Palavras textuais de Paulo José da Costa Jr., na próxima edição do vol. 1 dos *Comentários*, com publicação prevista para o início de 1991, quando este trabalho deverá estar sendo sustentado.

Deve o tipo penal cumprir, ademais, suas três funções fundamentais:

a) selecionar os comportamentos que representem potencial dano à sociedade. Irrelevante se eficaz — aqui no ensinamento de Kelsen[33] — ou não;

b) regulamentar comportamentos proibidos ou permitidos, desviando o cidadão da rota do arbítrio desmensurado do Estado. É a afirmação do princípio *nullum crimen, nulla poena sine lege;*

c) tutelar o bem que seja juridicamente relevante, estabelecendo o tão necessário equilíbrio entre a sanção e o ilícito, sendo indiferente que este seja maior que aquela. A recíproca, todavia, não há de ser verdadeira, em hipótese alguma.

Pulitanb, citado por Paulo José da Costa Jr., evidencia que o Direito Penal, enquanto ciência, não pode estar à mercê de esquemas meramente racionais, "cientificamente determinados e valorados", senão conectados estreita e diretamente com a realidade histórica de cada fato em si mesmo. Daí dizer-se que esse novo conceito, se não abandona em definitivo a credibilidade até então dispensada ao *retribucionismo da pena*, diminui em larga margem seu espaço de ação. Procura-se, é verdade, um redimensionamento da tutela sobre os bens juridicamente tutelados em relação à ressocialização daquele que, em Portugal, é tratado de o "cidadão delinqüente".

Assim, ao *Tatbestand* cabe o papel de produzir a prevenção genérica e seu efeito intimidativo, ligando-se aos princípios da "taxatividade" e da "determinação" da norma jurídica penal. Enquanto isso, a antijuricidade deve ser alçada à um plano mais amplo no que concerne à análise dos conflitos sociais, trazendo consigo soluções que sejam satisfatórias ao equilíbrio — convivência — social. É de todo relevante entender que muitas condutas são antisociais, mas não são antijurídicas. Da mesma forma, e num cone que se afunila vertiginosamente, inúmeras outras condutas, ainda que feitas antijurídicas, passivas de sanções jurídicas portanto, não são *típicas*, isentas assim da sanção penal, que é rigorosamente peculiar pelos bens que tutela. Ainda sobre essa rubrica, voltarei à análise. Com Kelsen, no seu devido tempo.

---

(33) Para HANS KELSEN, norma jurídica eficaz é aquela que pode ser efetivamente aplicada, criando então o que denomina "norma jurídica individual", ou norma concreta como se costuma prelecionar de ordinário.

Roxin propõe que o vocábulo "culpabilidade" seja substituído por "responsabilidade"[34], em certos casos de excesso culposo ou mesmo de *"desistimiento voluntário"*, englobando neste contexto também a legítima defesa. Para ele seria melhor porque, sendo a culpabilidade condição da punibilidade, não deve ser levada a extremos de obrigatória compulsoriedade. Simplificando: deve a culpabilidade exercer a função de limitadora dos "máximos" punitivos, tendo em vista o prejuízo social causado pela conduta típica (delito).

Ao desenvolver esse raciocínio, o renomado autor alemão demonstra que, postas as coisas como ele as coloca, a culpabilidade segue sendo um pressuposto da pena. Mas, já não mais com a exigência dogmática do agente o *"actuar de modo distinto"*. E diz ainda:

> *"Su complementación con critérios sancionários finalistas y la fusión de ambos en la categoria de la responsabilidad lo único que hace es recuperar para el campo dogmático, el descumprimiento que, hace ya tiempo, se impuso con acceptación general en el ambito de la teoria del Derecho Penal y de la Política Criminal: el simple, pero también importante, que en ningun modo la culpabilidad exige siempre igualmente un castigo"*[35].

Para a teoria nova esposada por Claus Roxin, não é assim tão importante que o Estado aplique a pena com o escopo de retribuir o mal causado ou punir o fato culpável. Neste particular está a diferença entre o autor tedesco da atualidade e o monstro sagrado da Escola Clássica, Francesco Carrara, para quem a culpabilidade, provado que não teria como conseqüência a pena, estaria comprometendo toda a dogmática do Direito Penal. Afinado com a filosofia do professor de Munique vem o mestre Paulo José da Costa Jr., que, sobre o assunto "retribuição", assim se pronuncia:

> *"De mais a mais, a idéia de retribuição que compense o mal com o próprio mal encerra algo de irracional, já que não se pode entender como o mal causado possa ser extinto pela inflição de um outro mal"*[36].

De resto, tem-se como ponto central a moderna concepção de culpabilidade, no sentido de que os valores em questão já não são mas a "retribuição" e tampouco a "prevenção". Para Roxin, mais importante do que um "quantum" equivalente de pena à culpabilidade aferida, é evitar

---
(34) Vide pág. 55 de *Culpabilidad y Prevención en Derecho Penal*, tradução de Muñoz Conde.
(35) Obra citada, pág. 156.
(36) Esta será a redação a ser inserida na próxima edição do vol. I do *Comentários*.

que a primeira, fator desagregador e condutor de maior índice de reincidência, seja aplicada apenas por motivo de retribuição ou mesmo à guisa de prevenção, se esta última não tiver garantida a sua eficácia em tal caso. Em síntese, baixar o nível da pena em relação à culpabilidade é perfeitamente possível, desde que, com isso, se possa alcançar, ou pelo menos tentar alcançar, algo de ressocialização, readaptante, no criminoso.

No atual estágio de evolução do Direito Penal seria no mínimo incoerente pretender sustentar a "retribuição", como fator quitante do ilícito penal, posto que estaria uma tal concepção a violar os princípios democráticos que norteiam a Ciência Jurídica[37].

A culpabilidade e a prevenção caminham mais ou menos em linhas paralelas. Esta limita a aplicação da pena, enquanto aquela coloca barreiras à exigência sempre lembrada: a pena[38]. E assim, pensa-se em um sistema dual, em que, apesar das suas imperfeições, a culpabilidade segue sendo pressuposto garantidor de liberdade, podendo ser completado por um ou vários sistemas menores de *"control social"*, que terão o efeito de "prevenção". O que não se pode esperar é o encontro final de uma regra fixa e infalível, tendo em vista que, como diz Kelsen, O Direito vive no universo do *dever-ser*. Melhor buscar institutos evoluídos, que coexistam pacificamente em mútua colaboração. É de Muñoz Conde[39] a melhor definição do Direito Penal da culpabilidade:

> *"El derecho penal de culpabilidad, concebido en el sentido aqui expuesto, tiene una misión, si se quiere, filosoficamente modesta, pero social y políticamente muy importante: brindar la mayor protección posible a los valores fundamentales de la sociedad com un máximo costo de represión y de sacrificio de la liberdad individual".*

Nessa assertiva, encontram-se, precisamente, os princípios que norteiam os nossos pensamentos no que concerne à culpabilidade e à prevenção.

Segundo Paulo José da Costa Jr.[40] a sanção penal somente estará justificada quando houver provas seguras de que, tanto quanto a culpa-

---
(37) Análise de Paulo José da Costa Jr., que descarta o conceito de "retribuição", inclusive como meio de solução para a questão do "livre-arbitrio".
(38) Veja-se Roxin in *Culpabilidad y Prevención en Derecho Penal*, pág. 19.
(39) CONDE, FRANCISCO MUÑOZ, na Introdução da obra citada, pág. 35.
(40) COSTA JR., PAULO JOSÉ DA, discorre com muita precisão e clareza sobre a questão da culpabilidade e prevenção, em seus dois sentidos.

bilidade, as duas formas de prevenção estarão alcançadas. E mais, que ambas: culpabilidade e prevenção sejam elementos unitários de um bloco "sólido" o bastante para garantir os princípios básicos de um Estado social de direito. Com isso, será possível a aplicação da pena, sem receio de se retroagir a um "direito Penal de retribuição", vez que este já não se presta ontologicamente ao moderno Direito Penal da culpabilidade.

Acredito que, por esta razão, Juan Cordoba Roda[41] se insurge contra alguns autores que pretendem a supressão da culpabilidade, em homenagem à necessidade da pena. Para ele, é impossível qualquer sistema jurídico penal administrar a Justiça penal, senão pela via do aferimento correto do princípio da culpabilidade. Critica, até com certa veemência, a assertiva de que a pena previne sempre o delito, dizendo do empirismo de tal posição[42]:

> *"Partamos para la presente exposición de una observación general referente a la **necesid de la pena** (grifos do autor). Que el legislador al conminar determinadas acciones bajo amenaza penal, lo hace porque entiende que ésta es necesaria para lograr evitar la comisión de aquéllas en el futuro, parece evidente. Ello no significa, sin embargo, el que ámbito de **lo castigado por la ley** (grifos do autor) se corresponda con el de aquél en que la pena es **efectivamente necesaria".***

O texto reproduzido revela a medida exata da problemática da aplicação da pena como prevenção geral. Acreditar que alguém predestinado a delinqüir não faça por medo da pena, é mesmo não dominar os meandros empíricos e epistemológicos do universo do criminoso e da criminalidade. A pena, como prevenção, é falácia. Onde a pena é rigorosa demais, acima do tolerável, a criminalidade recrudesce. Exemplo disso é o que ocorre nos Estados Unidos, onde se pratica um estupro a cada seis minutos, apesar de a pena capital vigorar, para esses delitos, em 37 Estados-membros:

> *"Com base numa ótica utilitarista, seria inútil punir indivíduos incapazes de sentirem a ameaça contida na norma, como os inimputáveis, ou quando se trate de fatos atribuídos a títulos de responsabilidade objetiva"* [43]

---

(41) RODA, JUAN CORDOBA, in *Culpabilidad y Pena*, pág. 37.
(42) RODA, JUAN CORDOBA, in *Culpabilidad y Pena*, pág. 38.
(43) COSTA JR., PAULO JOSÉ DA, citando HART. No mesmo sentido veja-se Jiménez de Asúa, para quem não se intimida quem não sente o sentimento do medo.

A sanção haverá sempre de surgir da reprovação, sob pena de incidir em inadmissibilidade e ilegitimidade, como explana Paulo José da Costa Jr.. Disso se conclui que a sanção somente serve ao imputável e, ainda assim, se apresentar potencial possibilidade de coibir futuros eventos delituosos. Nesse particular, Soler diz textualmente o seguinte[44]:

"*que sea un hombre capaz de sentir el valor de la amenaza penal, ello es dotado de intimidabilidad*".

Pertinente a afirmação do próprio Jiménez de Asúa de que não é possível ameaçar quem não sente a pressão psicológica do medo. Eis então, um questionamento que deve ser alastrado para além dos inimputáveis. Não somente os loucos são desprovidos desse sentimento. Inúmeros indivíduos não têm apego à vida. Por exemplo, o suicida e, até mesmo os assaltantes de bancos, que sabem estar expostos ao fogo cerrado a qualquer momento da empreitada, mas, mesmo assim, vão à luta *sem temor*. Como então ameaçá-los com a pena da morte? não creio, como será demonstrado mais adiante, em remédios que, a rigor, não surtem efeito desde há muito tempo. Os apologistas de pena de morte, por exemplo, à guisa de "prevenção geral", não dominam o campo do Direito Penal nesse particular, ou o da pena. Ou são, apenas e tão-somente, tão sanguinários como qualquer um dos muitos criminosos que desejam matar para "purificar a sociedade". É preciso saber o que sensibiliza o delinqüente e atingi-lo ali, em seu ponto frágil.

Descartada, então, a "prevenção geral negativa", intimidativa, mas sem nenhum sentido prático, haveremos de nos ater a uma outra concepção de prevenção geral: a positiva, que viria a ser o que modernamente Roeder denomina defesa social pela reaproximação do homem delinqüente aos valores. Seria aplicada em casos absolutamente extremos. E, ainda assim, se ela fosse capaz de, pelo menos, alcançar objetivos maiores que não mera retribuição, ou como dizem: mal justo pelo mal injusto praticado. Nos casos não tidos como extremos, outra sanção qualquer seria aplicada, que não as conhecidas pelo sistema atual, salvo a pecuniária, que não tem sido bem utilizada entre nós.

A razão de punir, assim como antes exposto, não afasta a pena da culpabilidade, mas a aproxima. Para tanto, faz-se mister que haja equivalência entre uma outra. Não se deve aplicar sanção exorbitante à culpabilidade. Mas, a recíproca é absolutamente admissível, conforme

---

(44) SOLER, SEBASTIAN, in *Derecho Penal Argentino*, vol. II, pag. 42.

Roxin e Paulo José. Pode-se, assim, se for do interesse de uma boa Política Criminal, admitir uma punição inferior à culpabilidade. É o próprio Roxin que afirma que nem todos os criminosos estão a merecer sanção como método corretivo. A sanção, em tais casos, não será fator ressocializante, mas elemento provocador dos instintos criminógenos existentes em todas as pessoas, inclusive nos delinqüentes ocasionais, o que acaba por ser meio de revolta e não método de reinserção social.

Em síntese, se não pudermos, como tem ocorrido, acabar com o critério penalógico em voga, não se pode negar que a pena deve ser averiguada com muito cuidado quanto à sua aplicabilidade. Não se vá com o remédio de matar o paciente. Irrecuperáveis existem, sabemos que sim. Mas, não se têm informações precisas de que a pena, máxime a privativa da liberdade, tem sido fator de recuperação, conforme a boa doutrina do saudoso Heleno Cláudio Fragoso[45].

Se é de ordinário entendimento a força da sanção penal quando há violação de bens jurídicos tutelados, deve o Direito Penal estar preocupado com fatos que sejam realmente relevantes. Fora isso, que os outros ramos do sistema normativo cuidem de aplainar as arestas[46]. Isso implica, necessariamente, a agilização de um sistema de sanções outras que não as penais, tal como colocadas presentemente. Seria o caso de se pensar em um movimento de descriminalização e despenalização, a exemplo do realizado, recentemente em Cuba, sob a segura orientação de Renén Quiróz Pírez [47].

Para concluir, cabe rever juntamente com Paulo José, que interpretou Claus Roxin e sua moderna teoria sobre a culpabilidade e prevenção em Direito Penal, a composição (elementos) do delito. Desenveu comparação sobre o trabalho de Giulio Bataglini e sua tripartição do delito: tipicidade, culpabilidade e punibilidade e a do professor de Munich: tipicidade, antijuricidade e responsabilidade.

---

(45) FRAGOSO, HELENO CLÁUDIO, foi inimigo ferrenho do sistema punitivo conhecido e praticado em nosso Direito Penal, chegando mesmo a dizer da "falência" dessa estrutura. Veja-se o vol. I de *Lições de Direito Penal*.
(46) "A pena só será aplicada em casos de extrema necessidade, como *ultima ratio*." PAULO JOSÉ DA COSTA JR., na versão dos *Comentários*, vol. I, 2ª ed., no prelo.
(47) PÍREZ, RENÉN QUIRÓZ, catedrático de Direito Penal da Universidade de La Habana, Cuba, coordenou a revisão do Código Penal cubano, em 1988, tirando subsídios da Plenária do Direito Penal y Procesal Penal, da 8ª Conferência da Associação Americana de Juristas, realizada em setembro de 1987, em Havana, evento esse de que tive oportunidade de participar ativamente.

Lendo a obra de Roxin percebe-se a ampliação do conceito de culpabilidade, exigindo que se agregue à culpabilidade a utilidade da sanção, já que, como preleciona o Mestre das Arcadas e da Universidade de Roma: "a culpabilidade é fator necessário mas não suficiente para a aplicação da sanção". Vale dizer, uma vez antijurídico, típico e culpável, o fato *poderá* ser também punível. Não usa verbo *dever*, como anteriormente se exigia sistematicamente. A isto, Heleno Fragoso chamou "condições de punibilidade". Do exposto, fica a Não obrigatoriedade da punição e a não exigência de rigor total na aplicação da pena, tendo por base a culpabilidade, que poderá, dependendo de caso, ser inferior ao dano causado pelo evento delituoso.

1.3 — POSICIONAMENTO DO AUTOR

Não creio poder inovar em relação a tudo quanto já foi dito a respeito da culpabilidade. Aliás, este tópico só ganhou vida porque o tema central é precisamente a **REABILITAÇÃO CRIMINAL**, o que somente poderá existir depois de descartados todos os pressupostos do crime, enquanto fato social e humano. Mas, ainda que assim seja, cumpre apresentar em breves palavras meu enfoque sobre a culpabilidade, sua importância e necessidade de estudo em qualquer tema de Direito Penal moderno.

Culpabilidade está consubstanciada em um conjunto de condições que, uma vez presentes, endereçam o agente à possibilidade real de ser passivo de sanção penal[48]. Essas condições estão vinculadas à teoria técnico-jurídica e são: imputabilidade do agente, noção de existência da norma jurídica reguladora da conduta e o procedimento no sentido contrário à norma jurídica.

Roxin contesta a exigibilidade de conduta conforme a norma jurídica. Há em cada conduta um vínculo psicológico diferenciado de pessoa para pessoa. Um certo indivíduo colocado em determinada situação ou fato, diferente da situação em que foi colocado outro indivíduo, apre-

---

(48) Veja-se ENRIQUE BACIGALUPO no seu *Manual de Derecho Penal*, Parte General, editado pela Editorial Temis. Bogotá, 1989, págs. 147/8. No mesmo sentido, GIULIO BATAGLINI em *Direito Penal*, vol. I, págs. 241/2.

sentará uma conduta também diversa da conduta deste indivíduo. Pretender aqui uma "ordem unida" como a praticada na caserna é violentar as próprias reações humanas de cada um. Aqui, prefiro a companhia do professor Eduardo Correia[49]:

> "Mas o Direito Penal não quer fazer dos homens sábios, artistas, heróis ou santos. Com o Juízo da culpa apenas se quer censurar o delinqüente que se não preparou para respeitar os comandos jurídicos-criminais e, portanto, para respeitar aquele mínimo que a vida em sociedade impõe".

Essa concepção da exigibilidade da conduta conforme a norma implica igualar todas as condutas, pretendendo-se a existência de uma regra fixa numa outra concepção: a do "homem médio comum". Nesse sentido, Fiandaca, citado por Paulo José da Costa[50]:

> "Afirmar que alguém teria podido fazer tal coisa importa na presença de condições instrumentais ou de capacidade, como grau de inteligência, habilidade, energia, além de condições ocasionais indispensáveis ao evento".

Eduardo Correia[51] desenvolve um raciocínio muito interessante sobre o dever de agir conforme a norma jurídica, afirmando existir um pouco de anormalidade biológica[52] no homem criminoso, anormalidade essa, que ele conseguiu na tenra idade. "Na infância", diz ele, período em que ainda não se pode falar em responsabilidade criminal. Sem dúvida que, sendo assim, não há o que falar em culpabilidade diminuída, que é, a meu juízo, coisa diversa. Esta, parece-me, ocorre nos casos concretos quando é evidente que o agente quis menos, ou agiu com menor ímpeto. Como diz o professor lusitano, ali o caso é de inimputabilidade, pois o Direito Penal não trata de assuntos que envolvem psiquiatria necessária ao agente-paciente.

Ouso dizer ser a culpabilidade algo intrínseco do ser humano, enquanto sujeito capaz de aperfeiçoar o *tipo penal*, provocando assim, com sua conduta, a antijuricidade, ambas também "aspectos" de que fala Maggiore[53], explicando o que quer significar, no seu discurso, a

---
(49) CORREIA, EDUARDO, obra citada, vol. I, pág. 329
(50) FIADANCA, *Considerazione su Colpevolezza e Prevenzione*, 1987.
(51) CORREIA, EDUARDO, obra citada, pág. 330.
(52) Aqui, o autor lusitano se socorre de BETTIOL e JESCHECK, conforme nota de rodapé.
(53) MAGGIORE, GIUSEPPE, obra citada, pág. 447.

palavra "aspecto". Trata-se de uma realização anímica que nada tem a ver com os outros dois "aspectos", quanto à sua produção. O surgimento da culpabilidade se dá precisamente quando o agente realiza, de qualquer forma, dolosa ou culposamente, o evento, planejado ou viciado pela imperícia, imprudência ou negligência. Não é relevante seja ou não o agente bem sucedido. Não se questiona a assertiva de Von Hippel[54], segundo qual não há falar em delito quando a culpa não estiver evidente.

Essa culpabilidade, projetada de dentro para fora, não se dissocia dos atos exteriores. Apenas a eles se incorpora para vir, num momento seguinte, criar condições efetivas e resolutas de punibilidade (Heleno Cláudio Fragoso). Ela é algo do ser humano e não qualquer coisa comprometida com a universalidade das regras jurídicas, criadas ao bel-prazer do cientista do Direito.

E mais. Respeita tão-só a cada evento — realizado ou em elaboração (iter criminis) — a periculosidade e temibilidade de que falavam Ferri e outros. Essa periculosidade é constante em quem a possui. Enquanto isso, a culpabilidade, só pode ser valorada caso a caso. Em síntese, aquela seria o gênero próximo, enquanto que esta seria a diferença especial [55]. Tanto é assim que Maggiore impõe que se afaste qualquer pretensão de misturá-las ou confundi-las [56]:

> "debe sostenerse energicamente la distinción, la diferencia, y digamos también la incompatibilidad entre peligrosidad y culpabilidad. Existe en esta — aunque no queramos asentir a la teoria de la culpa normativa — un elemento subjetivo, sicológico, voluntário y refinadamente ético, que falta en la peligrosidad".

Apenas mais algumas considerações finais. Nos bons doutrinadores observamos algumas exigências elementares da presença de certos "elementos" para a aferição da existência da culpabilidade no fato injusto. De forma que há de se ter presente para a aferição de culpabilidade:

---

(54) VON HIPPEL, citado por MAGGIORE, pág. 448: "não há delito sem culpa".
(55) Conforme MARIA HELENA DINIZ, ao explanar sobre a "teoria dos valores".
(56) Obra citada, vol. I, pág. 460.

a) é imprescindível que haja uma norma jurídica pertinente;
b) que haja uma conduta (positiva = ação, ou negativa = omissão);
c) que haja contraste entre a conduta descrita e a norma jurídica;
d) que essa conduta seja livre e consciente.

Há, todavia, outra corrente que defende a necessidade de três pressupostos: **I** — a imputabilidade do agente; **II** — consciência da conduta; **III** — que esta conduta seja contrária à norma jurídica. Na realidade, há algo de repetitivo nas duas teorias acima descritas, que são a psicológica e a normativa. Melhor seria admitir-se que uma teoria pode muito bem suprir a outra, aperfeiçoamento, assim, a exigência desses requisitos na localização da culpabilidade, no fato tido por típico e antijurídico.

A culpabilidade, todavia, em que pese seu compromisso com a consciência, com o *animus* do agente, não pode ser analisada senão pelo prisma da normatividade[57]. É a consciência do agente, quando exteriorizada, que deve ser valorada. Causam temor certas teorias[58] que pretendem esvaziar as duas teorias fundamentais da culpabilidade, sob a alegação da necessidade da pena. Seria o início da supressão, partindo dessa exigência reacionária contra a liberdade pública de ver, antes de qualquer coisa, a culpabilidade formada — provada — para alcançar, num lance seguinte, a pura e simples exclusão da exigência da culpabilidade na prática do delito. Não que esses movimentos endurecedores sejam inovadores. No Brasil, agora, o grande movimento de conteúdo empírico e emocional é o da adoção da pena de morte. Um exemplo mais brando, mas nem por isso menos comprometedor, foi a recente edição da Lei nº 8.072/90, que define os crimes hediondos.

Na verdade, a culpabilidade deve ser enfocada pelo prisma moderno de Claus Roxin [59]. A pena não há de ser exigência objetiva no sistema penal, senão quando possa ser realmente útil. Roxin abandona de vez os velhos dogmas como a "retribuição" e também a teoria finalista de Hans Welzel, conforme Paulo José da Costa Jr. Não penso, ademais, que essa modificação, trazida por Roxin, possa representar, de alguma forma, a adoção do "perdão judicial generalizado", como disse Sidney

---
(57) No sentido de sustentar a teoria normativa, veja-se EDMUNDO MEZGER, citado por MAGGIORE, pág. 454.
(58) Há, na Europa, segundo Juan Cordoba Roda, na obra *Culpabilidad y Pena*, pág. 38, um movimento no sentido de supressão da culpabilidade em homenagem a necessidade da aplicação da pena.
(59) ROXIN, CLAUS, in *Culpabilidad y Prevención en Derecho Penal*, teoria assimilada e absorvida por Paulo José da Costa Jr., de cujo trabalho já falamos.

Safe da Silveira [60]. Uma coisa nada tem a ver com a outra. A culpabilidade deva ser aferida desde os atos executórios até a consumação do crime. Só depois vêm as conseqüências para o infrator. A pena será estabelecida sempre em conformidade com a culpabilidade, conforme Mezger[61] e, ainda assim, sob duas condições:

a) aquela nunca superior a esta, podendo mesmo ser inferior[62];

b) a pena somente é justificável, apesar da aferição da culpabilidade, se apresentar algum elemento de utilidade ao agente e à sociedade.

Por derradeiro, cumpre concluir que a culpabilidade, ao ser posta em discussão, quer no campo axiológico, quer no deontológico, deve ser analisada tendo em vista o quadro de adequação social. Senão, vejamos. O homicídio praticado no meio social tido por "classe *A*" vem comprometido com certo grau de culpabilidade, tendo em vista o valor (de valorar) que se dispensa à vida naquele meio social. Já, para aquele que vive no meio social tido por "classe *D*", por exemplo, o favelado, esse valor tem outro peso, desconsiderada que é a vida naquele meio social, onde a conduta matar convive quase em harmonia com os componentes daquele grupo social.

Sendo a culpabilidade o resultado da análise volorativa da conduta do agente, não há como dissociar essa forma de conduta do palco em que ela se desenrola. Assim, a par do que já se disse, acresça-se a adequação social como elemento fundamental para o perfeito juízo de reprovabilidade — censurabilidade — cujos graus estão vinculados inexoravelmente ao meio social em que se desenvolve a criminalidade.

---

(60) SILVEIRA, SIDNEY SAFE DA, professor da UFMG, na sua palestra no VI Seminário Jurídico da OAB, em Poços de Caldas, setembro de 1990. Defendeu convictamente sua posição de "finalistas", em antagonismo ao prelecionado por Paulo José da Costa Jr.

(61) MEZGER, EDMUNDO, in *Tratado de Derecho Penal*, tomo II, pág. 369, edição espanhola de 1933, diz: "La pena es medida de la culpabilidad".

(62) Nesse particular, EDUARDO CORREIA, op. cit., pág. 327, autoriza procedimento em contrário ao dizer "Certo que a medida da punição poderá ir além da moldura penal do facto quando o modo de ser, que o agente não dominou, *permite diagnosticar* uma especial perigosidade, caso em que a culpa pela não preparação da personalidade passa a fundamentar, *automaticamente*, a punição. Deve ser impossível conviver modernamente com tal posicionamento que, como já se disse em outra parte, pretende substituir a culpabilidade por uma suspeita exigência de punição.

1.4 — UMA PALAVRA SOBRE A PENA

Para Hans Kelsen, o que diferencia a norma jurídica penal das outras é precisamente a *pena*, cujos efeitos são rigorosos e inconfundíveis, alcançando mesmo valores maiores do ser humano: seu *status libertatis*.

Não seria criterioso deixar sem qualquer comentário, ainda que *en passant*, a figura da *pena* dentro do sistema normativo penal. Assim se procede porque o que foi dito em espaços anteriores poderia induzir o leitor a erro: dispensa pura e simples da pena. Não. Não é isso. Quer-se uma alteração da compatibilização entre a culpa e a pena. Quer-se, isto sim, um outro sistema de sanções, que venha a proporcionar muito mais do que mera punição, como ocorre no momento, que nada realiza além da *vendeta*, promovida pelo Estado padrasto e perverso.

A pena, na realidade, não tem alcançado o que dela de espera, sendo mesmo motivo de grandes frustrações para os penitenciaristas. Ela está, conforme Enny Goulart[63], mais contra os criminoso e menos contra o crime. Isso faz dela um ser antipático e sem sucesso. Não se impondo perante a sociedade como instrumento garantidor do respeito ao Estado compete manter entre as pessoas, de nada tem servido, sendo questionada por todos os segmentos da sociedade, que passam a apregoar medidas outras como meios mais eficazes para a solução do problema da criminalidade.

Temos de concordar com a professora Enny Goulart, quando cita Raymond Saleilles[64], e para quem a pena não tem feito do criminoso um homem honrado, servindo apenas para puni-lo como assunto de mera vingança". A vingança, como já se disse, a ninguém beneficia. Há de se considerar ainda os malefícios que produzem as penas em recinto fechado. Ali, além da desagração da família, que não raro se dissolve em caráter definitivo, o homem delinquente aprende outra modalidade de delitos, sem contar os vícios de caráter que a segregação acaba por infringir ao condenado.

A questão da impraticabilidade da pena, tal como a conhecemos, não é inovação para os estudiosos do problema. A primeira a abordar o

---

(63) "A Individualização da Pena no Direito Brasileiro", tese de doutoramento da professora ENNY GOULART, apresentada perante Banca da FADUSP, em 1970.
(64) Pág. 6 da obra citada. Observe-se que esse autor, Raymond Seleilles, é referido também por Enrico Pessina, na edição espanhola da Reus, de 1936.

problema foi Concepción Arenal, no século passado, que escreveu duas obras e uma tese sobre o tema. *El Visitador Del Preso* foi escrito em 1867, e o *Estudios Penitenciarios* data de 1895. Uma tese foi apresentada em São Petesburgo, em 1872. Na mesma época, a Espanha produzia outro grande baluarte das modificações preconizadas: Pedro Garcia de Dorado y Montero, eminente professor da Universidade de Salamanca, que apresentou, entre outras obras, a monumental "Bases para un Nuevo Derecho Penal", publicada em Madrid, em 1890. Na mesma ocasião, o professor ibérico escreveu *Derecho Protetor del Criminal*. Conjugando esforços com Roeder, criou o que se convencionou chamar "Escola Correcionalista".

Já se cogitava, no século passado, a substituição do sistema de pena pelo tratamento do delinqüente, visando a alcançar o que diziam ser o *"homem real"* que existe em cada criminoso[65]. Tanto é assim que Concepción Arenal, em 1872, sustentou uma proposição por demais avançada para a sua época. Uma utopia, como se diz ainda hoje. Afirmava ela não haver criminosos incorrigíveis, mas criminosos incorrigidos, sustentando que a recuperação está precisamente no tratamento adequado para cada delinqüente; nunca, porém, na aplicação pura e simples da pena tal como conhecemos. O tempo passou e quase nada foi feito. Tudo segue estagnado no sistema penitenciário e pouco se fez no que concerne ao conceito de pena. A cronologia da sanção tem sido o único remédio em que o Estado acredita ou pratica.

Em nosso modesto ponto de vista, a pena deve estar a serviço de dois interesses principais: útil ao usuário dela, servindo-lhe de parâmetro para seus passos futuros; útil à coletividade, tendo em vista a reinserção social daquele membro ocasionalmente desviado dos limites toleráveis de co-existência comunitária. Não há falar em termos tais como "ressocialização" que trazem consigo já uma idéia de agressão. Há de se ultrapassar tudo quanto venha do passado e que possa de alguma forma abrir feridas cicatrizadas. De resto, tampouco soam bem termos como "readaptação" ou "reeducação", pelos mesmos motivos. Há de se pensar em tratamento como os dispensados em Portugal, onde se fala em

---

(65) Essa proposta de Dorado Montero na sua obra fundamental *Bases para un Derecho Penal*, precursora de outra: *Derecho Penal de los Criminales*, editada em 1915. Pedro Garcia Dorado y Montero, morreu em 26 de fevereiro de 1919, deixando por acabar sua obra monumental, que Jiménez de Asúa intentou mas não progrediu muito.

"reinserção". Há no país lusitano um excelente instituto de Reinserção Social, a quem incumbe total reavaliação dos critérios das penas, quase como pretenderam Concepción Arenal, Dorado Montero e Roeder, antigamente e, mais modernamente, Gramatica, e Marc Ancel, este com estilo próprio e adequação dos vários conceitos ao momento atual. Afinal, entre a obra fundamental de Dorado Montero e a de Marc Ancel, aconteceram duas grandes guerras, que cuidaram de reavaliar muitas proposições e conceitos, corrigindo vários termos que se tornaram, pela modernidade, imperfeitos.

Em síntese, apesar de o Estado usufruir do direito de punir, com a finalidade de garantir os bens juridicamente tutelados que estejam em perigo, atual ou eminente, a pena deve estar posta dentro de parâmetros rígidos, no sentido de não anular o homem e sua dignidade, enquanto pessoa humana. Não deverá ela permanecer *ad eternum* na vida do indivíduo um dia apenado — ou até mesmo somente processado, que sofre os maléficos efeitos da maldita instituição dos "antecedentes criminais". Eis a razão do esforço no presente trabalho, que não quer ser precursor da verdade absoluta, mas terá atingido uma de suas finalidades, se servir para despertar outras pessoas, mais abalizadas, à pertinência do tema.

Encerrando, quer-se afirmar o respeito a toda a obra iniciada por Cesare Bonasena, Barão de Beccaria. Sua obra foi fundamental para a humanização da pena do Direito Penal contemporâneo. Da mesma forma, a *"Lei do Talião"*, visou atenuar os rigores da retorsão e teve seu lugar na História. Mas, neste momento, impõem-se modificações, para sobreviver. Haveremos de mudar, mercê da qualidade dos nossos intelectuais.

2 — A REABILITAÇÃO

SUMÁRIO

2.1 — CONSIDERAÇÕES PRELIMINARES: 2.1.1 — Etimologia e Conceito; 2.1.2 — Natureza Jurídica; 2.1.2.1 — Preliminares sobre o tópico; 2.1.2.2 — Suspensão ou extinção dos efeitos colaterais da pena?; 2.1.2.3 — Direito subjetivo, graça ou indulgência?; 2.1.2.4 — Direito substantivo ou direito adjetivo?; 2.1.2.5 — 2.1.3 — Escopo da Reabilitação Criminal.

2.1 — CONSIDERAÇÕES PRELIMINARES

2.1.1 — Etimologia e Conceito

A origem é do vocábulo latino: *habilitare,* que significa, do ponto de vista jurídico, hábil para o exercício das coisas sociais ou, como disse Francisco Antonio de Souza[1]:

"habilitas, àtis. — Cic. aptidão, destreza, disposição, facilidade natural para alguma causa".

No vernáculo pátrio, acrescentou-se o prefixo "**RE**", formando então o vocábulo *"reabilitação"*. Os dicionários da Língua Portuguesa [2] versam, invariavelmente, sobre o aspecto jurídico do termo. Despiciendo discorrer sobre os outros, os dicionários técnicos[3].

Se *habilitar* é tornar hábil, apto, capaz, credenciado, *reabilitar* é devolver todas essas qualidades e prerrogativas àquele que, um dia, delas se viu privado — destituído — máxime se por força de decisão judicial de caráter punitivo penal. Sobre essa rubrica haveremos de voltar mais adiante, quando da discussão da norma jurídica e sua aplicabilidade.

O conceito de reabilitação criminal tem dado azo a grandes polêmicas, findando invariavelmente numa única e insofismável afirmação

---
(1) *Novo Dicionário Latino Portuguez,* pág. 322, Lello & Irmão — Porto — Portugal s/d. O dicionarista lusitano usa também *habilitas* ou *habilitatis.*
(2) Nesse sentido, Caldas Aulete, vol. 4, pág. 4265, Aurélio Buarque de Holanda, pág. 1202, onde se lê: "Restituir ao anterior, aos primeiros direitos, prerrogativas etc".
(3) SOIBELMAN, LEIB, in *Dicionário Geral de Direito*, vol. II, pág. 507, edição Bushatsky. CERNICCHIARO, LUIZ VICENTE, in *Dicionário de Direito Penal*, pág. 427, edição Bushatsky. NUNES, PEDRO, in *Dicionário de Tecnologia Jurídica*, pág. 516, Livraria Freitas Bastos.

categórica, reprisada por Michel Basile Nicolaides[4], de quem tomamos por empréstimos:

> *"Em qualquer circunstância, a reabilitação traduz a idéia de uma interdição, anteriormente decretada, explícita ou implicitamente, através de uma sentença judicial".*

Antes de prosseguir sobre a conceituação de vários autores, cumpre tratar do vocábulo *conceito*. Nada a fazer senão recorrer a Eros Roberto Grau[5], que preleciona:

> *"Os conceitos consubstanciam suma de idéias que, para se realizarem como conceitos, hão de ser, no mínimo, determinados".*

É evidente que o Direito depende da imprecisão e da ambigüidade no desenvolver-se da sua "linguagem jurídica", ainda nas palavras do ilustre professor das Arcadas:

> *"Assim, **ambigüidade** e **imprecisão** são marcas características da linguagem jurídica. Manifesta-se a primeira em virtude de as mesmas palavras, em diversos contextos, designarem distintos objetos, faros ou propriedades... Quanto à imprecisão, decorre de fluidez de certas palavras, cujo limite de aplicação é impreciso".*[6]

Eis por que insisto existir uma série infindável de antinomias quando da aplicabilidade do instituto. Se o conceito deve ser *determinado*, não sendo jamais *indeterminado*, como explica Eros Grau, não se pode afirmar que haja qualquer indeterminação no *termo* "reabilitação". Isto, entretanto, não exclui uma gama variada de interpretações, ora restritivas, ora abrangentes, como aliás sempre deveria ser. Parece-me que é aconselhável a precisão visando a diminuir o campo de ação de "intérpretes" nem sempre posicionados.

A rigor, não seria o caso de celeumas. Todavia, o enfoque global do intérprete é o que vai designar o conteúdo último do objeto conceituado. É necessário acreditar que o homem pode reinserir-se por inteiro no contexto social. É necessário desarmar os espíritos. Não se pode ficar na expectativa vibrante de que aquele que um dia errou, jamais deixará de fazê-lo. O conceito de *reabilitação criminal* deve estar, entre outras coisas, comprometido com um critério honesto e sincero de soli-

---
(4) Trabalho publicado na Revista dos Tribunais, 550/259.
(5) *Direito, Conceitos e Norma Jurídica*, Revista dos Tribunais, 1988, pág. 72.
(6) Obra citada, pág. 59.

dariedade. Aquele que recorre ao Estado, pleiteando a reabilitação, deixa transparecer uma clara intenção de viver em paz com seus iguais, seus pares. Então, por que não acreditar nessa primeira e espontânea manifestação de reconciliação social? É como se o reabilitado quisesse dizer: "chega de contendas; chega de perseguições".

Mas, lamentavelmente, por óbvio, a conceituação de qualquer instituto — notadamente os de elevada Política Criminal — implica a análise do *termo*, como já se disse. *In casu*, essa análise vem comprometida por juízos axiológicos não muito recomendáveis, que acabam por pretender a extrapolação da pena, muito para além dos limites admissíveis a uma Política Criminal, pelo menos razoável. Questiono sempre as interpretações ou conceitos que visem punir mais e mais. É preciso ter coragem de estender a mão. Assim, a reabilitação, tal como irei provar logo mais, me parece o melhor caminho para todos, inclusive para os interesses maiores da sociedade: reduzir ao mínimo possível a incidência da criminalidade.

Ademais, cumpre, para finalizar esse tópico sobre a reabilitação, que se distinga com precisão a emenda da readaptação, como fez Augusto Seabra[7], para perfeita assimilação do escopo da reabilitação criminal:

" Emenda e readaptação não são a mesma coisa. A primeira é um facto puramente interno da psique do sujeito e apenas valioso em termos éticos, enquanto que a segunda está ligada a processo externo da reintegração do indivíduo, através de meios destinados a eliminar as causas de imcompatibilidade entre o indivíduo e o grupo".

Sendo assim será possível dizer que aquele que procura o Estado com a finalidade de obter a reabilitação legal (jurídica), está pelo menos readaptado, senão emendado. E, como disse Mikail Gorbachev[8]:

"O indivíduo precisa sentir e saber que necessitamos de sua contribuição, que sua dignidade não está sendo prejudicada, que está sendo tratado com confiança e respeito. Quando enxerga tudo isso, é capaz de realizar muito mais".

Deixando os "conceitos" de ordem pessoal e filosófico, cumpre demonstrar como pensam alguns luminares da cultura jurídica penal. Oportuno observar, desde logo, da absoluta impossibilidade de menção

---
(7) *Cidadão Delinqüente: Reinserção Social?*, pág. 140.
(8) *Perestroyka*, Nova Fronteira, 1988, pág. 30.

a todos os autores, mas alguns, cujas obras tive a oportunidade de compulsar, serão motivo de reprodução e análise.

Giuseppe Maggiore[9] prelecionou que a reabilitação visa razões humanitárias de auxílio ao condenado para reencontrar seu lugar na sociedade, notadamente à sua reputação moral, que é violentamente atingida pelas conseqüências sublineares provocada pela pena, cumprida ou não. O mestre italiano aborda um ponto crítico da questão: a moral do ex-apenado. É a honra que se pretende devolver, se isso for possível, ao ex-convicto. Paulo José da Costa Jr. reconhece a existência de uma honra subjetiva e de outra adjetiva. Luiz Alberto David Araújo escreveu uma tese sobre o direito à preservação da "imagem". A meu juízo, é precisamente a parte subjetiva da honra que deve preocupar prioritariamente a Reabilitação Criminal, pois, sem respeito a si mesmo, não se pode esperar respeito aos outros. Maggiore tinha razão: devolva-se o respeito moral ao ex-delinqüente e estar-se-á a caminhar firme para a sua reinserção social. De regra, falta ao delinqüente o amor próprio e esse desamor leva-o ao mais irresponsável desrespeito aos outros componentes do seu próprio grupo social, inclusive.

Dos autores pesquisados, cite-se Eugênio Florian[10], que explica o alcance do instituto, ao mesmo tempo que conceitua nos seguintes termos:

> "A reabilitação é um instituto jurídico em virtude do qual, por decisão judicial, são abolidas ou extinguidas determinadas restrições à capacidade jurídica da pessoa proveniente de uma sentença penal".

Não pensa muito diversamente de Maggiore e Florian o professor Paulo José da Costa Jr.[11], dizendo do restabelecimento jurídico "pelo menos em parte" do prestígio perdido pelos efeitos colaterais da condenação, junto à sociedade à qual está vinculado o "sentenciado". Bem se vê o quanto conhece o Mestre o comportamento da norma jurídica, quando afirma: "pelo menos em parte". A sociedade contemporânea, amedrontada, assustada, mas principalmente recalcitrante por tudo quanto represente mudanças, prefere encolher-se como faz a ostra em sua concha

---

(9) *Derecho Penal*, Editorial Temis, Bogotá — Colômbia, 1985. Tradução para o espanhol pelo Pe. José J. Ortega Torres, vol. II, pág. 389.
(10) Tratado di Diritto Penale, 4ª edição, vol II, pág. 1174, apud.
(11) *Comentários ao Código Penal*, vol. I, pág. 450, principia fazendo metalinguagem a Maggiore, para a seguir dar vazão ao seu ponto de vista, hoje reiteradamente citado nos julgados dos nossos Tribunais. Com propriedade cita o prof. Miguel Reale Jr.

frente a qualquer alteração no *status quo*. Assim, fica nítida desde logo, a precariedade da aplicabilidade do instituto ante tantos obstáculos a serem transpostos. Mas, ainda assim, é preciso seguir lutando, visando superar esta situação de "pelo menos parte", para alcançar o *status* de "em toda plenitude", que será o ideal.

Hans Heindrich Jescheck discorre em metalinguagem sobre texto de Peters — que em nada difere do autor nacional antes referido — observando que a "reabilitação significa restabelecer juridicamente o prestígio de um condenado dentro da comunidade"[12]. Comparando-se Jescheck, Maggiore e Paulo José da Costa Jr., percebe-se que estão a dizer a mesma coisa com palavras diferentes. Na mesma esteira, Miguel Reale Jr.[13], afirmando a reintegração nos exercícios de direitos, interesses e deveres sacrificados pela condenação. Afere-se quão importante é a reabilitação para aquele que, de maneira sincera, pretenda estar em paz com a sociedade.

César Camargo Hernandéz[14] menciona o conceito gramatical, que melhor estaria colocado no espaço da etimologia, citando o dicionário da Real Academia Espanhola e apresentando um conceito atribuído a Cuello Calón:

> *"La rehabilitación como su nombre indica, tiende a devolver al que fué penado la capacidad para el ejercicio de los cargos, derechos, honores, dignidades o profesiones de que fué privado como consecuencia de la pena"*.[15]

Continua citando vários autores como Floria, Vincenzo Manzini e outros, para afinal apresentar seu próprio conceito de reabilitação criminal:

> *"És el derecho que adquiere el condenado, después de haber observado buena conducta durante cierto tiempo, una vez extinguida su responsabilidad penal y satisfecho en lo posible los civiles, a que cesen todos los demás efectos de la condena, mediante la oportuna decisión judicial"*.[16]

---

(12) JESCHECK, in *Tratado de Derecho Penal*, volume segundo da Parte Geral, pág. 1247. Editora Bosch, Barcelona — Espanha. Tradução de Santiago Mir Puig e Francisco Muñoz Conde.
(13) *Penas e Medidas de Segurança*, pág. 263, apud Paulo José da Costa Jr.
(14) HERNANDÉZ, CÉSAR CAMARGO, escreveu excelente monografia: *Rehabilitación*, sobre a qual voltarei. *In casu*, pág. 21.
(15) HERNANDÉZ, CESAR CAMARGO, faz referência ao prof. CUELLO CALÓN, dizendo do vol. I, pág. 711, portanto, tomo emprestado o texto reproduzido.
(16) Obra citada, pág. 22.

Oponho-me, respeitosamente, a certas proposições contidas na conceituação do ilustre professor da Universidade de Madri. Lapso temporal e ressarcimento — ainda que "satisfecho en lo posible" — dos danos materiais são dois tópicos sobre os quais irei discorrer mais adiante, antecipando desde logo minha rejeição a tais exigências. Quer-me parecer que esses requisitos são hipóteses comprometedoras de boa aplicabilidade do instituto num moderno e dinâmico sistema penal.

Manuel Grosso Galvan[17], outro professor espanhol, que trabalha na Universidade de Sevilha e adepto da Escola Alemã, após tecer críticas ao seu patrício sobre a "definición gramatical", apresenta seu conceito, que tomo emprestado, para seguir argumentando:

> *"La rehabilitación consiste en rehabilitar socialmente, mediante la cancelación de los antecedentes penales y conseguinte remoción de los obstáculos que se oponen al pleno ejercicio de sus derechos, al penado que con su buena conducta posterior al delito, demuestra que se ha rehabilitado moralmente".*

O professor "Manolo Grosso", que é assim chamado por Francisco Muñoz Conde, demonstra larga cultura em sua obra, que foi tese de doutoramento orientada pelo prof. Claus Roxin, de Munique. Tal fato bastaria para recomendá-lo, bem como sua obra. Mas, fundamentalmente, seu trabalho ataca frontalmente a questão dos "antecedentes criminais", o que, a meu juízo, é o maior problema a ser transposto para que se possa pretender uma serena e eficaz aplicação do instituto ora em discussão. Tanto é assim, que este modesto trabalho irá tratar do tema em capítulo específico.

2.1.2 — Natureza Jurídica

2.1.2.1 — *Preliminares sobre o tópico*

A natureza jurídica do instituto, quer-me parecer, fala por si só. Entretanto, cabe tecer algumas considerações de ordem epistemológica que se refletem, necessariamente, sobre a essência de todo o conteúdo da Reabilitação Criminal, notadamente em relação aos tópicos que virão a seguir, versando cada um deles sobre o questionamento doutriná-

---

(17) GALVAN, MANUEL GROSSO, in *Antecedentes Penales: Rehabilitación y Control Social*, pág. 226.

rio até agora discutido e sem solução tida como definitiva. Assim é com o seu escopo dentro do contexto normativo, assim é com o posicionamento jurídico-social, onde se questiona se é direito subjetivo do requerente ou mero benefício que lhe concede o Estado. Ou, ainda, se se trata de direito substantivo ou de direito adjetivo. Mercê de rigoroso esforço e modéstia bastante para não pretender deslindar definitivamente o problema, espero oferecer alguma contribuição para que, num futuro próximo, possamos sair dessa aporia em que hoje nos encontramos.

Cumpre ainda explicar, ou justificar, o porquê desse empenho todo no sentido de reanimar, se é que alguma vez esteve animado, instituto de tamanha magnitude. Vivemos um momento crucial da criminalidade de todos os matizes. Não tenho, como já foi dito, a ilusão de regeneração total e absoluta de tantos quantos tenham ingressado na seara do crime. Mas, acredito firmemente que, se algo for feito com seriedade, então será possível evitar uma grande parcela de reincidência, sobretudo em crimes dolosos. Não me anima outro ideal senão o de ver tentada essa alternativa. Se não houver sucesso, o que acho improvável, estarei com minha consciência em paz, porque fiz o que era possível e necessário. Agora, se seguirmos nesse marasmo, então teremos de assumir a parcela histórica que nos cabe, diante desse quadro alarmante de criminalidade e reincidência.

2.1.2.2 — Suspensão ou extinção dos efeitos colaterais da pena?

A Reabilitação Criminal, *de lege lata*, não importa colocar o expenado a salvo, definitivamente, das seqüelas da pena que, apenas para ilustrar, chamaremos de principal, deixando à deriva todos, ou quase todos, os efeitos que mais incomodam o pretendente à reabilitação. Tanto é assim, que Paulo José da Costa Jr.[18] afirma textualmente existir apenas uma "suspensão" e não uma "extinção" dos efeitos da condenação. Luiz Vicente Cernicchiaro[19], ilustre magistrado e escritor, aduz que a reabilitação "não apaga os efeitos da condenação para os efeitos da condenação". Aí reside uma das mais difíceis questões: a reincidência e a necessidade de o juiz saber dos fatos anteriores para poder julgar fato

---

(18) Obra citada, pág. 450.
(19) CERNICCHIARO, LUIZ VICENTE, no seu *Dicionário de Direito Penal*, pág. 427.

posterior. A esse propósito, veja-se o que preleciona o prof. José Antonio Barreiros[20], brilhante processualista lusitano:

> "E assim, aquilo que a lei quis como elemento válido de imediação processual, de contacto directo do magistrado com a personalidade do argüido, transformou-se num meio de prova documental, pois que é sobre os documentos produzidos pelas entidades realizadoras ao inquérito que o juiz se debruça e pronuncia".

O fato de o magistrado ter contato anterior com a folha de antecedentes do acusado poderá influir no caso de uma situação de *dubio*. Além disso, sou visceralmente contra a exacerbação da pena em razão da reincidência. Máxime se a sanção anterior foi cumprida materialmente e se foi privativa de liberdade. Entretanto, não se pretende discutir novamente a pena, sobretudo porque este trabalho visa outro objetivo. De qualquer forma, fica registrada esta observação: a pesquisa da vida anterior do reabilitando não implica na extinção dos efeitos da pena. É uma faca de dois gumes, que mais corta as pretensões daquele que pretende a reinserção social, do que ampara a sociedade à guisa de defesa social.

O Estado, ao exercitar o "controle social" mencionado por Manuel Grosso Galvan[21], poderá não exercitá-lo bem, transformando-o em instrumento de pressão (ou de opressão) contra pessoas que nada devem a ele, Estado, findando por causar sérios transtornos aos pretendentes à reabilitação, conforme se demonstrará adiante. Afinal, consoante Manoel Costa Ribeiro[22]:

> "O homem não nasce para o crime e, se nele caiu, importa mais criar-lhe condições para não repetir do que puni-lo".

Torna-se imperioso que o Estado venha a suprir, pelo menos em parte, essa deficiência, acreditando mais e controlando menos. Até porque, *in casu*, trata-se de controlar os efeitos da pena aplicada anteriormente, que, se não surtiu efeitos até então, não será na hora da afirmação legal da reabilitação que produzirá os resultados esperados, por meio de um pseudocontrole, que nada mais é do que mera perseguição despicienda.

---

(20) *Cidadão Delinqüente*, pág. 117.
(21) GALVAN, MANUEL GROSSO, obra citada, págs. 225/6.
(22) Idem, pág. 51.

Esse controle desmesurado implica mesmo punição excedente àquele que não deve pena alguma a cumprir, e, já que o Estado, no sistema atual, não tem ainda remédios eficazes para evitar a criminalidade, deve policiar-se a si mesmo, no sentido de não permitir controles abusivos por parte dos órgãos de segurança. Nesse sentido, veja-se Augusto Seabra[23]:

> *"Como será possível melhorar o indivíduo se não formos capazes de melhorar a sociedade? Não será a delinqüência um reflexo inquietante ou caricatura da sociedade? Preocupa-se alguém com a melhoria da atmosfera moral dos grandes centros urbanos?"*

Vivemos neste momento o cenário das nossas televisões, por exemplo. Películas com matizes de cruel violência. Séries inteiras calcadas na atividade sexual, quase sempre pecaminosa. E, o que é mais grave, faz-se apologia de todos esses valores. Por tudo isso, aquele que pretende a reabilitação criminal deverá ser atendido com toda presteza, pois sofreu desajuste social, diante de tantas aberrações.

Sendo como é, a Reabilitação Criminal, um instituto voltado para a Política Criminal do Estado, não poderia estar vinculada às intempéries de arquivos nem sempre bem administrados e, de regra, desatualizados quando se trata de cancelar certas informações. Mas, qual a razão da existência de tais "arquivos"? O vício vem desde Fouchet que, com esse expediente, pressionava as pessoas, para poder governar. Os arquivos chegaram até nós, precisamente, porque o Estado não tem nem coragem nem vontade política de pôr cabo à pena que já tenha sido extinta, seja de que forma for, preferindo apenas "suspender" os efeitos posteriores dela decorrentes, como bem preleciona Paulo José da Costa Jr., seguido, neste passo, por Camargo Aranha, a quem coube revisar a Parte Geral da obra fundamental do pranteado Magalhães Noronha. Diz-se também que essa suspensão opera *sub conditio*. É bom que se diga: O Direito Penal que se pretende para o futuro não pode estar comprometido com a pena como retribuição ao mal injustamente causado. E, sendo assim, o que falar desse "controle que se pretende exercer sobre o expenado, após o cumprimento, ou vencimento da pena? Há de se adotar um outro sistema, para que se eliminem os arquivos.

---

(23) Idem, págs. 138/9.

Assim preleciona o professor Eduardo Correia[24], com a autoridade que lhe confere um passado inteiro voltado para a cultura jurídico-penal, propugnado sempre por um sadio Direito Penal, que prega a solidariedade na ressocialização do ex-condenado:

> "A solidariedade que se requer aos homens investidos de autoridade pública esteja presente e operante numa concepção que caracteriza na criação daquelas condições sociais que permitem e favorecem no ser humano o desenvolvimento integral da sua pessoa".

Deveria o Estado assumir publicamente a reabilitação criminal do ex-penado, tendo em vista que este, entre outras coisas, já quitou seu débito para com a sociedade, quer pelo cumprimento da pena, quer pela prescrição penal, hipótese em que aquele que alcançou esse *status* sofreu, pelo menos, a denominada *coerção processual*. Essa solidariedade que requer o insigne professor lusitano não pode ser encarada como mera benesse do poder público. Pelo contrário, deve o Estado demonstrar e transmitir, sem sofismas, confiança à população em relação à eficácia da pena aflitiva por ele aplicada. Afinal, medicar com remédio no qual não se confia, é no mínimo, incoerente. Ainda mais uma vez, ensina Paulo José da Costa Jr.[25]:

> "Per concludere la pena potrá eccezionalmente rieducare il condannato. Diciamo eccezionalmente non soló perché non tutti i delinquenti hanno bisogno di essere rieducati, ma anche perché coloro i quali necessitano di educazione non sempre acconsentono a ricervela e se non d'acordo, niente puó forzali a ricervela. Senza parlare degli incorreggibili, che non sono possibili di ressocializzazione. Se la pena potrà attingere questo suo scopo parallelo per la sua inconstanza e raritá, tanto meglio; mas se non lo potrà, dovrà almeno, rispettando l'individualità e la dignittà del condannato, non peggiorarlo, restituendolo al mondo libero nello status quo in cui lo aveva segregato".

2.1.2.3 — Direito subjetivo, graça ou indulgência?

O Estado, ao proclamar a reabilitação daquele que cumpriu ou não a pena, estará atacando a criminalidade em duas frentes, ao menos: a primeira é dar credibilidade à pena, cuja eficácia é questionada, até

---

(24) Ainda sobre o problema da Ideologia do Tratamento, discurso proferido perante o Instituto de Reinserção Social de Portugal, dos mais atuantes da Europa.
(25) COSTA JR., PAULO JOSÉ DA, extraído de *La Rieducazioni del Condannato*, Padova, 1964.

mesmo empiricamente; a segunda, é o encaminhamento forçoso da reinserção social do ex-convicto, proporcionando a ele condições reais para conviver em sociedade, sem ser estigmatizado por um passado censurável socialmente. Mas, qualquer que seja a orientação que se venha a adotar, entendo tratar-se de direito subjetivo do reabilitando e não de um favor do Estado. A esse propósito, Anibal Bruno[26], discorre sobre o caráter de recompensa da reabilitação criminal e não de favor:

> *"Do ponto de vista do criminoso, será uma recompensa que a ordem jurídica lhe concedeu em razão do bom comportamento que adotou. Não um favor simplesmente, mas um direito".*

Em que pese a locução "recompensa", está claro que não se deve conceber a reabilitação criminal como mera liberalidade do Estado. Se se partir dessa última premissa, estar-se-á raciocinando erroneamente, comprometendo ontologicamente os resultados finais que se pretendem do instituto. Ao cidadão é outorgado o que é devido por direito. Nada de favores ou de caridades. Esses vocábulos agridem desde logo a sensibilidade do pretendente à reabilitação. Da mesma forma, a ameaça constante de retorno ao *status quo ante* não parece ser de boa política reabilitatória. Ao Estado não compete ameaçar as pessoas com punições extra e ultraprocessuais. Cuida-se, isto sim, de desarmar os espíritos daqueles arautos mais preocupados com um direito punitivo e menos ressocializador, demonstrando, desde logo, a boa vontade tão necessária à reinserção social. Assim sendo, estamos certos de que os resultados serão melhores, levando a uma menor taxa de reincidência e multi-reincidência, de que tratam Karayev e Renén Quiróz Pírez[27].

É evidente que o instituto tem marcas profundas de boa Política Criminal, sem abandonar a esfera segura do direito subjetivo do ex-apenado. Tanto é assim que, como ocorreria também no ancestral instituto de reabilitação, a *restitutio in integrum*, encontramos forte respaldo doutrinário nessa direção. Assim prelecionam Paulo José da Costa Jr., César Camargo Hernandéz, Manzini, Florian, Cuello Calón, Antolisei e Manuel Galvan, entre outros. Além de Bento de Faria[28], que conclui:

---
(26) BRUNO, ANIBAL, *Direito Penal*, Tomo 3, pág. 221.
(27) KARAYEV, T.E., *La Reincidencia en el Delito*, Editorial de Ciências Sociales, la Habana — Cuba, 1988. Esse trabalho do autor russo, recebeu um prólogo de 71 páginas do prof. Renén Quiróz Pírez, que acaba por completar a obra de Tamerlan Elma-ogly Karayev.
(28) *Direito Penal*, vol. II, Parte Geral. Livraria Jacintho, 1942, pág. 268.

> *"Por conseguinte, o condenado que se encontra nas condições estabelecidas pela lei pode exigir a restituição da capacidade perdida nos termos da pena acessória imposta".*

Nem seria necessário repetir o óbvio. Sempre que cumpridas as exigências legais, ou melhor, se existem certas exigências, então, o seu cumprimento implica necessariamente a aquisição de um direito subjetivo. Passa, assim, o Estado para a condição de prestador.

Há uma minoria que pensa diferentemente, entendendo que o Estado é liberal quando outorga a reabilitação. Esta a orientação de Roberto Lyra:

> *"A reabilitação não é um dever do Estado, nem direito do condenado. Não é também, recompensa outorgada no interesse individual. O bom procedimento, simples dever doméstico, profissional, cívico ou social, não justificaria recompensa ..."* [29]

> *"É uma modalidade de perdão judicial".*

Peço vênia para, respeitosamente, criticar a assertiva: É uma modalidade "perdão judicial". Absurda tal afirmação sob vários aspectos. Não há qualquer perdão, pois o apenado já quitou seu débito para com a sociedade, cumprindo ou não a pena, uma vez alcançada a extinção da punibilidade. Contudo, confundir a *restitutio in integrum* com outro instituto, o *non liquet*, quer-me parecer imperdoável. Pertinentes, a esse respeito, as críticas pronunciadas por Jiménez de Asúa ao renomado jurista pátrio, críticas essas informadas pelo próprio criticado na sua obra: *A Expressão mais Simples do Direito.*

Reafirmo, portanto, convicção de que o instituto se constitui em legítimo direito subjetivo do ex-penado, cuja eficácia está comprometida com o cumprimento de certas formalidades impostas normativamente pelo Estado ao pretenso reabilitando esse "benefício" — como querem alguns autores — uma vez condicionado a certos requisitos legais, não pode ser confundido com outros institutos como a "graça" ou mesmo a "indulgência", todos eles de matizes diversos.

---

(29) LYRA, ROBERTO, in *Comentários ao Código de Processo Penal*, Forense Editora, 1944, vol. VI, pág. 377.

2.1.2.4 — *Direito substantivo ou direito adjetivo?*

Não menos controvertida a situação do posicionamento do instituto ante o sistema normativo: é de direito substantivo ou de direito adjetivo? Nossos tribunais têm reiterado ser ele parte integrante do direito substantivo, conforme reconhecido no Rec. Ex-Ofício n° 82.961 (*Rt, 483*/338). Mas, não é só isso. Ao decidir antiga antinomia existente em relação ao lapso temporal, antes da Lei n° 7.209/84, julgava-se em prejuízo do princípio da *lex mitior*, visando apenas compor o instituto com o Direito Penal. Dessa forma, se a judicatura *ad quem* estava, desde há muito, com o direito substantivo, não há porque insistir no sentido inverso. Agora principalmente, porque há outra antinomia: o prazo mais rigoroso está previsto no Código de Processo Penal.

Sem dúvidas, o instituto em estudo vem sofrendo várias modificações ao longo do tempo, desde os primórdios do Direito Penal Romano e sua *restitutio in integrum*, na qual o instituto "deita raízes", como observa o prof. Paulo José da Costa Jr., entre outros.

Naquela época, o instituto estava intimamente relacionado à parte processual do sistema normativo romano. Ao menos é o que se conclui dos textos de José Rogério Cruz e Tucci e Moacyr Lobo da Costa [30]. De qualquer forma, as reiteradas indagações sobre o posicionamento normativo não serão respondidas, ainda que haja esforço nesse sentido. No máximo, poder-se-á adotar posição personalíssima. A meu juízo, o instituto está definitivamente introduzido nos cânones do direito substantivo. Ao Direito Penal — direito material — incumbe definir condutas e suas conseqüências: sanções e exclusões; Política Criminal e aplicabilidade, ou momentos propícios à essa aplicabilidade. De outra parte, os defensores do instituto na seara do direito formal insistem na própria origem dele: a *restitutio in integrum* sempre foi processual, afirmam. Por esse motivo, não há que discutir o posicionamento.

Não penso assim. Entendo que o instituto tem grande dependência do direito formal, mas o homicídio por exemplo, também tem, e não por isso se pensa em admiti-lo no direito processual. Ao direito formal — processual — cumpre agilizar os procedimentos que irão efetivar a vontade do direito material, mas não lhe cabe criar ou alterar situações. Se é verdade que o instituto nasceu mais para o direito formal do que

---
(30) Ambos os autores serão mencionados mais amiúde à ocasião da História do Instituto.

para o direito material, não se pode descartar que o sistema antigo não diferenciava um do outro. E, como bem observa Camargo Aranha:

> *"A reabilitação, historicamente, passou por fases diversas e distintas finalidades, de tal maneira que torna um tanto difícil o exame de sua natureza jurídica"*[31].

Tantas foram as alterações e modificações, que se torna difícil afirmar até mesmo a origem do instituto. Mas, um posicionamento está se pacificando entre os doutrinadores: a Reabilitação Criminal é instituto do direito material e não formal. Além do que, como já se disse, o antigo sistema normativo, incipiente que era, não estava muito preocupado com o formalismo. Modernamente, as posições ficam mais definidas, podendo-se afirmar que o instituto é mesmo de direito substantivo, pertencente, portanto, ao Direito Penal.

Não é demais, entretanto, quando se trata da natureza jurídica do instituto, lembrar as palavras do professor da Universidade Mackenzie, Camargo Aranha. Várias e várias questões que envolvem a natureza jurídica seguiram sendo aporéticas. Pretende-se, aqui, apenas vislumbrar alguns ângulos ainda não devidamente debatidos, sem, contanto, pretender-se a propriedade da verdade absoluta.

Para concluir, as palavras textuais de Anibal Bruno, que, em nota de rodapé à página 224 do Tomo III do seu Direito Penal diz:

> *"Aliás, a reabilitação, quer no sentido restrito de extinção de penas acessórias, quer no sentido amplo, que junta a esse efeito o do cancelamento da menção da sentença nos registros judiciários, deve ser objeto do Código Penal, não do Direito de Processo".*

2.1.3 — Escopo da Reabilitação Criminal

Sendo, como é, a reabilitação um direito subjetivo do ex-apenado, deve o instituto ser alcançado *ex tunc*. Desde o primeiro momento em que se extingue, de qualquer forma a punibilidade, com bem preleciona Jair Leonardo Lopes[32]:

---

(31) Direito Penal, edição revisada de Magalhães Noronha, pág. 293.
(32) LOPES, JAIR LEONARDO, trabalho publicado na revista "Ciência Penal", vol. 1, 1981, págs. 60/1. Do mesmo autor existe uma tese de doutoramento, defendida em 1956 perante a UFMG, da qual, segundo o autor, não existe cópia disponível. Informou-me ele, entretanto, que aquele trabalho foi superado pelo desenvolvimento do instituto após o Código de 1940.

"Assim, em face do sistema de penas do anteprojeto, restrita a reabilitação a não menção dos antecedentes do egresso da prisão, não mesmo razão convincente para não ser concedida, independente de qualquer decurso de prazo de prova, após a extinção ou cumprimento da pena ou da medida de segurança, ou em seguida à concessão da suspensão condicional ou do livramento".

Concordo com o ilustre professor da UFMG. Há uma gama muito grande de motivos que me levam a pensar como o autor citado. Oportunamente voltarei ao tema. Por ora basta uma constatação: o instituto deve ter o mais amplo alcance possível visando melhor servir à sociedade genericamente e, especificamente, ao pretendente à reabilitação, posto que a própria iniciativa denuncia firme vontade de viver em paz.

Entendo que o lapso temporal mencionado pelo magistrado Rubens Gonçalves [33] deveria ser repensado, pois a exigência, como já se disse, implica mesmo no descrédito da pena enquanto panacéia para os males da criminalidade, o que definitivamente não acontece, segundo meu modesto ponto de vista. Penso que o sistema penitenciário, em particular, e o sistema das penas, como um todo, devem ser revistos, repensados, reconsiderados, enfim, sob vários aspectos. Mas isso não é questão fundamental para esta oportunidade em que se cuida da aplicabilidade — alcance — do instituto de reabilitação.

Uma outra questão é a do real alcance fático do instituto. Alcance objetivo, prático mesmo. Heleno Cláudio Fragoso[34] entende que a reabilitação alcança todas as seqüelas da pena, extinguindo-a em definitivo:

"A reabilitação alcança quaisquer penas e opera quando a punibilidade já está extinta. A reabilitação tem dois efeitos: I — assegura o sigilo dos registros sobre o processo e condenação; II — extingue os efeitos da condenação previstos no art. 92, II e II CP, vedando, no entanto, a reintegração anterior".

Luiz Vicente Cernicchiaro e Paulo José da Costa Jr. entendem diferentemente. Consoante o primeiro, a reabilitação não "apaga os efeitos da condenação". Entende, entretanto, que terceiros não poderão usar as informações estocadas nos arquivos do Estado. Há, todavia, como já

---
(33) O magistrado RUBENS GONÇALVES, ex-titular da 10ª Vara Criminal, decisão publicada na *RI, 647*: 313, quando reitera citações a Paulo José da Costa Jr.
(34) FRAGOSO, HELENO CLÁUDIO, in *Lições de Direito Penal*, vol. I, Parte Geral, Forense, 1985, pág. 414.

se disse, em quase todos os órgãos da Administração Pública que se dedicam à Segurança Pública, os "arquivos paralelos", que funcionam à revelia de qualquer poder ou controle. Em tempo oportuno, haverei de voltar ao tema para demonstrar a monstruosidade que se constitui essa prática.

Já, o mestre das Arcadas e da Universidade de Roma tem um posicionamento claro quanto ao alcance da reabilitação nesse particular: não extingue, mas apenas suspende certos efeitos. Uma tal afirmação, ao mesmo tempo, demonstra corajosamente uma realidade madrasta, deixando evidente a necessidade de providência *de lege ferenda* em relação à boa aplicabilidade do instituto. É imperioso o aprimoramento da aplicação do instituto, visando agilizar a sua concessão, que deveria ser, a meu juízo, movimento compulsório do Estado condenador. Parece-me que à sociedade interessa mais a ressocialização do indivíduo e menos essa perseguição *post* — sancionária à guisa de *control social* de que fala Manuel Grosso Galvan.

Há, é bem verdade, uma norma jurídica que veta o uso das informações contidas nos arquivos estatais[35]:

> "*Art. 202. Cumprida ou extinta a pena, não constarão da folha corrida, atestados ou certidões fornecidos por autoridade policial ou por auxiliares da Justiça, qualquer notícia ou referência à condenação, salvo para instruir processo por prática de nova infração penal ou outros casos expressos em lei*".

Refere-se a lei a *processos* e não a inquéritos ou investigações outras. Na verdade, a realidade fática demonstra inexoravelmente outra faceta do dia-a-dia dos órgãos policiais, onde, em qualquer investigação, a primeira providência a ser tomada é a juntada do "telex" sobre a "vida pregressa" do investigado. E, por estranha e fatal ironia, não há qualquer ilegalidade, posto que, além do mais, não havendo condenação, tudo se pode em relação à vida anterior do cidadão. Eis porque Paulo José refere-se à mera "suspensão" e não "extinção", (o que é lastimável), demonstrando claramente quão deficiente ainda está o instituto, enquanto instituto de alta Política Criminal.

Tendo-se em vista o funcionamento dos órgãos responsáveis pela Segurança Pública, o alcance do instituto fica muito restrito, pouco ou

---

(35) Lei das Execuções Penais — nº 7.210, de 13 de julho de 1984 (art. 202).

nada de prático tendo a oferecer. Há de pensar-se no desenvolvimento e aplicabilidade efetiva do instituto. Aumentar o alcance do instituto em nada poderá prejudicar o desenvolvimento de uma boa Política Criminal. Não será a ampliação do alcance da reabilitação que fará recrudescer a criminalidade. Afinal, a gênese da criminalidade não está, definitivamente, nos benefícios que a aplicação da reabilitação possa trazer. Quem merece a reabilitação já está, a meu juízo, fora da esfera do grupo de potencial reincidência criminal.

Fica-se na expectativa de voltar novamente a discutir a norma acima transcrita, em momento oportuno. Ademais, parece-me que todas as questões aqui formuladas deverão voltar à baila pois este espaço, como seu próprio título indica destinou-se às "considerações preliminares".

3 — ORIGEM DO INSTITUTO

SUMÁRIO

3.1 — BREVE INTRODUÇÃO; 3.1.1 — Considerações Preliminares; 3.1.2 — "Graça" e "Indulgência"; 3.1.3 — A *Restitutio in Integrum*; 3.2 — A CONTROVÉRSIA: A POSIÇÃO DE MANUEL GROSSO GALVAN; 3.3 —EVOLUÇÃO DO INSTITUTO; 3.3.1 — França e Espanha: Modernidade; 3.4 — A REABILITAÇÃO NO BRASIL; 3.4.1 — Brasil Colônia; 3.4.1.1 — As Ordenações; 3.4.1.2 — Dominação Holandesa; 3.4.2 — Código Criminal do Império; 3.4.3 — Código da República (1890); 3.4.4 — Consolidação das Leis Penais; 3.4.5 —Projeto Alcântara Machado; 3.4.6 — Proposição de Nelson Hungria (vencedora no Código de 1940); 3.4.7 — Lei nº 5.467/68; 3.4.8 — Código de 1969.

3.1 — BREVE INTRODUÇÃO

3.1 — Considerações Preliminares

É todo relevante um levantamento histórico do instituto, ou institutos, que teriam originado um outro instituto jurídico que alcançou a modernidade. Essa ausência de pesquisa do passado leva, não raro, a informações incorretas. Assim ocorreu, certa feita, quando um conferencista insistia em afirmar que a "vitimologia" era moderna e originária dos Estados Unidos. Isto se reveste de um absurdo inaceitável. Já o Código Criminal do Império inserira como corolário [1]:

"Art. 19. Influirá também na aggravação ou attenuação do crime a sensibilidade do offendido".

A "vitimologia", apreciação da conduta da vítima a finalidade de valorar o comportamento do acusado, não é instituto recente e de origem estrangeira. Assim, o estudo histórico implica esclarecer a origem do instituto, como também evita, na medida do possível, que se cometam deslizes comprometedores da boa cultura.

---
(1) Já o Código Criminal do Império, no artigo transcrito, o nº 19, previa a participação da vítima no resultado. Então, não há favor em modernidade, ou mesmo que seja o instituto alienígena, como pretendem alguns.

Destarte, entendo haver necessidade de indagação histórica sobre a possível origem da Reabilitação Criminal, pois, como ensina Vicenzo La Medica [2]:

> "Para a exata compreensão de um instituto jurídico, é necessário procurar-lhe as fontes e considerá-lo através da sua evolução histórica, mais que não seja para tirar — como ensinava Carrara — da comparação das antigas leis com as novas, argumentos demonstrativos da progressividade das nossas doutrinas, utilizando-as para ulteriores desenvolvimentos ou para corrigir as novas disposições, se qualquer ponto forem menos sabiamente elaboradas".

Ademais disso, é o próprio aperfeiçoamento do Direito, como um todo, na preleção clara de Manzini [3], que não quer a exaustão, senão a apreensão do essencial, para se chegar a uma definição, como ensina Maria Helena Diniz, em suas aulas de Filosofia do Direito.

Dispensar o retrospecto histórico do instituto, a meu juízo, implicaria criar algo sem conteúdo ou, sob outro ângulo, pretender ser o criador absoluto: o dono da verdade, o que efetivamente não pretende ser. Muitos outros já trataram o tema, e colaboraram, de alguma forma, para chegarmos ao estágio atual. Não pesquisá-los seria, no mínimo, desrespeito à cultura.

3.1.2 — "Graça" e "Indulgência"

Não se questiona que o passado remotíssimo de certos institutos provoque, não raro, confusão nos arrazoados dos mais ilustres doutrinadores. Às vezes, até mesmo por motivos ideológicos, cria-se antinomia quanto à origem deste ou daquele instituto. Assim tem sido em relação à Reabilitação Criminal: atribui-se à "graça" e à "indulgência" a origem histórica do instituto.

A "graça" tem sido citada invariavelmente[4] como fonte — gênese — da Reabilitação Criminal. Há, entretanto, de definir termo, como ensina Eros Roberto Grau, para perceber ser ele juridicamente *indeterminado*, conforme esclarece Leib Soibelman[5]:

---
(2) LA MEDICA, VINCENZO, *O Direito de Defesa*, pág. 7, fazendo metalinguagem a Francesco Carrara, citando "Opuscoli", pág. 107.
(3) Citado por LA MEDICA, pág. 8.
(4) GALVAN, MANUEL GROSSO, insiste na sua obra *Antecedentes Penales: Rehabilitación y Control Social*. Haveremos de voltar ainda ao tema.
(5) In *Inciclopédia do Advogado*, pág. 179.

"Graça (D. Penal). Toda forma de extinção da punibilidade determinada por outro poder que não o judiciário é graça. Perdão de pena em sentido amplo".

Outros dicionários convencionais também apontam a equivocidade do termo, entre eles o Aurélio [6], que preleciona ser a "graça" um ato de liberalidade (clemência) do Poder Executivo, que pode concedê-la, destituindo uma sentença judicial que tenha condenado o indivíduo. Percebe-se tratar-se de vocábulo equívoco, que se presta a vários outros temas.

De qualquer forma, a "graça", tal como a conhecemos, e muito menos nos seus primórdios, não é direito subjetivo, senão prêmio, aqui sim, do Estado, que a concede quando, a seu juízo e critério, entende necessário ou conveniente aos seus interesses. E, quando digo Estado, pretendo alcançar a classe governante tal como nos é dado conhecer a estrutura que aí está: o Poder Executivo. Não se trata daquele delineado por Montesquieu. Ao Poder Judiciário não é dada a liberdade de agir assim, pois ao juiz cabe analisar o fato e aplicar o direito a ele inerente e não atender a interesses políticos. A "graça", então, nunca foi ato judicial, mas ato político-administrativo. Em síntese, os interesses que norteiam o instituto da "graça" não são, e não eram, técnico-jurídicos, mas meramente políticos, como ensinava o pranteado Galdino Siqueira[7]:

"A graça propriamente dita é o favor concedido pelo poder público aos réus definitivamente condenados e que consiste na extinção, diminuição ou comutação da pena que lhe foi imposta". (grifo meu)

O grifo foi usado para realçar o espírito desse instituto. Ademais, esse mesmo autor orienta no sentido de se distinguir a *graça* da *anistia*. A anistia declara a impunidade de certas pessoas que hajam cometido certos delitos e que estejam amparadas por um certo lapso temporal. Já sobre aquela — a graça — o eminente doutrinador do passado assim se manifesta:

"A graça reconhece a existência do crime, só atacada a condenação, quer isentando o réu da pena imposta, quer modificando-a" [8].

---

(6) Pág. 699 da obra referida.
(7) SIQUEIRA, GALDINO. *Tratado de Direito Penal*, tomo II, pág. 820.
(8) Idem, pág. 822.

Distingue-se, assim, em âmbito de aplicabilidade de cada um dos referidos institutos: a anistia aplica-se aos crimes políticos, enquanto a graça aplica-se apenas ao crime comum, não político.

Em realidade, após Montesquieu, com sua secular teoria tripartida, não há mais espaço para o instituto da *graça*, que sempre foi privativo do "príncipe".

A "indulgência", por sua vez, é o perdão que outorga a Igreja aos "pecadores": "perdão aos pecados praticados" [9], pretendendo-se aqui a utilidade religiosa do instituto. Vale para o Direito, o que Leib Soibelman denomina "indulgência soberana", que pode ser encarada como "indulto", "graça" ou "anistia". Existe uma diferença considerável, máxime se se considerar o fato de que quase todas — senão todas — as penas atingiam o patrimônio e a honra do apenado. A *indulgência*, outorgada pela Igreja, foi utilizada de tal forma que culminou com o Grande Sisma, provocado por Martinho Lutero.

Do ponto de vista gramatical, vejo manifesta e completa indeterminação do termo, que se presta a uma série de significações, como informa Aurélio Buarque de Holanda [10]. O ilustre dicionarista refere-se ainda à "indulgência plenária", que significa a "remissão plena das penas temporais".

Esses dois institutos não se relacionam à Reabilitação Criminal, enquanto instituto jurídico. Guardaram sempre entre si um laço de parentesco, sem contudo se confundirem. Entretanto, é de se observar que no direito antigo o método epistemológico não era conhecido, de modo a possibilitar a separação do direito em partes, como ocorre atualmente, não se concebendo a interferência de um setor no outro, salvo nos casos de leis especiais, que regulam indistintamente o direito material e o direito formal.

Informa César Camargo Hernandéz, ao discorrer sobre a "graça" no antigo sistema jurídico da Índia [11], que o soberano era autorizado, pelos livros sagrados, a modificar sentenças, mas presumo tratar-se do "Manara Dharma Sutra", o Código de Manu. Ainda sobre o assunto, menciona a existência de expediente similar na Grécia e no Egito:

---

(9) SOILBELMAN, LEIB, obra citada, pág. 195.
(10) Obra citada, pág. 765.
(11) *La Renhabilitación*, pág. 11.

"En la India, autorizaban los Libros Sagrados al Rey para modificar las sentencias dictadas por los Juices; en la Legislación hebrea se facultaba al Soberano para anular las condenas; en Egito, se reconocia la facultad de perdón y la posibilidad de conmutar ciertas penas por la deportación a una comarca disierta y, finalmente, en Grecia el pueblo, reunido en asamblea, ejercia el Derecho de gracia".

Já no Direito Germânico o instituto, fosse com que denominação fosse, não teve grande repercussão. Segundo Pessina [12], isto se deve à posição profundamente privativista do direito ali exercitado. Era, por assim dizer, a prática de uma "vingança privada" bem mais abrandada e com outra denominação: "vingança de sangue". Por vezes, lançavam mão de meio mais humano e identicamente lógico: a "composição", que visava abrandar as penas pela via da indenização.

De maneira geral, havia profunda consonância, ao que me foi dado entender, entre os mencionados institutos: a "graça" e a "indulgência"[13].

"Com esses antecedentes, os apelos à clemência dos governantes vieram pelo correr do tempo, provocando deferimentos ou indeferimentos, na conformidade de critérios pessoais, ou circunstâncias de ocasião".

Se clemência é atributo do indulgente, não há como duvidar de que "graça" e "indulgência" resultam da benevolência dos governantes — os de antes e os de agora. Tanto assim que Aloysio de Carvalho Fº explica, ao analisar a obra fundamental de Nelson Hungria:

"O direito de graça foi prerrogativa soberana que jamais se contestou aos governantes e ainda hoje se reconhece, embora sob restrições ou condições ao poder público. É privilégio tão antigo, que Ladslau Thot o considera contemporâneo, quase, da pena (91)"[14].

Se já no Direito antigo um resquício de preocupação com a Política Criminal — se não como a que conhecemos hoje, pelo menos embrionariamente, o Direito Romano, por sua vez, instituiu e utilizou o instituto jurídico da *restitutio in integrum*, sobre o qual irei discorrer a seguir. Antes, cumpre aduzir ainda uma palavra sobre o procedimento

---
(12) Citado por CÉSAR CAMARGO HERNANDÉZ.
(13) A esse respeito: ALOYSIO DE CARVALHO Fº, *Comentários ao Código Penal*, vol IV, pág. 101. No mesmo sentido, a mesma obra revisada em 1979, pág. 270, desta feita em parceria com Jorge Alberto Romeiro, onde se cita ROUX: "a esperança na misericórdia humana".
(14) Obra citada, pág. 93. A referência de Ladslau Thot é da obra *História de las Antiguas Instituciones de Derecho Penal*. La Plata, 1940, pág. 334.

pelo qual se obtinha a "graça" ou a "indulgência". Aloysio de Carvalho F°[15] refere-se à *provocatio ad populum,* meio pelo qual a responsabilidade da sentença — ou de sua destinação futura — passava à "Assembléia", recurso esse que não era a *apelatio,* incessantemente explicado por José Rogério Cruz e Tucci. Naquela não se questionava revisão da sentença, nesta última, sim.

Theodor Mommsen[16], autor da obra quiçá mais completa sobre o Direito Penal Romano, diz do direito que tinha o cidadão *varon* de interpor a provocação. Acrescenta ainda o referido autor:

> *"Sin embargo, al latino, a quien se hubiera concedido cierto derecho de formar parte de la asamblea de los Comícios, podia concederle también la faculdad de provocación por via de privilégio personal".*

A *provocatio* servia para as sentenças exaradas por juízos públicos, visando a coibir possíveis arbitrariedades de magistrados, aos quais eram permitidos até mesmo determinadas coações físicas contra as pessoas acusadas, segundo relata o autor ora mencionado. Nesses processos, tidos como públicos, somente os magistrados tinham participação, o que justificava a prática da *provocatio* [17].

A "graça", que era medida evidente de um futuro direito formal, tal como se conhece hoje, suspendia a eficácia da pena, qualquer que fosse ela, desde que originária do juízo público, conforme preleciona o respeitável alemão do século passado [18]:

> *"Desde el punto de vista material o substancial, no puede hablar-se de una fundamentación jurídica de provocación.*
> *La casación de la sentencia penal, pedida por el condenado, era um acto de soberania. El magistrado habia afirmado ya la cuestión de la culpabilidad, y si bien se repetia nuevamente el procedimiento preparatorio de la inquisición, y el procesado podia ser absuelto por los Comícios cuando la mayoria de los ciudadanos que los componian se convencieran de la inculpabilidad del mismo, sin embargo, lo que al procedimiento servia de sostén y apoyo no era esta idea, sino la del perdón.* **Que el procedimiento ante los Comícios debe ser considerado como una instancia de gracia, es cosa que salta a la vista".**

---
(15) Obra citada, pág. 95. Também MOACYR LOBO DA COSTA e JOSÉ ROGÉRIO CRUZ E TUCCI.
(16) MOMMSEN, THEODOR, em *Derecho Penal Romano,* págs. 300/1. Ed. Temis, Bogota — Colombia, 1976, obra traduzida por Pedro Garcia Dorado Montero, falecido em 1919, o que vale dizer que a tradução já tem mais de 70 anos.
(17) Obra citada, pág. 96.
(18) Obra citada, pág. 302.

O texto é extenso, mas é esclarecedor: há preocupação com as sentenças injustas, daí a existência de uma instância superior *sui generis* com poderes soberanos.

Com o aparecimento de abusos na utilização da *provocation*, passou-se à aplicação de um outro instituto: *questio* ou *questiones*.

3.1.3 — *Restitutio in Integrum*

É no Direito Penal Romano, como afirma Paulo José da Costa Jr.[19], que a moderna Reabilitação Criminal "deita raízes", ancorada na *restitutio in integrum*. Alguns autores defendem que tal instituto era pertinente ao Direito Processual Civil exclusivamente. Aduzem outros que se tratava apenas do instituto da "graça"[20], e não a gênese do instituto ora em debate. O tema será retomado logo adiante onde se demonstrará o contrário.

Para melhor assimilação, pesquisei Moacyr Lobo da Costa[21] e José Rogério Cruz e Tucci[22], onde obtive orientação segura sobre a *restitutio in integrum* e através dos quais tive oportunidade de aprender não só sobre o referido instituto, mas também como surgiu, na antiguidade, o espírito da moderna Reabilitação Criminal, aqui discutida, apesar de todas as mutações por que passou até chegar no atual estágio. Natural que se verifiquem modificações nos institutos ao longo do tempo, até que os mesmos atinjam um certo grau de aperfeiçoamento compatível com uma determinada época.

Mas, o que é a *restitutio in integrum*, afinal? Plácido e Silva[23] diz que a locução pode ser interpretada no mesmo sentido de "benefício de restituição". Entende o autor tratar-se de um privilégio concedido para que se pudesse, judicialmente, anular certos atos lesivos a determinados interesses.

---

(19) COSTA JR., PAULO JOSÉ DA, *Comentários ao Código Penal*, vol. I, pág. 449, 3ª ed., Saraiva, 1989.
(20) GALVAN, MANUEL GROSSO, na sua monografia já mencionada, defende a posição de que a *Rehabilitación*, tal como conhecemos, nada tem a ver com o instituto da *restitutio in integrum*, o que nos obriga a abrir espaço inesperado neste trabalho sob a rubrica "Controvérsia"
(21) COSTA, MOACYR LOBO DA, in *Revogação da Sentença II*, publicada na *Revista da Faculdade de Direito — FADUSP*, LXXII, 2º fascículo, 1977, págs. 159/223.
(22) JOSÉ ROGÉRIO CRUZ E TUCCI, Contribuições ao Estudo Histórico do Direito Penal (*Direito Romano I*), Forense, 1983.
(23) SILVA, PLÁCIDO E, *Vocabulário Jurídico*, vol. IV, pág. 130.

É a partir da constatação de que a *restitutio in integrum* se dava pela via pretoriana que tomo a liberdade de apartá-la dos demais institutos: "graça" e "indulgência", ou ao menos, para possibilitar a inserção da Reabilitação Criminal nessa ancestralidade. A meu juízo, a "indulgência" sequer pode ser considerada um instituto jurídico.

Waldemar César da Silveira [24] interpretou a *restitutio in integrum* como uma instituição geral que se aplicava ao processo, retornando as coisas ao seu estado anterior, como se o fato gerador da mutação sequer tivesse existido e aduz:

> "Trata-se de um remédio extraordinário à falta de outro meio jurídico. A **restitutio in integrum** era concedida pelo magistrado, por via de um decreto mesmo contra terceiros, anulando juridicamente o fato, como indicam suas expressões: 'RATUM NON HABEO PERINDE ERIT QUASI ID FACTUM NON SIT' (não tenho como ratificado, porém como se não existisse o fato)".

E mais. Tanto era assim que outros autores confirmam tal posição. José Rogério Cruz e Tucci, por exemplo, informa:

> "Como observar-se-á em seguida as fontes documentam casos de concessão do **auxilium extraordinarium** pelos comícios mas não se pode afastar a hipótese de que o Senado, e mesmo o magistrado tinham competência e poderes para sua concessão — V. Ferrini, op. cit., pág. 170; Sargenti, op. cit., pág. 287"[25].

Tratava-se, à evidência, de um remédio extraordinário. Mas, ainda assim, era reconhecida e acatada institucionalmente, normatizada mesmo. Eis por que Moacyr Lobo da Costa se expressa nos seguintes termos:

> "Concedido o remédio extraordinário, as partes eram restituídas à situação anterior como se o fato não tivesse ocorrido, desaparecendo os seus efeitos prejudiciais que, então, cessavam de se produzir"[26].

Para Plácido e Silva [27] a *restitutio in integrum* era um "privilégio", para as pessoas pudesse judicialmente anular certos atos que acarretavam, de alguma forma, prejuízo aos seus interesses. Era, como se constatou anteriormente, uma ação extraordinária — como não poderia dei-

---
(24) SILVEIRA, WALDEMAR CÉSAR DA, *Dicionário de Direito Romano*. 2º volume, pág. 591, Bushatsky, 1957.
(25) Obra citada, pág. 14/15.
(26) Obra citada, pág. 174.
(27) Ainda PLÁCIDO E SILVA, pág. 130.

xar de ser — que visava à restauração do equilíbrio social. De tal magnitude seu alcance que não somente os magistrados (yudex), mas o Senado e as Assembléias da plebe, como diz José Rogério Tucci, tinham competência para decretar a *restitutio in integrum*.

Podia-se pleitear a *restitutio in integrum* em casos civis e criminais, o que evidência sua condição prática pluridivisional. Há dois informes catalogados, sobre o uso do instituto na esfera penal:

> *"Com efeito, Júlio Cesar (**Bellum Civile**, 3.1.) relata-nos ter submetido uma proposta aos magistrados e tribunos da plebe em julgamento comicial que concedeu a **restitutio** a todos os condenados por concussão em processos manifestamente inconstitucionais"*[28].

Nessa mesma linha de raciocínio, Moacyr Lobo da Costa relata o julgamento de três "navarcas gregos" de nomes Ascrepíade, Polystrato e Menisco, que tiveram a *restitutio in integrum* decretada em razão dos bons serviços prestados durante a "guerra itálica", *in verbis*:

> *"Entre outras vantagens que o Senado lhes outorgou — fazendo referência aos três gregos citados anteriormente — umas são simplesmente honoríficas, como o título de bons cidadãos amigos do povo romano. Outras, porém, concedem-lhes direito como o de reclamar à **restitutio in integrum** para desfazer as conseqüências prejudiciais causadas por suas ausências"*[29].

Do exposto, fica a nítida percepção da modernidade do instituto, tanto lá quanto aqui. Naquela época, já havia a preocupação de demonstrar os "bons cidadãos". Hoje, peleja-se para acabar com a publicidade desnecessária dos "antecedentes criminais", máxime se o cidadão demonstrou seriamente, com sua conduta contemporânea, compatibilidade com os padrões éticos exigidos pela sociedade. Recapitulando, evidencia-se a posição de Paulo José da Costa Jr., que reconhece a relação existente entre o instituto da *restitutio in integrum* e a Reabilitação Criminal.

Outra obra pesquisada foi a de Correia e Sciascia[30]. Nela o instituto é tratado pela denominação de *Restituciones in Integrum,* fazendo ao Digesto 4.1.3., *in verbis:*

---

(28) É o que informa JOSÉ ROGÉRIO CRUZ E TUCCI, pág. 14, traduzindo do latim para o vernáculo um texto reproduzido no corpo da obra.
(29) Obra citada, pág. 159. Era, no contido entre as aspas, a reabilitação criminal na sua essência: extinguir os antecedentes.
(30) *Manual de Direito Romano,* vol. I, pág. 107, Saraiva, ed. 1957.

*"O meio mais extraordinário de intervenção do pretor é o da restituição por inteiro. Tendo o efeito de restituir as coisas ao estado anterior, anulando situação jurídica originadas normalmente. A princípio as restituições eram concedidas conforme a espécie (**causa cognita**); mais tarde algumas se indicaram de modo geral no édito".*

Para finalizar este tópico, cumpre aferir, ainda que *en passant*, a data aproximada do surgimento do instituto. Não é missão das mais fáceis apurar a idade de qualquer instituto antigo, ainda que seja do Direito Romano. Segundo autores estudiosos do Direito Romano — romanistas, como Moacyr Lobo da Costa e Tucci Fº [31], não há uma literatura absoluta para ser citada como fonte segura de pesquisa. Para o primeiro, fazendo referência a Sargenti, já no ano de 183 a. C. um julgamento de questão entre espartanos e a Liga Aqueana [32] dá conta da *restitutio,* interpretando uma passagem de **TITO LIVIO**.

Moacyr Lobo da Costa reporta-se à obra de Sargenti, que por sua vez se ancora nos ensinamentos de Fabrizio Fabbrini e conclui que a origem do instituto data de um século após. Ao que consta, foi no ano 78 a. C. que a *restitutio in integrum* se afirmou como tal:

*"O primeiro documento jurídico em que a **restitutio** aparece com claras e precisas conotações substanciais e formais é o Senatusconsulto Asclepíades sociesque do ano 78 a. C.".*

Sobre esse édito já me referi na nota nº 29. E, tudo leva a crer que já era usado largamente. Pelo menos uma outra fonte de informação conduz à essa conclusão: Terêncio, dramaturgo citado por Moacyr Lobo Costa[33]. Em realidade, as alusões de Terêncio não eram de natureza jurídica, mas textos literários empregados em peça teatral, mais precisamente em comédia: *Phormio,* conforme explicação do professor das Arcadas.

Dessa forma, empregando a lógica deôntica, prefiro o ano de 183 a. C. como marco de uma das primeiras aparições, embrionária sim, mas com muita possibilidade de anterioridade, pois os artistas trabalham a partir dos fatos, fornecendo, por vezes, um conteúdo axiológico não condizente com a realidade fática. Mas, fundamentalmente, a partir de fatos ou atos correntes na atualidade. Também no ano 78 a. C., uma

---
(31) TUCCI Fº, pág. 10 da obra já mencionada: "talvez em face da exigüidade de fontes". Já o segundo, LOBO DA COSTA, cita várias hipóteses, não assumindo compromisso com qualquer delas.
(32) Obra citada, pág. 158.
(33) Obra citada, vide págs. 159 e 161.

notícia regulamentadora do instituto de direito. De qualquer forma, a obra de Terêncio está posicionada entre uma e outra data: 161 a. C., podendo ser verídica afirmação por ele feita do uso indiscriminado do instituto. Não se pode, entretanto, descartar a hipótese da "criatividade" do artista; não quanto à existência do instituto, mas quanto à profusão do uso. Além disso, aporética que é a questão das datas, há outra informação anterior que relata a criação e utilização de um instituto para coibir o uso indiscriminado de outro, o *provocatio,* que teria sido substituído, ao menos em parte, pelo *questio.*

As especulações sempre conduzem a alguma verdade. Uma delas é a bipolaridade do instituto. Desde os primórdios esteve ele sempre acostado ora no direito substantivo, ora no direito adjetivo. Sempre, porém, no direito subjetivo do cidadão. Parece-me oportuno, agora, adentrar na controvérsia provocada pelo professor Manuel Grosso Galvan sobre a ancestralidade do instituto, negando à Reabilitação Criminal o parentesco com a *restitutio in integrum.*

3.2 — A CONTROVÉRSIA

A POSIÇÃO DE MANUEL GROSSO GALVAN

O professor Manuel Grosso Galvan é autor de excelente trabalho sobre o tema [34], obra em que encontrei excelentes subsídios. Questiona a afirmação histórica de que a Reabilitação Criminal é originária do antigo instituto da *restitutio in integrum.* Para esse autor ibérico, a *restitutio* produzia apenas "derechos de gracia", *in verbis* [35]:

> "A la hora de valorar en su justa medida estos pretendidos origines de la Rehabilitación, hay que decir que, en la mayoria de los casos, se tratan de autenticos derechos de gracia que poco o nada tienen que ver con la Rehabilitación tal y como la hemos considerado hasta aqui".

Na seqüência, e ainda tecendo severas críticas ao seu patrício César Camargo Hernandéz[36], também autor de monografia pertinente, pretende definitivamente rechaçar o vínculo do atual instituto da Reabilitação com qualquer outro similar distante, afirmando:

---
(34) *Antecedentes Penales. Rehabilitación y Control Social*, cit.
(35) Obra citada, págs. 228/9.
(36) A esse respeito, veja-se nota nº 11 deste Capítulo.

> *"Por tanto, hay que rechazar plenamente cualquier intento de llevar los orígenes de la Rehabilitación hasta antiguos Libros Sagrados de la India, o hacia faraonicas normas próprias mas de relatos de aventuras que producto de una investigación científica sobre el tema 42"*[37].

Penso ser exagerada a crítica sobre o trabalho de Camargo Hernandéz. Esse autor tem sido reiteradamente citado pelos melhores e mais abalizados doutrinadores que tratam da Reabilitação Criminal, mesmo na Espanha, onde é citado por José Maria Rodrigues Devesa. Na Alemanha, por Hans Heindrich Jescheck. Não há que se falar em aventura no trabalho de Camargo. Assim, não procede, por inteiro, a crítica, pois o Direito de antiguidade é, como já se viu, de difícil pesquisa. Além do que na época, as decisões eram sempre comprometidas pela interferência do "príncipe", conforme Nicolò Machiavelli, e que Hernandéz denomina "el Rey"; na Índia, no Direito hebreu e egípcio, o "soberano". Na Grécia havia as "assembléias", onde se aplicava o "direito de graça", conforme diz o próprio autor criticado, dando-o como "meio" de reabilitação, mas não como única forma. Ademais disso, ao que tudo indica, a *restitutio in integrum* é posterior ao Código de Manu (Manara Dharma Suthra), por exemplo. Despiciendo dizer-se do Direito hebreu e do Direito egípcio.

Do exposto, segue-se que houve evolução entre o Direito hebreu, que tem perto de 5.800 anos, para o Romano, que alcança aproximadamente 2.700, considerando-se o instituto da *restitutio in integrum* com 2.150 anos. Não admitir que hoje não se vislumbrem laços identificadores entre aqueles e este instituto compromete um trabalho tão brilhante como o do autor questionador, apesar dos excelentes argumentos expendidos. Mas, apesar de tudo, parece-me claro o motivo dessa postura contrária à gênese do instituto de Reabilitação Criminal: o germanismo de Galvan[38] foi contrariado por Camargo Hernandéz, que prelaciona:

> *"En el Derecho germano, afirma Pessina, que la gracia tuvo muy poca extensión, pués, segun su legislación, la autoridad del Estado era extraña a la punición en aquellos casos en que se perseguia al culpable de los mismos(1)"*[39].

---

(37) A nota de rodapé do autor (42) faz referência à página 11 da obra de Camargo Hernandéz, sobre a qual também me refiro.
(38) GALVAN é, ou foi, discípulo de Claus Roxin.
(39) Obra citada, pág. 11, onde a nota nº 1 faz referência a Pessina, bem como a Cadalso. Ambas obras antigas: a primeira de 1892 e a segunda de 1921.

Se o instituto da "graça" sequer era utilizado com freqüência no Direito germânico, como aceitar uma evolução tão constante e magnânima do instituto na seara do romanismo? Penso ser esse o único motivo da tal controvérsia. Não acredito que *las senizas regionales* pudessem produzir uma tal conturbação no meio científico.

Como a primeira premissa da fragilidade dessa controvérsia, vejo a questão dos sistemas antigos. O Direito Romano era sempre escrito, o que representava vantagens póstumas de realce, apesar da força brutal do tempo para apagar os fatos da memória. Tanto assim que vários autores anteriormente citados reclamam da precariedade de dados e fontes informativas. De maneira geral, a pesquisa da ancestralidade é sempre colocada *sub conditio*, como fizeram Paulo José da Costa Jr., Moacyr Lobo da Costa e José Rogério e Tucci, entre outros. Esse fenômeno nem Galvan desconhece ou nega:

> "*Hacer un croquis temporal de las diferentes formas que há revestido la Rehabilitación, asi como de cuáles son sus antecedentes normativos, és algo que no está exento de problemas*"[40].

Ao se proceder à análise da origem de um instituto antigo é sempre prudente agir como, v. g., Paulo José da Costa Jr.[41], ao aduzir que o instituto "deita raízes", não afirmando convicção. Aliás, não foi outro o ensinamento que me transmitiu o professor Álvaro Vilaça Azevedo[42], em situações similares.

Assim sendo, trata-se de uma questão aporética, gênese da Reabilitação Criminal. Melhor será admitir-se que, normativamente, o moderno instituto é descendente da antiga *restitutio in integrum*. Fico com a absoluta maioria, que admite essa posição como mais acertada. E faço não por temor, mas por convicção própria em razão de tudo que me foi dado pesquisar[43]. O moderno instituto aqui discutido originou-se no Direito

---

(40) GALVAN, MANUEL GROSSO, como é tratado por Muñoz Conde, obra citada, pág. 228.
(41) *Comentários ao Código Penal*, vol. I, pág. 449.
(42) Conversei longamente com o professor Vilaça Azevedo, que me alertou sobre a dificuldade de se afirmarem certas posições em relação ao tema, embora entenda que *restitutio in integrum* não era mera "graça" ou simples indulgência, posto que matéria normatizada e decidida pela via jurisdicional.
(43) Veja-se: Heleno Cláudio Fragoso, *Lições de Direito Penal*, Parte Geral, vol. I, pág. 43; Giulio Bataglini, *Direito Penal*, vol. 2, pág. 693, onde informa a relação entre o instituto (o. r. i. i.); Camargo Aranha, revendo a obra de Magalhães Noronha, vol. I, pág. 293, aliás, o único volume revisado pelo professor do Mackenzie: Aloysio de Carvalho Fº, in *Comentários ao Código Penal*, vol. IV, pág. 230: " a *restitutio in integrum* dos romanos e a primeira prática de reabilitação penal". Finalmente, Anibal Bruno, *Direito Penal*, tomo III, pág. 220: "É um velho instituto, que tem atravessado a história do Direito Penal, com fisionomias diversas, relacionado ou não com o direito de "graça".

Romano, mais precisamente na *restitutio*, berço jurídico da Reabilitação Criminal. Houve evolução, é claro. Mas isso se deve à criatividade do pensamento humano e seu dinamismo constante. Tanto assim que, adiante, irei propugnar, *de lege ferenda*, sobre o futuro de certos obstáculos que precisam, modernamente, ser superados, removidos, para a adequação do instituto às necessidades atuais do Direito Penal.

A evolução de um dado instituto não tem o condão de fazer desaparecer a sua origem histórica. Exemplo disso é o instituto do dia-multa no Código Criminal do Império[44]. Da mesma forma, a questão da vitimologia[45].

Dessa forma, *data maxima venia* do prof. Manuel Grosso Galvan, ilustre jurista ibérico, entendo que a *restitutio in integrum* teria originado o instituto da Reabilitação Criminal.

Inicialmente, o sistema era empírico e protecionista. Entretanto, durante a longa existência da *restitutio in integrum*, tal não se verificou, desde que foi utilizada como instrumento do cidadão e meio aplicável pelo Poder Judiciário. Passou a ser um instrumento eficaz de que dispunha o cidadão para recuperar seus bens materiais e sua dignidade, conforme informam Saltelli e Romano Di Falco [46].

*"La rehabilitación és la **restitutio in integrum** del condenado al mismo estado de capacidad jurídica que tenia antes de la condena".*

Por tudo isso, reitero: a *restitutio in integrum* é, a meu juízo, a gênese do moderno instituto da Reabilitação Criminal, do mesmo modo que se pode admitir ser aquela um segmento de outros institutos mais antigos, como a "graça", por exemplo. Há uma constante evolução em busca de aperfeiçoamento. O tecnicismo jurídico trabalha diuturnamente no afã de alcançar o ideal. O que não se pode descuidar, todavia, são as reiteradas advertências sobre a falta de segurança das fontes de pesqui-

---

(44) Os artigos 185 a 187 daquele primeiro diploma genuinamente nacional já falavam de "multa correspondente a metade do tempo". Era o início do instituto do dia-multa, apenas não tão bem definido como na atualidade. Nem por isso se poderá negar o laço de parentesco entre o velho e o novo.
(45) Reiterando. Compare-se o artigo 19 do Código Criminal do Império — cujo "Criminal" acredito seja reflexo do texto constitucional, que assim dizia — com a redação do artigo 59 do código atual. Antes, era específica a norma jurídica pertinente. Modernamente, é um dos pressupostos para o raciocínio axiológico do magistrado no momento preciso da dosimetria. Há de haver correspondência entre o que pretendeu o agente e o que pretendeu também a vítima durante o evento, e conseqüente resultado fático. Fundamentalmente, ambos os artigos alcançam um só objetivo: a participação do agente passivo (a vítima) no resultado.
(46) Os autores são citados por César Camargo Hernandéz, na obra já mencionada, pág. 21.

sas. Além do fator desgastante provocado pelo tempo, têm-se ainda, os exercícios hermenêuticos levantados no campo doutrinário[47], nem sempre dos mais acurados. Do exposto, melhor seguir Fabrizio Fabbrini:

> *"Ante a imprecisão dos textos só lhes restou a elaboração de hipóteses baseadas na interpretação que se afigurou mais adequada às respectivas conjecturas doutrinárias"*[48].

3.3 — EVOLUÇÃO DO INSTITUTO

3.3.1 — França e Espanha: Modernidade

No início, havia concessão da "graça", de uso freqüente em várias culturas antigas. Foi no Direito Romano, entretanto, que a *restitutio in integrum* alcançou o seu clímax, sintetizada na afirmação categórica de Theodor Mommsen: "la reposición de las cosas a su anterior estado"[49].

A reposição referida por Mommsen era promovida pelo magistrado prolator da sentença, ou pelo sucessor, que devolvia as indenizações pagas, porventura, pelo condenado e reintegrava-o na honra anterior de que tivesse sido privado. Não se pode pretender que o instituto de Reabilitação Criminal não seguisse seu curso, a exemplo de tantos outros que chegaram até a contemporaneidade. Assim foi e assim será, quer com a Reabilitação Criminal, quer com qualquer outro instituto que não se tenha perdido no tempo, porque, afinal, "quem brilha com luz própria ninguém pode apagar".

A reabilitação, tratada na Alemanha até o século passado como sendo um "direito de graça", segundo Franz Von Liszt [50], não foi instituição das mais utilizadas. De qualquer forma, em que pese a terminologia empregada por Von Liszt, referindo-se à "graça" ou à "abolición de las consecuencias penales por orden del poder publico", fundamental-

---

(47) São palavras de Fabrizio Fabbrini, in *Storia del Diritto Romano*, obra editada em 1986, mencionada por Moacyr Lobo da Costa no seu trabalho publicado na *Revista da Faculdade de Direito da USP*, 77.
(48) COSTA, MOACYR LOBO DA, trabalho citado, pág. 224.
(49) MOMMSEN, THEODOR, in *Derecho Penal Romano*, pág. 304, tradução de Dorado Montero, Editorial Temis, Bogotá — Colômbia, 1976.
(50) FRANZ VON LISZT, *Tratado de Derecho Penal*, tradução de Luiz Jiménez de Asúa, Editorial Reus, Madrid — Espanha, págs. 398/9.

mente, pretendeu que o instituto tivesse sido uma exigência da *equidad* sobre os rigores da norma jurídica em prol dos interesses do condenado. Neste particular, concorda Moacyr Lobo da Costa:

> *"Está escrito, em síntese magistral, que a história da **restitutio in integrum** é a história da progressiva vitória da eqüidade sobre o rigor do direito"*[51].

Liszt e Lobo da Costa chegaram à mesma conclusão, apesar de separados por quase um século. Isto me estimula a pesquisar o que ocorreu daí por diante. Não há que pretender a verdade absoluta, mas há de se apresentar um trabalho honesto e criterioso.

É Liszt quem informa o atraso da difusão do instituto na Alemanha, onde só chegou quando os tedescos passaran a "recibir-se los derechos estranjeros"[52]. Afirmando, também, que os "príncipes" voltaram a reivindicar, nos séculos XVI e XVII, o direito da concessão da *gracia*, admite ter havido constante aplicabilidade do instituto, sendo irrelevante a denominação que lhes era dada.

Parece-me ter havido confusão, mais uma vez provocada pelo uso de termos diversos referindo-se ao mesmo instituto. O Instituto da "graça", já se disse, é ancestral da Reabilitação Criminal, mas não é seu sucedâneo. De rigor, um nasce da benesse do "príncipe", outro, de um sistema normativo rigoroso como era o romano. Um, medida de política estatal, por assim dizer, outro, de Política Criminal — medida judicial. O primeiro cede espaço ao segundo, que se transforma em direito subjetivo do cidadão. E mais. A "graça" seguiu seu caminho História a fora, independentemente da Reabilitação Criminal, com vida própria, calcada na *restitutio in integrum*. Modernamente, a "graça" tem mais conotação de "anistia" — para os crimes políticos — e de "indulto" ou "comutação" — para os crimes comuns.

Para Manuel Grosso Galvan[53], o instituto esteve ausente no período das codificações, citando as *Ordenanzas de Castilla,* de 1474 e as recompilações de 1567, do Rei Felipe II, dizendo que isto se deve, presumivelmente, em razão do largo uso dos indultos e *perdones reales*, conforme se reproduz *in verbis*:

---

(51) LOBO DA COSTA, obra citada, pág. 226, citando Padellete Cogliolo.
(52) Afirmação textual de Liszt à pág. 398 da obra citada.
(53) Obra citada, pág. 230.

> "***Curpos legales ambos*** *(referência aos mencionados), que tratan extensamente sobre los indultos y perdones reales, se hace menciones alguna (49), hecho este ultimo que nos hace pensar que los Partidas trataban de un modo más generoso o actual da Instituición de indulto, y no que intentaban regular la Rehabilitación"*[54].

Não há por que admirar o fato de as Ordenações, máxime as Filipinas, não terem adotado o instituto da Reabilitação Criminal [55]. Eram leis muito duras, rígidas o bastante para assombrar os mais radicais, posto que desprovidas de qualquer instituto de benevolência para com o condenado. Digo mesmo: não tiveram, em momento algum, qualquer resquício de Política Criminal. Interessava mais aos governantes manter institutos que se lhes pudessem apresentar como magnânimos, a ponto de concederem "graça" e "indulto", ao bel-prazer, ou, não raro, pela via comprometida da corrupção, o que, em caráter definitivo, não é bom. Melhor seria sempre o Estado se curvar ao direito subjetivo do cidadão.

Desde 1265, lapso de tempo durante o qual acredita-se, tenham vivido as Partidas, esta já estava sendo questionada quanto à sua primazia, pois falava-se de algo semelhante: *la merced* para aquele que quisesse emendar-se, ao que informa Camargo Hernandéz [56], o *Fuero de Juzgo*, presumivelmente do século VII. De qualquer forma, regresso às Partidas, onde os "perdones" eram concedidos não privativamente pelo Rey, mas também pelos Senhores, que somente assim atuavam dentro de suas respectivas jurisdições territoriais, como afirma o autor antes referido.

Tem-se por certo que a Reabilitação Criminal, como a vemos hoje, tem sua raiz na *Ordenanza Royale* de 1670, pelo menos é o que afirma Manuel Grosso[57], o qual está calcado em escritos de **DELAQUIS**, entre outros, o mais famoso dos autores sobre o instituto em discussão.

Mas, se a modernidade nasceu em 1670, houve evidente evolução do instituto. O conteúdo sofreu profunda alteração, afirmando Grosso Galvan que só há coincidência na denominação. Era a agonia das *Car-*

---

(54) A nota nº 49 feita pelo autor é referência a César Camargo Hernandéz, no que fica evidenciada a metalinguagem que tomei por empréstimo sem precisar, pois bastava ter ido diretamente à obra originária.
(55) Veja-se Heleno Cláudio Fragoso, in *Lições de Direito Penal*, Parte Geral, págs. 58/9: "A legislação Penal do Livro V era realmente terrível, o que não constituiu privilégio seu, pois era assim toda a legislação penal de sua época"
(56) Obra citada, pág. 93.
(57) Obra citada, págs. 231/2.

tas de Rehabilitación, que exigiam o cumprimento integral da pena, além da satisfação do dano, *la civiles*, de que fala Camargo Hernandéz[58]. De qualquer forma, como ensina Anibal Bruno [59]:

> *"No Direito Francês, teve a reabilitação uma evolução bem característica. Foi primitivamente ato de clemência, relacionado com o direito da graça, e então remonta às **lettres de rehabilitation**, que restauravam o condenado na sua antiga reputação e boa fama".*

Foi na França que o instituto tomou contornos definitivos — ou quase. Foi na França, ainda uma vez, em 1791, que a codificação se materializou e incluiu a reabilitação em seu corpo normativo, com *nomem juris* próprio.

Para Galvan[60], das *Ordenanzas* para o Código Penal da França do ano de 1791, houve monumental evolução, deixando de ser o instituto uma benesse do governante, para adentrar no universo da juricidade, adquirindo "vida própria", como afirma o autor espanhol.

Interessante notar que o instituto era aplicado pelo *Consejo Municipal*. A meu juízo, uma criteriosa maneira de se saber se o reabilitando estava ou não em condições de ter uma vida compatível com os padrões éticos exigíveis.

Partindo-se da afirmação de Grosso Galvan antes referida, o que é de justiça, não é possível descartar a ausência de perfeição do instituto, como prelaciona Heleno Cláudio Fragoso [61]:

> *"Prevista no CP francês, de 1791, e, depois, no Código de Instrução Criminal, de 1808, a reabilitação aparece nas legislações modernas com contornos pouco definidos e imprecisos".*

Se imperfeito, pelo menos já estava normatizado e definido, ainda que não definitivamente, o instituto seguiu seu curso até nossos dias, amparado modernamente nos princípios do Iluminismo e, na anterioridade, no que se viu na *restitutio in integrum*.

Assim, passo a passo, o instituto tomou corpo e forma, adquirindo alma: instituto de alta Política Criminal. A Espanha, no ano de 1822, incorporou o instituto no seu sistema cormativo. Nos anos que se segui-

---

(58) Obra citada, pág. 22, no conceito.
(59) BRUNO, ANIBAL, *Direito Penal*, tomo III, nota n° 5, pág. 221.
(60) Obra citada, pág. 223.
(61) Obra citada, pág. 413.

ram: 1848, 1850 e 1870, várias alterações foram feitas [62], visando remover do caminho reabilitando os azares da *inhabilitación*, como a capacidade para o exercício dos cargos públicos e outros tantos direitos civis. Para Galvan[63], foi o Decreto de 18 de abril de 1848 que mais se aprofundou.

Pela primeira vez, incluíram-se nas hipóteses de reabilitação as penas de caráter correcional, o que não era permitido anteriormente.

Ambos os autores ibéricos afirmam que a *Ley* de 28 de abril de 1832 tratou dos antecedentes criminais no Direito francês. Camargo Hernandéz[64] aduz:

> "*A partir del Código de 1832, se sigue regulando la rehabilitación, pero limitando suas efectos a la cancelación de antecedentes penales*".

Já, Galvan[65] discorre sobre o parágrafo 1º do artigo 619 da tal lei, que dispõe, em síntese, o seguinte: qualquer condenado que, de alguma forma, consegue pagar a pena, quer pela comutação, quer pelas *lettres de grace*, poderá requerer sua reabilitação.

Pelo Decreto de 7 de setembro de 1870, a última instância para a concessão da reabilitação passa para o Conselho de Ministros[66], após manifestação do Presidente da República ou do Ministro da Justiça.

Foi o verdadeiro separador de águas a Ley de 14 de agosto de 1885. Esta norma jurídica veio para ser assim considerada, na Espanha pelo menos, é o que afirma Manuel Grosso Galvan[67]:

> "*A partir de aqui, la Rehabilitación aparecerá como un auténtico derecho del condenado que haya cumplido ya su condena*".

E assim sucessivamente. Como muito há que falar ainda sobre o instituto, passo a tratar da fase nacional da evolução do instituto da Reabilitação Criminal.

Para finalizar: a moderna concepção de Reabilitação Criminal surgiu com a Lei de 18 de abril de 1848, na França, lei esta convalidada posteriormente por outro diploma da mesma nacionalidade: a Lei de 14

---

(62) É o que informa César Camargo Hernandéz, obra citada, págs. 95/6.
(63) GALVAN fala em "Decreto" de 18/4/1848, dizendo a seguir "Ley" de 28/4/1848. O primeiro atinente ao direito francês; o segundo ao direito espanhol (vide páginas 234 da obra citada).
(64) Obra citada, pág. 96.
(65) Obra citada, pág. 234.
(66) GALVAN, obra citada, pág. 235.
(67) Obra citada, pág. 235.

de agosto de 1885. Essa orientação, que foi denominada "sistema de reabilitação judicial", foi adotada, na ocasião, pela Bélgica, Suíça, Itália e Noruega [68].

Quase que concomitantemente, surgiu o sistema anglo-alemão [69] que designava uma forma de reabilitação legal autômata ou compulsória, para o cumprimento da pena. A Inglaterra com o *Probation of Offences Act,* de 1907, e o segundo — o tedesco —, com a Lei de 9 de abril de 1920.

3.4 — A REABILITAÇÃO NO BRASIL

3.4.1 — Brasil Colônia

O Brasil Colônia teve pelo menos quatro sistemas, a saber: as três ordenações: Afonsinas [70], Manoelinas [71] e Filipinas [72]. Não se pode descartar o breve período da dominação holandesa, principalmente os anos de Johannes Maurizius de Nassau Siegen [73]. Fundamentalmente, não há que falar, nesta oportunidade, sobre reabilitação criminal, posto que o instituto não esteve presente nessa fase do direito brasileiro. Mas, como bem ensina Miguel Reale:

> "*A regra jurídica não pode ser entendida sem conexão necessária com as circunstâncias de fato e as exigências axiológicas*"[74].

Daí porque todo esforço e dedicação em pesquisar o passado, visando a alcançar um futuro melhor. Não há, a meu ver, prejuízo algum nesse buscar incessante de subsídios. É trabalhoso sim, mas não é inútil e despiciendo. Antecipo-me, destarte, às eventuais críticas.

---

(68) QUINTANO RIPOLLIS, *Comentários ao Código Penal*, Editorial Revista de Derecho Privado, 1946 — Madrid, pág. 476.
(69) Obra citada — Ripollis, pág. 476.
(70) As Ordenações Afonsinas, que vigiram entre 1446 e 1514, não produziram norma jurídica individual alguma sobre a colônia em fase absolutamente embrionária.
(71) As Manoelinas vigiram entre 1521 e 1603, já quando a Colônia começava a ganhar contornos, e mostrava sua extensão territorial e suas riquezas naturais.
(72) As Ordenações Filipinas, um conjunto de normas jurídicas editado pelo Rei da Espanha durante a ocupação de Portugal, durou para nós, brasileiros, nada menos que 227 anos. Teria tido eficácia, na linguagem de Kelsen, na Bahia, em 1609, pela primeira vez.
(73) O domínio holandês durou apenas 24 anos, de 1630 a 1654. Valeu esse período pelo governo de Nassau entre os anos de 1637 e 1644, pouco mais de 7 anos.
(74) REALE, MIGUEL, *Filosofia do Direito*, vol. I, tomo II, pág. 506, Saraiva, 1953.

Este trabalho pretende voltar-se para a reflexão sobre um Direito Penal realizável acima das paixões pessoais, dos radicalismos e dos preconceitos contra todo aquele que, alguma vez, se viu envolto pelas malhas da Justiça. Isso implica, como já disse, voltar um pouco atrás no tempo, para avaliar como eram, como são, e como deverão ser no futuro as relações sociais entre o Estado e o delinqüente em geral e, especialmente, o ex-convicto, nomeadamente no que concerne à questão da reinserção social, cujo trânsito será sempre pela via primeira da extinção dos antecedentes criminais, enquanto instituto de Direito.

3.4.1.1 — As Ordenações

Iniciemos pelas Ordenações Filipinas, onde nenhuma noção de política criminal existia. O Livro V dessas Ordenações era um código ao estilo de Krilenko — uma só parte dos tipos e sanções[75], como eram os demais sistemas de então. E, se como diz Heleno Cláudio Fragoso, o método de hoje é extremamente repressivo e reacionário"[76], que premia sistematicamente a supremacia dos que estão em condições de fazer — ou mandar fazer — as leis, o que dizer então dos sistemas anteriores ao Iluminismo, antes de Beccaria?

Em relação ao Livro V das Ordenações Filipinas, Fragoso observa sua brutalidade, *in verbis*:

"*A legislação do Livro V era realmente terrível, o que não constitui um privilégio seu, pois era assim em toda a legislação penal da época. A morte era a pena comum — que se aplicava a grande número de delitos, sendo executada muitas vezes com requintes de perversidade*"[77].

---

(75) KRILENKO, autor russo do imediato pós-czarismo, pretendeu criar Código Penal que não fosse dicotômono, do qual se excluía a Parte Especial. Por absolutamente impraticável, não prosseguiu no seu intento. Se a modernidade impunha a divisão entre o filosófico e objetivo, não era, como não é, possível um diploma sem a definição correta de cada conduta. Desistiu oito anos depois. É até possível que, num universo comunista perfeito, a criminalidade alcance índices tão baixos que o criminoso será apenas o inimputável. Mas, na conjuntura do século XX, isso é utopia.
(76) O pranteado autor pátrio era corajoso nas suas assertivas, e cientificamente quase sempre correto nos seus raciocínios. No particular, veja-se às págs. 12-14 do vol. I, das *Lições de Direito Penal*, onde cita Ihering, Grispigni, Roberto Lyra, Claus Roxin, Betiol e Mezger, para contestar o tecnicismo jurídico.
(77) Obra citada, pág. 59. No mesmo sentido, José Frederico Marques no seu *Curso de Direito Penal*, vol. I, pág. 83, onde se lê: "empirismo rudimentar e primário".

Não é sem razão que Augusto Thompson[78] relata que as Ordenações autorizavam a pena capital de quatro formas distintas, como se fosse possível alguém morrer senão morrendo. Só se morre — materialmente — uma única vez.

Diante de um tal quadro, não seria de se esperar qualquer consideração para com o condenado, fosse ou não culpado. A rigor, e por mais absurdo que possa parecer, havia uma única oportunidade de perdão ao criminoso: se ele delatasse alguém que tivesse praticado algum crime [79]. Ainda assim, era uma norma jurídica de difícil interpretação, com uma coluna de página a regulamentá-la. Haviam outras regras que alimentavam a delação, mas não a esse ponto. Gratificavam-se os delatores não comprometidos com a criminalidade em geral com parte do seqüestro dos bens do culpado, entre outras coisas. Impossível vingar aqui um instituto do escopo da reabilitação criminal.

Houve algumas tentativas de reforma do Livro V, mas não saíram do campo da iniciativa. Tanto assim que, apesar de lei de ocupação, cujo domínio caiu em 1640, os lusitanos não se motivaram juridicamente com o sucesso político, tendo consolidado as Ordenações impostas pelos ibéricos invasores. Isso se deu em 29 de janeiro de 1643. D. João IV preferiu manter o despotismo que lhe concedia a antiga lei, feita para dominar pela força de ocupação, imposta por Felipe da Espanha.

Em 1778, com a ascensão de Dona Maria ao trono de Portugal, houve a primeira grande e real tentativa de reforma. Na verdade, durante longos cinco anos nada foi feito, o que também não é de estranhar. Portugal e sua sociedade atrasadíssima temiam as mudanças. Basta recordar-se a incerteza de toda a Corte para sair de Lisboa, quando Napoleão ameaçava toda a Europa. Acreditavam que o Tejo seria proteção bastante contra o poderoso exército francês.

Em 1783, aí sim, entram em cena dois professores: Francisco Xavier de Vasconcellos Coutinho e Pascoal José de Mello Freire dos Reis, para a elaboração de dois diplomas: o Código de Direito Público e o Código Criminal. Aquele, fortemente atacado pelos opositores, forçou o ostracismo deste último[80]. Isso já em 1789.

---

(78) THOMPSON, AUGUSTO. *Escorço Histórico do Direito Criminal Luso Brasileiro*, pág. 85, Ed. Revista dos Tribunais, 1976.
(79) PIERANGELLI, JOSÉ HENRIQUE, *Códigos Penais do Brasil — Evolução Histórica*, págs. 104/5, reproduz o título CXVI das Ordenações.
(80) Veja-se THOMPSON, obra citada, pág. 105.

Valiosos, entretanto, os treze princípios contidos no Projeto Mello Freire [81]. Reconhecia-se, pela primeira vez, a presunção de inocência; a utilidade da pena como prevenção e não como punição; a proporcionalidade — ultimamente — firmemente defendida por Paulo José da Costa Jr.; a teoria da vontade; e, acima de tudo, abominavam-se, em definitivo, as penas atrozes. Pena não ter vingado um projeto tão evoluído para a época, a ponto de antecipar Lombroso, e reconhecer os lineamentos da teoria do *erro*, o critério da dosimetria e a co-autoria. Se nada fez pela reabilitação criminal é porque, naquela época, ainda prevalecia a "graça" da Majestade e não a reabilitação judicial, tal como pretendemos: direito subjetivo. De qualquer forma, ali estava a abertura de novos horizontes para a modernidade do Direito Penal, como hoje existente em Portugal. Um sistema que fosse precursor de Concepción Arenal, Roeder, Dorado Montero, Jiménez Asúa, Heleno Fragoso, para ficar somente com os que já passaram.

3.4.1.2 — Dominação Holandesa

O período da dominação holandesa nada somou ao nosso escopo. Vigiu durante pouco tempo, e, no dizer de Ruy Rebello Pinho:

> *"As normas jurídicas aplicadas pelos holandeses, nos territórios ocupados no Brasil, em nada de relevante contribuíram para a construção do direito penal brasileiro"*[82].

Apenas uma constatação: Nassau fez mais, ou pretendeu fazer, em sete anos de governo de força, do que tudo quanto haviam feito os portugueses. Homem sensível e humano, sempre que pôde, atenuou os rigores das penas, concedendo indultos e "reabilitando" tantos quantos possível, quase que no melhor estilo da já propagada *restitutio in integrum* do antigo direito romano.

As leis vigentes, aplicadas pelos holandeses, eram as da Holanda, Zelândia e Frísia, o que consistia numa verdadeira Torre de Babel. Havia críticas, até mesmo por parte de Nassau, sobre a profusão de leis. Se a implantação de um "Brasil holandês" não deu certo, porque os negros

---

(81) Reproduzidas por Augusto Thompson às págs. 107/8, obra citada.
(82) PINHO, RUY REBELLO, *História do Direito Penal Brasileiro — Período Colonial*, pág. 191, edição Buschatsky, 1973.

e os índios não quiseram [83], assertiva com a qual não concordo; debite-se aí, desde logo, mais um desencontro do Brasil com o seu futuro.

Concluindo, no Brasil Colônia o instituto da reabilitação criminal jamais foi pensado em termos normativos. Havia "graça" e a "indulgência", mas não como instituições de Direito, senão como prerrogativas Del Rey. Em síntese, e como bem disse Camargo Aranha [84] ao referir-se à reabilitação no direito colonial português:

"Não foi reconhecida no direito português reinol".

O mesmo se pode dizer, e com muito mais razão, em homenagem ao pouquíssimo tempo que por aqui ficou, do sistema normativo empregado pelos holandeses. Nassau foi atropelado pelo tempo, o que foi lamentável.

3.4.2 — Código Criminal do Império

Heleno Cláudio Fragoso [85] afirma com todas as letras que: "Nosso Código Criminal de 1830, era inteiramente omisso a respeito". De certo modo, causa-nos estranheza, pois o instituto já era, à ocasião da sua edição, assunto de relevância nos melhores centros da cultura jurídica mundial.

Na realidade, em 1791, o Código Penal da França, inspirado no pensamento iluminista, continha os lineamentos do que modernamente se chama Reabilitação Criminal Judicial. Seguindo a trilha do que levaria à sua consolidação como instituto jurídico, volta a aparecer no Código de Instrução Criminal, em 1808[86]. De forma que teria sido possível ao legislador pátrio ter inserido o instituto no Código de 1830, ainda que incipiente como na França e na Espanha. Este o ensinamento do mestre Heleno Fragoso[87], que estou constrangido em contrariar, posto que havia, no diploma do Império, indícios do instituto, conforme se verá logo mais.

---

(83) Afirmação reiterada de Ruy Rebello Pinho, obra mencionada.
(84) CAMARGO ARANHA, ADALBERTO JOSÉ Q. T. DE, ao revisar a obra do pranteado Edgard Magalhães Noronha, Parte Geral, vol. I, pág. 293.
(85) Pág. 413, vol. I, obra citada. Os dados históricos são confirmados por Paulo José da Costa Jr., obra citada, pág. 449.
(86) Em 1827, cumprindo o que determinava o inc. 18 do art. 179 da Constituição Federal de 1824, Bernardo Pereira de Vasconcellos apresentou um projeto de "Código Criminal", o qual foi confrontado com outro, de autoria de Clemente José Pereira. Venceu o primeiro no Congresso, posto que de melhor qualidade. Bernardo Pereira de Vasconcellos tinha formação cultural européia e idéias muito avançadas para sua época. Daí dizer-se que este foi o melhor diploma penal já produzido no Brasil.
(87) *Lições de Direito Penal*, vol. I, pág. 60.

Nunca é demais louvar o Código Criminal do Império, de autoria de Bernardo Pereira de Vasconcellos. Começando por adotar a *reserva legal*, proposição de Anselm Von Feuerbach, apresentada em 1808. Daí em diante, há grandes inovações: a inimputabilidade dos loucos; vitimologia; as excludentes; pena de multa e dias-multa, ainda que muito confusas; a exclusão da *presunção* como meio de prova para sentença condenatória; a individualização da pena; a tentativa com pena diminuída; a menoridade como atenuante e a fungibilidade da *res* para efeito de ressarcimento, o que somente seria possível após sentença condenatória. Estas foram apenas algumas das inovações dignas de realce.

Retomando tema já abordado há pouco, neste ensaio, quero contestar a afirmação categórica de omissão sobre o instituto de reabilitação. Cumpre analisar o artigo 59, *in verbis*:

> "*Art. 59. A pena de perda do emprego importará a perda de todos os serviços a que os réos houverem prestado nelle*".
>
> "*Os réos que tiverem perdido os empregos por sentença poderão ser providos por nova nomeação em outros da mesma ou de diversa natureza, salvo havendo expressa declaração de inhabilidade*"[88].

Sem qualquer pretensão de confronto, pretendo demonstrar, ou pelo menos chamar a atenção para o fato de que, também nessa oportunidade[89], houve certo desprezo quanto à maneira de interpretar a norma jurídica, não a adaptando ao seu tempo e ao conjunto intrínseco e extrínseco de valores cultuados naquela quadra social.

Percebe-se, claramente, a existência da pena acessória no Código Criminal do Império. Assim, aquele que viesse a "perder o emprego", por força de sentença, não teria direito ao reconhecimento dos serviços prestados. Ao que parece, havia até mesmo efeito retroativo da lei, que tinha efeito *extunc*.

Entretanto, cumpre observar a real possibilidade de o condenado ser agraciado com uma verdadeira *restitutio in integrum* no que diz respeito ao emprego que exerce. E a lei vai mais longe ao dizer: "da mes-

---

(88) Obra de José Henrique Pierangelli, págs. 172/3.
(89) Já em outra oportunidade, discordamos de Manuel Grosso Galvan sobre a origem do instituto. Agora, cumpre contestar esse monumento do Direito Penal Brasileiro que foi Heleno Cláudio Fragoso, falecido em 18 de maio de 1985. Havia indícios claros da possibilidade de reabilitação criminal, a esta era judicial, nos termos do artigo 59 do Código Criminal do Império.

ma ou de diversa natureza", o que ensejava ao beneficiado reivindicar os benefícios da fungibilidade, em matéria funcional.

É precisamente na seqüência da locução, que se vislumbra de modo claro, o reconhecimento da reabilitação. Lê-se no texto, em sua seqüência: "Salvo havendo declaração de inabilidade". Ora, se houve o cuidado do legislador em afirmar a decretação de inabilitação, há de se admitir, como fez o sistema normativo penal de então, a reabilitação. De sorte que somente aqueles que fossem apenados com sanção acessória da perda da função poderiam sempre pleitear a reabilitação.

Em verdade, para perfeita assimilação do tema aqui discutido, necessário se faz que se defina, ou conceitue, o que seja pena acessória. Pode-se pensar em Direito Penal, como se pensa em Teoria Geral do Direito: acessório é sempre aquilo que acompanha o principal. Observando-se que, no direito privado, o *acessório* se exaure com a extinção do *principal*.

> "Se designa con el nombre de penas acesorias de una serie de consecuencias de carater penal, producidas por la aplicación de algunas penas principales'"[90].

No Direito Penal, notadamente nos casos de inabilitação, a acessoriedade, não raro, ganha campo mais amplo que o principal.

Ainda o mesmo autor, o argentino Sebastian Roler, a assertiva correta sobre o que são as inabilitações, que representam a materialização dessas "consecuencias". E diz:

> "Las inhabilitaciones son incapacidades referidas a esferas determinadas de derechos"[91].

Ao mesmo tempo em que afirma a existência da *inhabilitaciones,* umas podem ser autônomas e outras não. Aquelas, auto-aplicáveis, estas não. Diz, ademais, que há as que são *absolutas* e outras que são *especiais*. As últimas representam o que há de moderno no Direito Penal, pois alcançam o delinqüente precisamente no campo específico do fato típico. Reitero manifestação favorável ao apenamento que vise privar o delinqüente de algo que ele preze, que demonstre estimar. Assim, talvez, o caminho mais apropriado para o real aproveitamento da pena, como já se disse em outra parte.

---

(90) SOLER, SEBASTIAN, *Derecho Penal Argentino*, vol II, pág. 449.
(91) Obra citada, pág. 445.

Então, para o legislador, pelo menos no seu intelecto, está clara a idéia de concessão da "graça" pelo Poder Imperial, inobstante ser reconhecida normativamente. Da mesma forma que, insofismavelmente, criou uma norma jurídica com matizes evidentes de reabilitação criminal. Assim, omitiu apenas a locução reabilitação, não a prática do instituto.

Não importa ademais que seus contornos não tenham sido tão claros — como também não o foram na época da *restitutio in integrum*. Importante é constatar a existência de um instituto que atendia parcialmente ao que se pretende da Reabilitação Criminal. Omissão mesmo, só no referente ao vocábulo. Tímido quanto aos seus efeitos, mas já presente no primeiro diploma penal brasileiro.

3.4.3 — Código da República (1890)

A Reabilitação Criminal, com essa denominação, surge no sistema normativo penal pátrio com a edição do Decreto nº 847, de 11 de outubro de 1890, onde se lia: **CÓDIGO PENAL DOS ESTADOS UNIDOS DO BRASIL**. O artigo 86 e seus dois parágrafos tinham a seguinte redação:

> *"A rehabilitação consiste na reintegração do condemmado em todos os direitos que houver perdido pela condemnação, quando for declarado innocente pelo Supremo Tribunal Federal em conseqüência de revisão extraordinária de sentença condemnatória.*
>
> *Parágrafo 1º. A rehabilitação resulta imediatamente da sentença de revisão passada em julgado.*
>
> *Parágrafo 2º. A sentença de rehabilitação reconhecerá o direito do rehabilitado a uma justa indemnização, que será liquidada em execução, por todos os prejuízos sofridos com a condemnação.*
>
> *A nação ou o Estado serão responsáveis pela indemnização".*

A rigor, houve uma série de críticas à redação. Isso não se constitui novidade para esse diploma como um todo, pois antes de completar seu primeiro aniversário, já tinha anteprojeto para substituí-lo. Mas, tecerei apenas considerações práticas, dispensando, inclusive, comentários sobre a confusão existente entre os termos "Nação" e "Estado", já criticada em outra oportunidade, posto que, ali, o autor não fez a menção necessária ao equívoco. Não obstante tantas e quantas críticas, menções várias aos pecados daquele diploma legislativo, vigorou durante 42 anos, sobrevivendo a várias tentativas de mudança, podendo-se citar os Projetos de Galdino Siqueira e Sá Pereira.

Para finalizar, cumpre demonstrar, quiçá, o último dos elementos de convicção do legislador de 1830 sobre a aplicação da reabilitação criminal. De regra, sempre se procurou confundir a reabilitação com a "graça", que era a forma usual de se realçar a indulgência dos soberanos. Isso ocorreu desde os primórdios do Estado antigo. Da mesma forma os casos de comutação das penas. No Código Imperial, a regra se afirma em nível normativo. Eis a redação do artigo 66 do Código Criminal do Império:

"*O perdão ou minoração das penas impostas aos réos com que os agraciar o **Poder Moderador***"[92].

Não vejo mérito em se impor ressarcimento pecuniário ao mal causado por erro judiciário. Isto seria o mínimo a se esperar do Estado, em face do prejuízo causado ao inocente. Como de resto, é incrível aguardar o trânsito em julgado para decisão de última instância.

Melhor que aceitar aqui a gênese do instituto, em homenagem à terminologia, é posicionar-se de acordo com o entendimento de Paulo José da Costa Jr. No Brasil, a reabilitação criminal deita raízes no artigo 59 do Código Criminal do Império[93], pois o artigo 86 do diploma repressivo da República, tido por Francisco de Campos[94] como uma forma de *restitutio in integrum*, na verdade, foi menos reabilitante do que a norma jurídica inserida no diploma de 1830, vez que este não exigia *inocência* do apenado. Enquanto isso, o diploma republicano somente "reabilitava" o não culpado — o sem culpa — e, ainda assim, pela via da revisão criminal, o que implica discutir o mérito do caso passado.

Cabe considerar o que se entende por *revisão criminal*, para possibilitar comparação com outros institutos. Consoante Aloysio de Carvalho.

---

(92) O artigo 10 da Constituição Federal de 25 de março de 1824, designava quatro poderes: O quarto, o *Poder Moderador*, que, conforme o artigo 98, era "chave de toda organização política", era exercido pelo Imperador. Pimenta Bueno chamava-o de "Poder Real". A idéia desse poder *intermezzo*, segundo Jellineck, teria sido de dois outros autores: Clemont-Tornnerre e Benjamin Constant. Mas, como queriam eles, de poder neutro não tinha nada. Basta ver o caso dos "perdões" aqui discutidos.
(93) PIERANGELLI, obra citada, pág. 227.
(94) Exposição de Motivos do Código Penal de 1940.

"A rehabilitação, entretanto, não brinda a ninguém com a inocência"[95].

De fato, inobstante o instituto ter por escopo reinserir o ex-apenado naquele contexto social do qual se viu alijado em razão de delinquir, a culpabilidade não fica ilidida, apesar de ter ele, de alguma forma, quitado o seu débito com a sociedade. Débito aferido diante da constatação da culpabilidade anterior. O que se pretende, isto sim, é evitar discussões sobre o passado, pois a pena paga, a meu juízo, há de lhe garantir esse direito, sem contanto lhe proporcionar remissão a ponto de inocentá-lo.

Doutra parte, e aí sim, cabem as críticas que se faz ao Código da República. A Revisão Criminal, um instituto declaradamente de direito formal, direito adjetivo, visou corrigir eventual injustiça existente na sentença condenatória. E, como prelecionaram vários autores que discorreram sobre o tema [96], não objetiva reparar a injustiça da pena cumprida — ou não — pelo reabilitando. Mas, a recíproca não é verdadeira nos casos em que prospera a revisão criminal. Essa lamentável confusão entre um e outro instituto não poderia deixar de causar tanta polêmica, como causou.

Assim, é de considerar que o Código da República não foi feliz na abordagem do tema da Reabilitação Criminal. Um pouco mais de cuidado e de pesquisa não teria feito mal aos nossos legisladores republicanos. Afinal, a doutrina da época já proporcionava os elementos para defini-la, conforme já demonstrado, não só na literatura européia, predominante na época, mas também na da América do Sul, onde na Colômbia, naquele momento (1889/1890), elaborava-se um Código Penal, que entrou em vigor em 15 de junho de 1891, e sobre o qual reportarei mais adiante.

É incrível que hajam fracassado todas as tentativas de inovação pertinentes ao instituto. Não teria havido prejuízo algum se a revisão e a reabilitação criminal tivessem convivido harmonicamente no sistema normativo pretendido pela República. Aquela na processualística, esta no corpo do diploma de direito substantivo. Pena que o Projeto Sá Pereira não tivesse vingado. Não prosperou em sua inteireza ainda outro

---
(95) CARVALHO Fº, ALOYSIO DE, in *Comentários ao Código Penal*, vol. IV, pág. 237, Ed. Forense, 1944.
(96) Por exemplo, Vicente Sabino Jr., in *Direito Penal*, vol. 2, pág. 535, fazendo referência a Antolisei. Também Aloysio de Carvalho Fº, já mencionado.

Projeto: o de autoria de Alcântara Machado. Aquele seguido por este, segundo ensina o ilustre professor baiano, Aloysio de Carvalho F°[97].

Em conclusão, é muito possível que, mesmo alcançando a reabilitação, o agente não consiga sucesso na revisão criminal do seu processo, havendo assim de prevalecer os pressupostos do delito, entre eles a culpabilidade. Entretanto, havendo uma revisão criminal, da qual o condenado saia isento da culpabilidade a ele atribuída, não há qualquer razão ontológica para se falar em *reabilitação*, pois não se pode reabilitar alguém que foi injustamente desabilitado. Essa confusão conforme Donnedieu de Vabres[98], só pode ocorrer entre leigos ou neófitos. Enfim, coisas do Código da República! É assustador que o legislador de 1890 tenha-se socorrido de um diploma já ultrapassado para os ideais liberalizantes, que reinavam na Europa de então[99]. Chegando aqui quase uma centena de anos atrasados, não poderia ser outro o resultado. Eis porque Aloysio de Carvalho F°[100] menciona a mediocridade que representava a "idéia de corrigir erro judiciário".

3.4.4 — Consolidação das Leis Penais

Vicente Piragibe viu-se bafejado pela sorte ao ver reproduzida em Decreto sua obra compilatória do que havia sido produzido entre os anos de 1890 e 1930. Diz-se que revolução digna de "R" maiúsculo, somente se dá quando ocorre modificação radical do sistema normativo. Com a revolução getuliana, as coisas foram lentas. Inicialmente, houve quase supressão do Código Penal da República, que se viu substituído por uma obra literária sem grandes méritos e que se transformou no Decreto n° 22.213, de 14 de dezembro de 1932.

---
(97) Veja-se o vol. IV, pág. 237, da obra já mencionada.
(98) VABRES, DONNEDIEU DE, é mencionado pelo ilustre professor baiano Aloysio de Carvalho. É professor de Direito na Universidade de Montpellier — França; escreveu a obra: *Introduction du Droit Pénal International*, publicada em 1822, pela Librarie de la Societé du Recueil Sirey. Nessa obra, o autor fala, na pág. 444, sobre o julgamento da Cour de Cassation, onde se trata um caso de reabilitação judicial, com base na Lei de 14 de outubro de 1885. Na realidade, tratava-se de um caso de expulsão de estrangeiro de território francês, e a Corte entendeu que a aplicação da lei francesa haveria de prevalecer sobre tantas quantas outras.
(99) SIQUEIRA, GALDINO, *Tratado de Direito Penal*, tomo II, pág. 823, faz referência ao artigo 129, parágrafo 1°, do Código Penal Português de 1852, que teria sido inspirado pelas idéias liberalizantes vinda da França, só que de aproximadamente meio século atrás. Daí notar-se o quase século inteiro passado entre os primeiros passos do instituto na França e o nosso arremedo de modernidade arcaica de 1890.
(100) Obra citada, pág. 235.

O decreto supracitado, assinado pelo presidente Getúlio Vargas e pelo então Ministro da Justiça, Francisco Antunes Maciel, decidia que, sob a denominação de "Consolidação das Leis Penais" [101], adotava-se a obra do ilustrado jurista denominada: "Código Penal Brasileiro". A meu juízo, isso estaria mais para um Projeto de Código do que para outra coisa. Acabou se tornando a lei maior do País durante oito anos.

Do tema em si: *Reabilitação Criminal*, nada de novo em relação ao Código suprimido [102]. Apenas alguns novos parágrafos (do 3º ao 6º). Mas, inobstante sua pretensão de norma revolucionária, havia o ranço da norma velha, tratando da "revisão" e não da "reabilitação".

Desses parágrafos, o terceiro trazia sete hipóteses para a revisão e, por via de conseqüência, a concessão da *restitutio in integrum*. Dizia da revisão para os casos de sentenças contrárias à lei, processos com nulidades formais, juízo incompetente, antinomia normativa, crime de homicídio inexistente, sentença contrária à prova dos autos e, finalmente, a prova nova.

O § 4º vetava a reforma da sentença *in malus*. Já o § 5º cuidava do que era regulado, anteriormente, no § 2º, a questão da indenização. Mas, aqui, corrigiu-se o equívoco entre os vocábulos Estado e Nação, falando-se em União e Estado, em clara alusão ao federalismo, parece-me. Agora, dá-se versão contrária, não indenizando os casos de "reabilitação" em que o "rehabilitado" tenha dado azo ao erro judiciário, ou mesmo quando a "rehabilitação" chegar antes de o beneficiado haver esgotado todos os recursos processuais de que dispunha. Finalmente, Piragibe tratou de garantir ao Estado o direito de regressão.

Se critiquei o Código de 1890, pelo atraso em relação ao instituto questionado, o que dizer da obra de Vicente Piragibe, que vem com 50 anos de vantagem em relação àquele. Tivéssemos acompanhado a França (1885), a Inglaterra (1907), Espanha (1915) etc., e poderíamos ter algo mais atual, pelo menos. Entretanto, ficou o desembargador Piragibe parado no tempo. Perdeu a oportunidade de passar para a história do Direito Penal como jurista moderno e inovador, preferindo ser um mero escriba de tendência conservadora.

---

(101) É a redação tida na edição de 1936 da obra de Vicente Piragibe, editada pela Livraria Freitas Bastos.
(102) Veja-se à pág. 29 da obra citada.

3.4.5 — Projeto Alcântara Machado

O Anteprojeto de um "Código Criminal", elaborado por Alcântara Machado, encomendado pelo então Ministro da Justiça Francisco Campos, data de 15 de maio de 1938[103]. Esse trabalho tratou somente da Parte Geral. Um grande projeto, que teve a má sorte de nascer em São Paulo, quando o Rio de Janeiro chamava para si todas as iniciativas de porte nacional, até mesmo pela sua condição de Capital Federal, mas, principalmente, pela prática de uma estratégia política que visava alijar São Paulo dos grandes acontecimentos, salvo, evidentemente, o da produção.

Na Exposição de Motivos desse Anteprojeto, Alcântara Machado Propõe o elenco de penas aplicáveis, a saber[104]:

> "As penas, que propomos, são as de reclusão, detenção segregação e multa. Não há penas acessórias: a publicação da sentença, a confiscação dos instrumentos do crime, a **inhabilitação** para o exercício de direitos, consideramo-los efeitos necessários da condenação a determinadas penas ou por certos crimes" (grifo meu).

Para os "efeitos da condenação", dedica todo um Capítulo, o IV, que inicia no artigo 56, enumerando as hipóteses dos "efeitos necessários", de caráter geral. Ao todo cinco hipóteses. Já no artigo seguinte, discorre sobre os efeitos que somente alcançaram certos crimes. Ao todo aponta três hipóteses, entre elas, a *inhabilitação*, referida no inciso II desse artigo, o nº 57.

Entretanto, a aplicabilidade da *inhabilitação*, por sua vez, vem tratada na Secção IV do Capítulo IV, já mencionado. Mais precisamente, no artigo 61, *in verbis*:

> "O condenado por crime doloso ou preterintencional a reclusão por tempo não menor de 5 anos e o criminoso declarado habitual ou por tendência incorrem".

Enumeram-se a seguir as conseqüências da inabilitação. Seu alcance prático é tratado em seis itens. Os artigos seguintes visam regulamentar a aplicabilidade do instituto da inabilitação.

---

(103) Versão da edição de 1938, pela Empresa Gráfica Revista dos Tribunais, com a denominação de *Código Criminal Brasileiro*.
(104) Página XX da obra citada.

Interessante observar o preceito contido no parágrafo único do artigo 67, que determina expressamente o tempo da "inhabilitação": igual ao da pena; não inferior a um ano e não superior a cinco anos[105], alterando-se esses parâmetros somente mediante "expressa disposição".

Permito-me divagar sobre essa proposição de Alcântara Machado, comparando-a com dispositivos do Código vigente, que são antinômicos. Refiro-me ao artigo 44, que diz serem autônomas as penas restritivas de direitos, e que, em caso de substituição, as privativas de liberdade terão o mesmo tempo de duração[106]. Estranhamente, quando da aplicação da suspensão condicional da pena — sursis —, o parágrafo 1º do artigo 78 impõe 1 (um) ano[107] de prestação de serviços à comunidade para compensar a pena cerceadora da liberdade que, não raro, alcança dois meses apenas. E o que é mais grave: inobstante a autonomia e a igualdade atribuídas pelo texto legal, o condenado, após cumprir todo aquele primeiro ano, segue por mais outro, pelo menos, em período de prova. Se, nesse segundo período, por qualquer motivo, vier a delinqüir, terá perdido aquela primeira parte já cumprida, que se torna de nenhuma valia.

Em certos casos, como aqueles em que há concurso de agentes, aquele que, em tese, recebeu pena mais rigorosa, acaba sendo beneficiado por uma prisão albergue domiciliar, sem qualquer condição especial, enquanto o outro, de culpabilidade gritantemente menor, vê-se realmente apenado[108]. Permito-me, ainda, uma ligeira regressão ao capítulo da culpabilidade para indagar: houve justiça na sentença? As penas foram cominadas conforme a adequação social do quadro descrito? Pode-

---

(105) Íntegra do parágrafo único do artigo 67: "Essa incapacidade será por tempo correspondente ao da pena inflingida e a contar do termo de sua execução. Não poderá, todavia, ser menor que um ano, nem maior de 5 anos, salvo expressa disposição em contrário".
(106) Vide artigo 45 do Código Penal vigente, por aplicação da analogia.
(107) Eis a redação: "Art. 78. Parágrafo 1º". No primeiro ano do prazo, deverá o condenado prestar serviços à comunidade (art. 46) ou submeter-se à limitação de fim de semana (art. 48).
(108) Reporto-me a um caso de direito vivo, como diz Montoro, em que um dos agentes, condenado a pena de reclusão de três anos pela prática do artigo 12 da Lei nº 6.368, foi agraciado com a prisão albergue domiciliar, desde o primeiro dia, sem qualquer condição especial. Enquanto isso, o outro agente, apenado com seis meses de detenção, incurso que estava no artigo 16 da Lei do Tóxico, primaríssimo e de bons antecedentes criminais — sem qualquer passagem anterior — teve o *sursis* concedido, com a aplicação dos rigores do § 1º do art. 78. Em síntese, cumpriu entre 110 e 115 dias de *pena efetiva*, enquanto que o traficante, com culpabilidade infinitamente mais acentuada, não teve perdido, ou alcançado, um só dia pela pena aplicada. Um verdadeiro absurdo!!!

rá um apenamento assim trazer algum benefício à sociedade e aos apenados (um pelo sentimento de impunidade, outro pelo de injustiça)? Não. Torna-se ela nefasta tanto para um quanto para outro. O primeiro restou, na realidade, impune; o segundo, vê-se arcando com o ônus de uma perseguição, reflexo de um sistema penal perverso.

Da Reabilitação Criminal em si, foi tratado no artigo 70 e seguintes. Iniciando pelo alcance do instituto:

> *"A rehabilitação consiste: I) no cancelamento do registro da sentença; II) na extinção das incapacidades resultantes da condenação"*[109].

Lamentavelmente, o Código de 1940, sobre o qual se falará logo mais, adotando as penas acessórias, não cuidou do tormento que consiste ao ex-apenado a questão do cancelamento dos registros. Foram necessários outros 27 anos, para que alguma coisa fosse feita.

Os artigos seguintes, 71, 72 e 73, visaram respectivamente as condições de concessão do benefício, aqui, entendido como direito subjetivo do reabilitando, visto que era concedido somente sob certas exigências. Aquele que, cumprindo certas obrigações, alcança um certo direito, não pode ser entendido como beneficiário, senão como sujeito ativo da contraprestação, que já fez por merecer. Benefício é, por exemplo, o "indulto natalino", que surge das benesses do Poder.

Ademais, o Anteprojeto cuidou de obstar a concessão da reabilitação, em certos casos[110] que alcançavam aqueles que foram apenados pelo sistema duplo-binário, o pátrio poder, a curatela e a tutela; além dos direitos do marido, em caso de crime de lenocínio. Na primeira hipótese, sempre critiquei as medidas de segurança, que não eram "penas", segundo a doutrina, mas que travavam violentamente a evolução da reinserção social do apenado. As outras duas, parece-me que, caso a caso, seriam de justiça. Veja-se, por exemplo, a hipótese da prática de atos libidinosos contra a própria filha. Seria reabilitá-lo e colocar a filha novamente sob sua guarda? Ou mesmo o caso do marido, desde que, no crime de lenocínio, não haja também o rufianismo envolvendo a mulher.

---

(109) É a redação do artigo 70, que visava, a meu juízo, sanar quiçá o mais tormentoso de todos os problemas por que passa o ex-convicto; egresso ou não da prisão: os *antecedentes criminais*, sobre que muito se irá falar logo mais.

(110) O artigo 72 enumerava três hipóteses não alcançadas pelo instituto. A rigor, vetava-o mesmo.

Finalizando este espaço, tem-se de reconhecer o valor epistemológico do trabalho desenvolvido em torno do instituto da reabilitação. De linguagem rebuscada, mas nem por isso menos técnica e, principalmente, moderna. De rigor, pode-se contabilizar a Alcântara Machado a paternidade da reabilitação criminal no sistema jurídico pátrio, porque, mesmo não tendo vingado seu projeto, ficou a conscientização do modernismo e da oportunidade do instituto. Se é verdade que o Código da República usou a locução "rehabilitação", isto se deu equivocadamente, pois o escrito — ou descrito — no artigo 86 daquele diploma é outra coisa. É, sim, algo de direito adjetivo penal, tal como conhecemos hoje no artigo 621 do Código de Processo Penal[111]. O mesmo se pode dizer do trabalho compilatório de Vicente Piragibe. A Reabilitação Criminal, como deve ser encarada, fica mesmo por conta de Alcântara Machado.

Não criando as penas acessórias no seu projeto, acabou por acertar também no posicionamento do instituto na estrutura do Código proposto. Não é possível confundir a reabilitação como causa de extinção da punibilidade, eis que esta precede aquela. Mais uma vez estava com a razão o ilustre professor das Arcadas.

3.4.6 — Proposição Nelson Hungria

"O Código de 1940"

O Código Penal de 1940, encomendado pelo Ministro do Estado Novo, prof. Francisco Campos, a várias fontes [112], podendo-se citar a Comissão Revisora que vingou e era liderada por Nelson Hungria, à época um magistrado já de altos méritos intelectuais, quiçá o maior penalista do Brasil em todos os tempos — e que tinha como participantes outros magistrados: Narcélio Queiroz e Vieira Braga, além de um representante do ministério Público, Roberto Lyra[113]. De qualquer for-

---

(111) Eis a integra do art. 621 do C.P.P.: "A revisão dos processos findos será admitida: I) quando a sentença condenatória for contrária ao texto expresso da lei penal ou à evidência dos autos; II) quando a sentença condenatória se fundar em depoimentos, exames ou documentos comprovadamente falsos; III) quando, após a sentença, se descobrirem novas provas de inocência do condenado ou de circunstância que determine ou autorize diminuição especial da pena.
(112) Paralelamente ao solicitado a Alcântara Machado, o Ministro da Justiça do Estado Novo — no nascedouro — Francisco Campos, mantinha tratativas com outros juristas, notadamente do Rio de Janeiro, e magistrados, salvo Roberto Lyra, que era o Promotor Público.
(113) FRAGOSO, HELENO, obra citada, pág. 64, diz que Costa e Silva teria colaborado; entretanto, não encontrei confirmação objetiva em qualquer outro autor, salvo alusões em alguns acórdãos da época.

ma, apesar da grande pressão, o Código getuliano teve raízes no trabalho de Alcântara Machado[114].

Em realidade, Alcântara Machado tinha, na Comissão Revisora, apenas Roberto Lyra como seu par ideológico. O restante pertencia ao classicismo do Direito Penal. Lyra, um positivista, foi quase sempre voto vencido, tendo sido, por isso mesmo, criticado por Jiménez de Asúa[115], que o acusou de ter "cedido".

Não menos diferente foi o tratamento dispensado ao autor do Anteprojeto, prof. Alcântara Machado, que sofreu verdadeiro bombardeio por parte de seus detratores, notadamente Nelson Hungria que, desacostumado à prática de partilhar experiências e informações, quando isso acontecia ficava constrangido, irônico e irreverente em relação aos seus interlocutores. Alcântara Machado foi, durante longo tempo, seu alvo predileto, a quem agredia pelo estilo literário que desenvolvia. Venceu Hungria com uma proposição de menor envergadura epistemológica, inobstante infinitamente superior ao Código de então, o de 1890. Daqui em diante, cabe analisar o Código de 1940, precisamente no que pertine ao instituto de Reabilitação Criminal, que é o que interessa nesta oportunidade.

No tópico 36 da Exposição de Motivos do Código Penal de 1940, temos as regras gerais do instituto inserido no Projeto. Daí Magalhães Noronha[116] afirmar que o instituto, tal como foi redigido, alcançava apenas uma das três hipóteses previstas no artigo 67 do mesmo diploma[117] que é precisamente o inciso II, o que cancelava as "interdições de direitos". Então, razão se deve ao autor citado, posto que, em sadia hermenêutica do texto legal expresso no primitivo artigo 119 do Código Penal, não há como aproveitar a Reabilitação Criminal para os incisos I e II do art. 67.

---

(114) Ainda Fragoso, pág. 65, que compara o trabalho de Alcântara Machado ao de Clóvis Bevilácqua em relação ao Código Civil.
(115) É o próprio Roberto Lyra quem reclama amargamente das críticas, a seu juízo, injustas do autor espanhol então radicado em Buenos Aires. Veja-se, nesse sentido, *A Expressão mais Simples do Direito*, desde o pré-texto.
(116) O art. 67 do Código Penal de 1940, regulava três hipóteses das penas acessórias: I) a perda da função pública, eletiva ou de nomeação; II) as interdições de direitos; III) a publicação da sentença.
(117) A obra original, como a revisada por Camargo Aranha, esta a 23ª edição, de 1985 e aquela a 13ª, de 1976, trazem o mesmo erro sobre o artigo, citando o 47.

A propósito do acima exposto, há alguns acórdãos publicados na *Revista dos Tribunais*[118], entre os quais reproduzo um, deveras esclarecedor, publicado em janeiro de 1965 (*RT, 351*/399) e após mais de vinte anos de vigência do Código, mas que demonstra quão dogmática seguia nossa jurisprudência em relação ao instituto:

> *"No caso, o recorrido não sofreu pena acessória de interdição de direito. Não há, assim, fundamento legal para seu pedido de reabilitação"*[119].

Era assim, em síntese, que pensavam os nossos julgadores de então. Aos tribunais faltava coragem e ou vontade para aplicarem uma interpretação extensiva aos outros dois incisos, pelo menos.

A doutrina reinante também não atendia aos anseios de mudança tão esperada. Ao que tudo indica, foi mesmo o prof. Jair Leonardo Lopes[120] quem primeiro e profundamente abordou o problema, apresentando, em 1956, tese sobre a Reabilitação Criminal perante a Egrégia Congregação da UFMG, em concurso para professor titular da Cadeira de Direito Penal. E é precisamente o professor das Alterosas quem faz a primeira crítica à doutrina reinante, afirmando com todas as letras:

> *"Em função desta doutrina restritiva, o juiz, a rigor, nem podia tomar conhecimento de um pedido, se não houvesse interdição de direitos a ser extinta"*[121].

É muito cômodo dizer-se que um segmento não ajudou e, por isso, o outro claudicou. Se é verdade que a doutrina era "restritiva", acomodada, por assim dizer, não se pode negar que a jurisprudência, por seus arquitetos[122], também em nada colaboravam para mudar a tendência. E, para tanto, usavam os comentários dos doutrinadores, que se alicerçavam

---

(118) *RT, 356*/302, *358*/279 e 289, entre outros.
(119) O relator, desembargador Silvio Barbosa, embora reconhecesse que a tendência do instituto era a ampliação do benefício *in bonam parte*, não se anomou em qualquer das oportunidades que teve de iniciar um novo ciclo, quebrando os laços inibitórios de uma norma jurídica falha.
(120) Tomei conhecimento da existência da tese do prof. Jair Leonardo Lopes, quando procurei orientação com o prof. Rogério Lauria Tucci, onde fui buscar conselhos e ensinamentos. Forneceu-me cópia de um trabalho do professor das Alterosas, publicado no nº 1 da Revista Ciência Penal. O verdadeiro *mestre* é aquele que sempre está disposto a ensinar aos seus discípulos. Telefonei ao prof. Jair. Lamentavelmente, ele não teve meios de fornecer cópia do seu trabalho fundamental, tendo em vista o tempo decorrido entre a sua elaboração e a minha solicitação. Foi uma pena.
(121) LOPES, JAIR LEONARDO, in *Ciência Penal*, nº 01, pág. 35.
(122) Dos julgados referidos, os juízes eram sempre os mesmos, Sylvio Barbosa, Azevedo Francischini e Benévolo Luz.

na jurisprudência, e assim sucessivamente. A história recente demonstra que, quando há vontade política de um segmento, a interpretação pode corrigir as distorções. Refiro-me ao episódio da Lei Fleury, à qual nossos pretórios deram interpretação extensiva, impondo ao poder central um revés com o qual ele não contava, pois pretendia, somente, amparar um seu apaniguado.

De resto, era um contra-senso o critério adotado pelo legislador pátrio, que acabava por premiar, não raro, o criminoso de maior temibilidade[123]. Melhor locução nos vem de Magalhães Noronha, quando diz:

> *"Havia, por fim, um ilogismo da concessão nos crimes mais graves, e, via de conseqüência, aos delinqüentes que se revelaram mais perigosos (duplamente condenados): pena principal e pena acessória"*[124].

Essa, uma das raras críticas feitas à época, quando os autores preferiam empregar linguagem descritiva, evitando posicionamentos em relação a um instituto ainda não assimilado, quanto à sua real contribuição para a modernização do Direito Penal.

Nessa linha de raciocínio, veja-se o bom exemplo de José Frederico Marques[125], que colide com o procedimento dos autores contemporâneos, ao repetir o texto do artigo 119:

> *"Todavia como em pouco veremos, não é só essa função do instituto: além de extinguir o **jus puniendi**, a reabilitação ainda faz cessar os efeitos extra penais da condenação passada em julgado".*

Na seqüência ao texto, o ilustrado autor demonstra que está se referindo simplesmente às penas de interdição de direitos. Observando, inclusive, para confirmar a posição seqüencial, que, havendo a reabilitação, deve ser anotada no registro criminal "a cessação das interdições de direito que lhe havia sido imposta"[126].

Um outro grande autor, Anibal Bruno[127] empregou expressões tais como: "conceito extremamente limitado" e "pouco louvável", ao expor

---

(123) Vocábulo tomado emprestado a Enrico Ferri: *temibilidade*.
(124) NORONHA, MAGALHÃES, 3ª ed., 1976, págs. 387/8. Nesta oportunidade, faz nota de rodapé para dizer que a orientação vinha do anteprojeto Nelson Hungria. Na edição revista por Camargo Aranha, a 23ª, 1985, o mesmo texto na página 294, sem nota de rodapé.
(125) MARQUES, JOSÉ FREDERICO, in *Curso de Direito Penal*, vol. III, pág. 439, Saraiva, 1956.
(126) Idem, pág. 439.
(127) BRUNO, ANIBAL, *Direito Penal*, tomo III, págs. 222/3, 3º ed., Forense, 1967.

o alcance do instituto. Mas, na seqüência, cai na vala comum da linguagem meramente descritiva. A falta de concisão, como já se disse, teria sido, a meu juízo, a grande responsável pelo retardamento das alterações que se faziam necessárias ou indispensáveis. A doutrina de então não consolidava o instituto como meio de reinserção social, destinando a ele um espaço muito restrito e sem brilho.

Também José Salgado Martins não cuidou de sair da rotina, procurando afirmar a dogmática jurídica [128]. A exemplo de tantos outros, chegou a afirmar que a *Reabilitação Criminal* era um "benefício" que o Estado proporcionava ao ex-apenado, como se o comerciante, ao quitar uma duplicata, não tivesse o "direito" de exigir do credor o recibo definitivo, que lhe extinguiria a obrigação. Ora, se o Estado impõe certas regras e obrigações ao pretenso "beneficiado", cumpridas a contento estas, este adquire um direito subjetivo, já não mais um favor do Poder Público. José Frederico Marques [129] usa o termo "prêmio". Só que era um prêmio que se concedia a quem atendesse certos requisitos. Então, não se tratava de prêmio, mas de direito. Direito de poder exigir a contraprestação numa avença *sui generis*, talvez, mas avença, fundamentalmente.

E é nessa linha, a da ampla possibilidade de revogação do *benefício* de Salgado Martins ou do *prêmio* de Frederico Marques[130], que iremos agora desenvolver um raciocínio lógico, que procurará demonstrar com a clareza possível o quão injusta era a norma jurídica, e quão restritiva a hermenêutica aplicada pelos nossos pretórios. Suponha-se que o indivíduo tenha sido condenado por pena qualquer, porém uma só pena: a principal. Bem, para ela não haveria reabilitação criminal. Agora, se ele

---

(128) MARTINS, JOSÉ SALGADO; *Sistema de Direito Penal Brasileiro*, págs. 494/5, José Konfino, Editor, 1957. O autor demonstra pouco interesse em inovar, preferindo a calmaria em lugar da turbulência própria dos tempos de reformas.

(129) Obra citada, pág. 441.

(130) No mesmo sentido, um julgado cujo relator foi o desembargador Hopner Dutra, e publicado pela *RT*, *351*: 401: "Sendo a reabilitação um *prêmio* à ulterior conduta do condenado, é necessário que o pedido vise tal *recompensa* esteja plenamente conforme as exigências legais, porque só assim poderá o magistrado aquilatar o comportamento do requerente e concedê-lo" (grifos nossos). Claro que não concordo nem com um nem com outro dos termos aplicados. Roux, citado por Nelson Hungria na edição de 1944, pág. 226, e pág. 270, fala do instituto como sendo medida de "clemência"! Que bom seria se todos os delinqüentes pudessem se reabilitar, tal como na obra de Maurice Druon, *O menino do Dedo Verde*. Nem "prêmio", muito menos "recompensa" e, em definitivo, nada de "clemência", posto que o cidadão delinqüente já pagou, de alguma forma, seu débito com a sociedade. Tratamo-lo condignamente para podermos exigir dele um mínimo de convivência tolerável, pelo menos.

fosse alcançado pela duplicidade de sanções, aí então seria possível pretender a reabilitação criminal. Nesse sentido, tomo emprestado um escrito do saudoso Anibal Bruno[131]:

> *"Injusta e absurda a conclusão o que conduz o Código que só gozará do benefício aquele que tenha sido condenando aos dois gêneros de pena".*

Foram precisos longos 27 anos para chegarmos ao redor do espírito de Delaquis[132], para os europeus o precursor do instituto no moderno Direito Penal, e que apresentou inovações hoje absorvidas pelos sistemas juspenais. Foi a partir de 1967 que o instituto começa a delinear seu verdadeiro papel na modernidade penal nacional.

Finalizando, cumpre salientar que o Código Penal do Estado Novo adotou modelos experimentados na Suíça e na Itália [133]. No início, somente as penas acessórias, as restritivas de certos direitos, é que poderiam ser alcançadas pelo instituto da reabilitação criminal. Bem de ver tratar-se de quase um arremedo do que precisa ser um instituto de tal magnitude em matéria de Política Criminal. Por demais precavido, o legislador de 1940 pouco ou nada fez em prol da verdadeira e real Reabilitação Criminal; dando ao reabilitado um crédito minguado, acabou por criar ao instituto "letra morta", deixando-o como norma vigente, mas não eficaz. Conforme a preleção de Hans Kelsen. O resultado foi o que se viu: acabou o Código, neste particular, sendo atropelado pelos anseios de alterações tendo de se curvar a uma lei especialmente elaborada para o fim pretendido.

3.4.7 — Lei nº 5.467/68

A data de 5 de julho de 1968 tem relevância para o instituto ora em discussão. Por meio da Lei nº 5.467, vigente a partir de então, houve evidente vontade de alcançar algo de positivo no campo da reinserção do ex-apenado no contexto social, a principiar pela manifestação de respeito ao passado do cidadão. Essa minha postura não quer, em absoluto, dizer que sejamos conformistas. Apenas serve, aqui, para demonstrar

---

(131) BUENO, ANIBAL, obra citada, pág. 224.
(132) DELAQUIS, referido exclusivamente por Jair Leonardo Lopes entre os autores patrícios, deixou exclusivamente pelo menos quatro obras sobre a reabilitação, segundo informa Manuel Grosso Galvan: *Die Rehabitation Verurteilter*, Berlim, 1906; *Materialen zu Lehre von der Rehabitation*, Berlim, 1906; *Zeitschrift fur die Gessamte Strafrechtwisseenschaft 27*, Berlim, 1907 e *Die Rehabitation in Strafrecht*, Berlim, 1907.
(133) Veja-se CARLOS XAVIER, in *Estatutos Penais*, RJ, Freitas Bastos, 1941, págs. 467/9.

uma capacidade de aplaudir, louvar o que bem merece[134], sem contudo deixar de pretender alguma coisa mais compatível com a modernidade. Se ouso colocar-me à sombra de Delaquis, Manuel Grosso Galvan, Camargo Hernandes, Jair Leonardo Lopes, entre outros, é para reverenciá-los, pelo que fizeram em prol de um instituto de Reabilitação Criminal que possa, sem utopias, ajudar o ex-convicto no seu reingresso ao contexto social. Se assim for, tanto melhor para a sociedade como um todo. Daí os aplausos à inserção da norma jurídica contida na Lei nº 5.467, no sistema juspenal pátrio. Inobstante saber-se que ela haveria de caminhar, e muito, no sentido do seu aprimoramento.

De imediato, uma contestação: não se pode concordar com que afirmou Heleno Fragoso[135] ao comentar os efeitos da lei em discussão. Veja-se o texto:

> *"Em 1968, a Lei nº 5.467 alterou o artigo 119 do CP, dispondo que a reabilitação alcança quaisquer penas, e manteve, basicamente, os efeitos que o direito até então em rigor estabelecia".*

A rigor, os *efeitos* foram alterados substancialmente, como se demonstrará em seguida. Entretanto, negar as alterações substanciais produzidas pelo projeto de autoria do então Senador Guido Mondin, não creio seja assertiva das mais corretas.

Na edição do Código de 1940, conforme já foi explanado, sequer a unanimidade das interdições de direitos estava coberta pela norma jurídica, posto que, dos três incisos, apenas um era amparado e, ainda, assim, parcialmente. Com a nova redação do artigo 119, o instituto tomou foros de totalidade. Para que se possa aquilatar a mudança havida, vejam-se as redações de uma e outra normas[136]. Quase tudo que não era permitido antes, passou a sê-lo a partir de então. Abandonou-se o critério restritivo de servir o instituto apenas para as penas acessórias, e, assim mesmo, umas poucas, para ampliar os horizontes, visando alcançar também as penas principais, sem qualquer restrição quanto ao tipo legal ofendido.

---

(134) De uma composição musical do artista baiano Gilberto Gil.
(135) Obra citada, págs. 413/4.
(136) O artigo 119 do Código Penal de 1940, no original: "A reabilitação extingue a pena de interdição de direito e somente pode ser concedida após o decurso de quatro anos, contados do dia em que terminou a execução da pena principal ou da medida de segurança detentiva, desde que o condenado..." (seguem-se nos dois incisos as exigências). A Lei nº 5.467/68 deu ao mesmo artigo a seguinte redação: "A reabilitação alcança quaisquer penas impostas por sentença definitiva".

As exigências seguiram sendo as mesmas, tendo-se aumentado o período de prova de quatro anos para cinco anos. Isto implicou violentos protestos por parte da doutrina [137]:

> *"Não há mesmo razão convincente para não ser concedida, independente de qualquer decurso de prazo de prova..."*.

De minha parte, com todo respeito, reitero os argumentos, ratificando as palavras acima: qualquer interstício implica descrédito da pena. A sua eficácia fica condicionada a resultado comportamental posterior do egresso — ou não — após apenamento. Vale dizer: o Estado não acredita — como já disse — no remédio que vem aplicando contra o mal em que se constitui a criminalidade. Isto é simplesmente deplorável. Aplicar-se uma sanção, sem nela confiar, sendo necessário aguardar-se algum tempo para avaliar os efeitos do remédio.

A questão do ressarcimento do dano vem desde 1890 e ultrapassa 1968. Outra aporia. Ressarcir o dano após o cumprimento da pena, como requisito básico de Direito Penal, é coisa com que não consigo concordar. Somente a ele, o ofendido, incumbe acionar o apenado no sentido do ressarcimento ou da indenização acaso cabível. Não procurando seus direitos na esfera civil, a vítima estará dispensando-os. O documento próprio, *in casu*, seria a certidão negativa de ação própria. Nesse sentido, vários julgados encabeçados pelos juízes Alberto da Silva Franco e Adauto Alonso Suannes[138].

Essa lei do Senador Guido Mondin não contemplou como período de prova para a concessão da reabilitação o tempo decorrido na suspensão condicional da pena, por exemplo, o que não me parece ter sido providência das mais justas.

O interregno de dois anos para a reiteração e pedido era, a meu juízo, outra exigência de má política criminal. Ora, não é a cronologia que irá sanar ou não certas circunstâncias impeditivas da concessão da reabilitação. Ou há a reinserção, mais precisamente a vontade política de reinserir o cidadão, ou há o cumprimento de formalismos inócuos. Se valer o primeiro argumento, então, o Estado deve estar sempre pronto para esse fim, não graduando cronologicamente os passos do reabilitan-

---

(137) LOPES, JAIR LEONARDO, obra citada, pág. 61.
(138) No particular, vários julgados da época nesse sentido, notadamente os que tiveram como relatores os juízes Alberto da Silva Franco e Adauto Alonso Suannes.

do. Melhor Alcântara Machado, que deixava ao arbítrio do magistrado a data da reinteração, conforme se vê no § 3° do art. 47 do Projeto imortalizado com o seu nome.

Finalmente, há antinomia criada pela edição da lei ora discutida. O Código Penal de 1940 regulamentou os prazos para o exercício da pretensão à reabilitação: quatro anos para os primários e o dobro para os reincidentes[139]. Com o advento da Lei n° 5.467, esses prazos foram alterados para cinco e dez anos, respectivamente[140]. Sem discutir o que entendo por um *bis in idem* — o agravamento de penas e prazos, nos casos de reincidência — bem como a exigência de certo lapso temporal, sobre o qual já me reportei em outra oportunidade, cumpre demonstrar a antinomia criada. Esses prazos acrescidos forçaram o desencontro em relação ao que previa o artigo 743 do Código de Processo Penal. A solução acabou vindo pela via jurisprudencial[141].

Disso resultaram dois novos desdobramentos:

a) definiu-se uma questão antiga de posicionamento do instituto, sobre o qual já discuti e expus meu ponto de vista: a reabilitação criminal está, definitivamente, vinculada ao direito substantivo;

b) apesar dessa definição, que pôs fim a uma longa pendência, surge inobstante uma outra faceta: a aplicabilidade, ou inaplicabilidade, da *lex mitior*.

A meu juízo, não obstante ser partidário da posição do instituto no seio do direito substantivo, não aceito certos argumentos, por meio dos quais se procura negar a antinomia em razão da hierarquia da norma jurídica[142]. Quando pude, propugnei pela aplicação da *lex mitior*, em tais casos. Institutos como o da Reabilitação Criminal devem ser enfocados pelo prisma que melhor atenda aos interesses regenerativos do ex-apenado, sob pena de esvaziamento dos resultados pretendidos.

---

(139) Era o que impunha o § 1° do artigo 119. O legislador de 1968, descuidado, jamais tratou de corrigir o problema. Foi a jurisprudência quem acabou por resolver a questão, optando pelos prazos contidos no direito substantivo.

(140) Vejam-se o § 1° da nova redação do artigo 119 e o parágrafo único do artigo 120.

(141) Se não por equívoco, então por ausência de melhor pesquisa, Damásio de Jesus diz, na pág. 687 da obra citada: "Nos termos do artigo 119, § 1°, do CP, que alterou o prazo do artigo 743 do CPP"! Em realidade, a norma jurídica referida no § 1° do artigo 119 do CP não emite tal comando com poder bastante para derrogar a norma processual penal. Seria, parece-me, legislação específica.

(142) Para Hans Kelsen, a antinomia normativa somente existe se hierarquicamente niveladas as normas antinômicas. É o caso em discussão.

3.4.8 — O Código de 1969

Não abrir espaço próprio para o Código de 1969[143], não constituiria qualquer desapreço ou agressão aos componentes da Comissão que elaborou o Projeto. Logo de início, uma heresia: a Exposição de Motivos é endereçada aos ministros militares[144]. Mas não só isso. Na abertura do tema da reabilitação, ainda na Exposição de Motivos, lê-se o seguinte, que por si mesmo já diz a que veio:

> *"15. No artigo 117, que regula a reabilitação, dispõe o parágrafo 2º, letra "A", que o benefício **não pode ser concedido** (grifos meus) em favor dos que forem reconhecidos perigosos..."*[145].

É incrível! Um instituto de alta Política Criminal em sua apresentação primeira em documento que pretende ser o conjunto filosófico das normas jurídico-penais, inicia por negar a própria reabilitação a certos cidadãos, e o faz sem qualquer respaldo lógico-epistemológico. Bem se vê a que veio!!! À parte o artigo 161, se inovava quanto à tutela penal da intimidade, esse diploma haveria mesmo de ter curta vigência.

Em síntese, o diploma que saiu do "nada" para alcançar o "lugar algum", teve apenas uma norma jurídica digna de realce, no que diz respeito ao instituto ora debatido. Trata-se do artigo 118, que cuidou do cancelamento dos antecedentes criminais[146]. O tema será abordado em capítulo próprio, em virtude da sua ontológica situação, onde se analisará em profundidade a questão crucial dos antecedentes criminais.

---

(143) Esse Código, feito lei por força de mais um dos muitos Decretos-Leis: O DL nº 1.004, de 21 de outubro de 1969, viveu o maior *vacatio legis* de que se tem conhecimento em matéria penal.
(144) Era a ditadura militar no auge das suas atividades. O Ministro da Justiça era Alfredo Buzaid.
(145) Obra mencionada, pág. LXXII.
(146) O art. 118 da Parte Geral do Código de 1969 recebeu a seguinte redação: "Declarada a reabilitação, serão cancelados, mediante averbação, os antecedentes criminais" (vide obra citada, pág. 58).

4 — DIREITO COMPARADO

SUMÁRIO

4.1 — EUROPA; 4.1.1 — Alemanha; 4.1.2 — Áustria; 4.1.3 — Espanha; 4.1.4 — Itália; 4.1.5 — Portugal; 4.2 — AMÉRICA LATINA; 4.2.1 — Argentina; 4.2.2 — Bolívia; 4.2.3 — Chile; 4.2.4 — Colômbia; 4.2.5 — Costa Rica; 4.2.6 — México; 4.2.7 — Nicarágua; 4.2.8 — Panamá; 4.2.9 — Peru; 4.2.10 — Uruguai; 4.3 — PAÍSES SOCIALISTAS; 4.3.1 — União das Repúblicas Socialistas Soviéticas; 4.3.2 — Cuba; 4.3.3 — Outras Sociedades Socialistas.

Este capítulo fatalmente, o de menor conteúdo epistemológico, vale, entretanto, pelo cabedal de pesquisa nele contido. Menos pela disposição ao labor, mais por que alguns fatores refletem diretamente no resultado do trabalho. O material de pesquisa disponível não é abundante e a questão das diferenças idiomáticas dificulta o trabalho a ser realizado. Os dados colhidos, entretanto, haverão de produzir, no futuro, resultados a outros que, acaso, pretendam prosseguir nesse estudo. De qualquer forma, sentir-me-ei plenamente recompensado se o quanto apresentado puder servir para facilitar o entendimento do trabalho como um todo.

4.1 — EUROPA

4.1.1 — Alemanha

No direito tedesco, localizei algumas normas jurídicas relativas às inabilitações. Desde logo, o artigo 69, do Código Penal alemão, menciona a cassação do direito de dirigir veículos[1]. A pena principal não é obrigatória, podendo, assim, o juiz aplicar a pena acessória de cassação sem que haja outra pena. O grau de periculosidade do agente é valorado menos pelo crime propriamente dito, e mais pela potencialidade do agente naquele contexto, isto é, na conduta de dirigir um veículo[2].

---
(1) Conforme a tradução do Código Penal alemão elaborada por Lauro de Almeida.
(2) É o que pretende o artigo 62 do diploma alemão.

Cuida o sistema normativo alemão de evitar a emissão de autorização para dirigir. De regra, não menos de seis meses e não mais que cinco anos[3]. Já o § 7º do artigo 69-A, que cuida de forma de reabilitação, suspende, quando julgar necessário ou útil, tal determinação. A norma jurídica permite, ademais, a aplicação da analogia em certos casos.

O exercício profissional também vem regulado[4]. Aqui, porém, exige-se: "grosseira violação dos deveres", o que teria como resultado a prática de um ilícito penal, embora não tenha sido apenado por inimputabilidade. E mais: esta proibição poderá ser decretada com efeito *ad perpetum*, desde que evidente a irrecuperabilidade do agente, e que isso reflita iminente perigo à sociedade. Inobstante o quanto descrito existe aqui também, a possibilidade de reabilitação[5], aplicando-se a analogia mediante condições dispostas em outras normas jurídicas do Código Penal. De realçar-se o prazo mínimo de prova: um ano.

Qualquer das duas hipóteses antes referidas podem ser revogadas, caindo por terra essa forma de reabilitação, que não é exatamente o instituto em discussão. De rigor os institutos retrodescritos mais parecem uma forma *sui generis* de livramento condicional.

Segundo Edmund Mezger[6], o antigo Código de 1870 contemplou o instituto da Reabilitação, que veio a ser introduzido no sistema normativo penal tedesco somente em 1914, mercê de elaboração de lei esparsa.

Anibal Bruno[7], referindo-se a Mezger, fez ainda alusão à lei regulamentadora de 9 de abril de 1920, posteriormente reformulada em 17 de novembro de 1939. Menciona ainda o autor pernambucano Hartung, para quem os efeitos da reabilitação começam a se fazer sentir a partir de sua concessão[8].

Presentemente, a Alemanha cuida do cancelamento das inscrições criminais, o que ocorre mediante o requisito de determinado lapso temporal[9]. De qualquer forma, preocupa-se o sistema normativo alemão em

---

(3) Art. 69-A regula as proibições nos seus sete parágrafos.
(4) Art. 70 e seus quatro parágrafos.
(5) Art. 70-A e seus três parágrafos.
(6) MEZGER, EDMUND, in *Tratado de Derecho Penal*, tomo II, pág. 379, Editorial Revista de Derecho Privado, Madrid — Espanha, 1933.
(7) Obra citada, págs. 222/3.
(8) Ali também o efeito era *ex nunc*, com o que Jair Leonardo Lopes não concorda.
(9) Jescheck, obra citada, pág. 1251, tomo II, fazendo referência aos §§ 43, III, da BZRG e 44 da BZRG.

ressocializar, sempre que possível e no menor prazo, o agente, reinserindo-o no contexto social. Tanto é assim que o Fiscal Federal Geral, por provocação ou de ofício, pode determinar que não sejam citadas as condenações anteriores, conforme Hans Jescheck. Portanto, em homenagem a uma sadia Política Criminal, adota-se a via de reabilitação.

4.1.2 — Áustria

A última lei austríaca de que se tem conhecimento antes de Hitler e sua anexação à Alemanha teria sido de 1918. Durante a 2ª Guerra Mundial até 1957, a Áustria aplicou o direito vigente na Alemanha. A partir de 1957 entrou em vigor lei que visava a complementar a de 1918. Tratava-se na realidade de norma jurídica voltada para o cancelamento dos efeitos e das seqüelas decorrentes da pena anteriormente aplicada[10]. Consoante Hitler[11], uma medida que se voltava "contra a própria lembrança do fato".

4.1.3 — Espanha

Sobre este país já discorri na parte evolutiva do instituto. Nesta oportunidade farei referência apenas ao artigo 118 do atual Código Penal espanhol, cujo texto se reproduz, dado sua concisão:

"Por la rehabilitación se extinguem de modo definitivo todos los efectos de la pena".

A redação do *caput* seria o ideal para qualquer sistema moderno, não fossem alguns obstáculos a serem transpostos pelo condenado, que tenha cumprido a pena ou mesmo que tenha alcançado, por qualquer forma, a remissão[12].

De imediato, algumas constatações. A primeira é a confirmação do instituto da Reabilitação Criminal como direito subjetivo do ex-apenado. Não se trata de instituto controlado pelo Poder Judiciário, que passa, aqui, à condição de mero informante sobre a condição processual ao requerente. Cabe ao Ministério da Justiça deferir ou não o requeri-

---
(10) Anibal Bruno, obra citada, pág. 223.
(11) V. Hitler, citado por Anibal Bruno, in *Lehrbuch des Osterreichichen Strafrech*, Viena.
(12) Veja-se a redação do período seguinte ao *caput* do referido artigo 118.

mento de cancelamento dos antecedentes criminais. E, assim sendo, trata-se a reabilitação de procedimento legal e não judicial, como em outros tantos países, inclusive o nosso.

No período seguinte do mesmo artigo[13], estão elencadas as exigências a que está submisso o pretendente ao cancelamento dos antecedentes criminais. São quatro parágrafos extensos. A primeira das condições é não haver o requerente delinquido durante lapso de tempo. A regulamentação desse prazo está no § 3° e oscila entre seis meses a cinco anos, de conformidade com a pena imposta.

Há uma autonomia no texto legal. Antinomia, sim, porque as normas jurídicas da mesma hierarquia[14] se conflitam. Vejamos. O primeiro tópico do artigo dispõe que o interessado há de *requerer* ao Ministério da Justiça o cancelamento. Pelo menos é o que depreende do termo já mencionado. Mas, no tópico 2 do § 3°, a orientação é outra, dispondo que o Ministério da Justiça agirá de ofício[15].

Há, ainda, outro tópico que libera os informes cancelados aos juízes e tribunais, *in verbis*[16]:

> *"En todo caso se liberarán las que soliciten los juices y Tribunales, se refieren o no a inscripciónes canceladas, haciendo constar expresamente, si se difere, esta ultima circunstancia".*

Há que se verificar, na prática, o destino dado a esses informes pelos requisitantes. Entre nós, por exemplo, os juízes podem requisitar as informações tidas por sigilosas, nos termos da lei vigente e sobre a qual voltarei ao seu devido tempo. Mas, inobstante a cláusula legal do sigilo, uma vez informado o Juízo esses documentos irão para os autos e, assim sendo, cai por terra a exigência de sigilo até então garantido por lei, tendo em vista a publicidade do processo, como regra geral.

Uma outra exigência é a que concerne ao ressarcimento do dano. Aliás, diz a lei: *satisfechas las responsabilidades civiles provenientes de la infracción"*. Há expansão do âmbito da indenização, podendo-se pensar em ressarcimentos de despesas outras originárias do crime, tal como,

---

(13) Após o *caput* do artigo 118, existem dois períodos abertos sem que sejam parágrafos, incisos ou alineas. Esse tópico, por assim dizer, tem a finalidade de enumerar os requisitos para a concessão do cancelamento dos antecedentes.
(14) Antinomia, na melhor explicação de Kelsen, somente ocorre quando normas jurídicas da mesma hierarquia se contradizem.
(15) Eis o texto parcial:
"El Ministerio de Justicia precederá de oficio a la cancelación de los antecedentes penales".
(16) O transcrito está na parte final do tópico terceiro do § 3°, que versa sobre o sigilo dos registros.

por exemplo, os honorários advocatícios contratados pelo ofendido, em ambas as esferas. A argüição de impossibilidade do condenado ao ressarcimento deve ser apresentada ao tribunal prolator da sentença, que declarará ou não a insolvência do condenado.

Outro aspecto digno de realce é a reabilitação *post mortis*. A "Ley de Enjuiciamento Criminal" trata do assunto no artigo 961, definindo quem tem legitimidade para propor a ação[17]. Esse processo é revisional[18] e tem o condão de ser recurso e não ação.

Finalmente, um comentário de Quintino Ripollés [19] versando sobre o alcance da Reabilitação Criminal. A crítica formulada, embora voltada para o diploma anterior, presta-se para os dias de hoje, pois cuida da revogação do cancelamento dos antecedentes. Repito as palavras do autor:

"Aún en el presente y futuro, su actividad es muy relativa puesto que en caso de comisión de un nuevo delito del mismo título la inscripción cancelada recobra toda su validez para los efectos de reincidencia".

4.1.4 — Itália

Na Itália, a reabilitação é prevista no artigo 178 do Código Penal vigente[20]:

*"**178** - Riabilitazione — La riabilitazione estingue le pene accessórie (P 19) e ogni altro effeto penale della condena (p. 106, 1094), salvo che al legge disponga altrimenti".* (A reabilitação extingue as penas acessórias e qualquer outro efeito penal da condenação, exceto se lei dispuser diversamente).

Sobre o instituto no sistema jurídico itálico, adota-se os ensinamentos de Giuseppe Bettiol[21] e Giulio Bataglini.

---

(17) A viúva, os descendentes, os ascendentes etc., servindo inclusive para que se "castigue en su caso al verdadero culpable".
(18) O artigo 954 da Ley de Enjuiciamento Criminal trata da revisão. Não faz menção à hipótese de *post mortis*, recebendo incumbência do artigo 961.
(19) RIPOLLÉS, A. QUINTANO DE, in *Comentários al Código Penal*, vol. I, pág. 478.
(20) *Codici e Leggi per l'udienza Penale*, edição UTET, 2ª ed., artigo 178. Trabalho elaborado pelos professores Mario Chiavario e Tulio Padovani, pag. 1642, nº 1, págs. 597 s.s.
(21) BETTIOL, GIUSEPPE, *Direito Penal*, Ed. Revista dos Tribunais, 1976, vol. III, págs. 693 a 697. Trad. de Paulo José da Costa Júnior e Alberto Silva Franco.

A rigor o diploma penal italiano não difere dos demais códigos. Inobstante essa semelhança, há um ponto interessante: trata-se de diferenciar a reabilitação verdadeira de uma outra, que é tida na doutrina local por *imprópria* [22]. A primeira é, por assim dizer, absoluta; a segunda cuida de apaziguar os resultados, as conseqüências, de certos impedimentos legais.

Conforme a disposição expressa no artigo 178 do Código Penal italiano, a Reabilitação Judicial é proporcionada pelo próprio juiz do feito, o que acaba por descartar os inconvenientes burocráticos do recurso *ex ofício*.

Nos casos de réus apenados com medida de segurança, a lei italiana é muito rígida, conforme se depreende da seqüência do artigo pertinente. O período de prova[23] é muito extenso, especialmente para um sistema tão avançado como aquele. Assim como Jair Leonardo Lopes, entendo que o próprio cumprimento da pena já representa o período da prova. No caso da medida de segurança, a observação constante do "paciente" — e não do apenado — seria mais que necessária para se saber da readaptação ou não do reabilitando.

Duas outras observações dignas de nota devem ser trazidas à luz no presente trabalho. A primeira é o reconhecimento de sentença estrangeira para efeito de reabilitação na Itália. Um cidadão italiano poderá vir a ser condenado no Brasil, por exemplo, e, vivendo na Itália, poderá desfrutar dessa salutar providência legal em seu país. A outra observação é a regra adotada para a reabilitação do menor. O Direito italiano cuida de reabilitar os menores de idade, entre 18 e 25 anos. Algo parecido com o que ocorre no México, diferindo apenas quanto aos critérios e parâmetros de idade e questões familiares. Em síntese: aqui o procedimento está voltado para o jurídico; no México para o social. Sobre o menor, o sistema italiano, além da reabilitação — mencionada por Bettiol[24]: trata-se da *declaração de emenda*. É procedimento pelo qual se exclui qualquer anotação da folha corrida do menor. Ainda que a

---

(22) BATAGLINI, GIULIO, in *Direito Penal*, pág. 226, também traduzido por Paulo José da Costa Jr.: "Não se pode confundir a verdadeira reabilitação com a reabilitação imprópria. Isto é, a extinção de determinadas incapacidades jurídicas previstas por disposições penais singulares".
(23) Fala-se em cinco e dez anos, conforme o delinqüente, este último prazo para o que chamam de "delinqüente habitual". A meu juízo, o delinqüente habitual não tem qualquer interesse ou preocupação com a própria reabilitação.
(24) Vide obra citada, pág. 697.

requisição venha da Administração Pública, não será atendida. Então, há extinção dos antecedentes penais. Essa medida, da mais altruísta Política Criminal, deveria ser estendida aos demais cidadãos alcançados pela reabilitação criminal, pois, com a manutenção de arquivos, jamais se alcançará uma verdadeira e autêntica, real e efetiva reinserção social do ex-apenado. É irrelevante que o reabilitado volte a delinqüir futuramente: se ele proceder bem durante algum tempo, há proveito para a sociedade, e isto é o que interessa. Mas, importante mesmo, é considerar o fato de ter ele tentado e conseguido, por um lapso de tempo, conduzir-se conforme os parâmetros mínimos exigidos pela sociedade.

Ainda sobre as qualificações da reabilitação na Itália, há que se acrescentar alguns aspectos. Giulio Bataglini explica o que é a "reabilitação verdadeira", dizendo estar ela inserida no próprio artigo 178, cujo texto já se reproduziu. Entretanto, a locução *"salvo chela legge disponga altrimenti*, não satisfaz, gera ambigüidades que acabam por criar inúmeras possibilidades de leis esparsas em sentido contrário ao que pretendia o legislador primeiro.

4.1.5 — Portugal

Conforme Luis Osório[25], vê-se que o anterior diploma penal português tinha a mesma estrutura, relativamente ao instituto da Reabilitação Criminal, do nosso Código Penal de 1890. Por sua vez, nosso diploma da República foi guiado pelo seu congênere lusitano de 1852. De comum em ambos era a figura de uma *restitutio in integrum*, o que se obtinha pela via revisional[26], que resultasse em absolvição. Não se cogitava, ademais, da indenização em casos de penas corrigidas pela revisão na hipótese de sentença condenatória injusta.

Modernamente, o Código Penal português acolhe as penas acessórias. Estas são, na realidade, a conseqüência não compulsória da pena principal, conforme redação do artigo 65, *in verbis*:

"*Nenhuma pena envolve como efeito necessário, a perda de direitos civis, profissionais ou políticos*".

---

(25) GAMA, LUIS OSÓRIO DA, e BATISTA, CASTRO DE OLIVEIRA, in *Código Penal Português*, edição de França & Américo — Coimbra, 1917, pág. 243.
(26) O § 7°, do artigo 126, daquele diploma dizia da "sentença absolutoria de revisão".

Daí em diante, várias normas jurídicas dispõem sobre três hipóteses das chamadas acessórias[27].

A reabilitação chega erigida no artigo 70. É judicial. O período de prova é de dois anos, contados do término do cumprimento da pena principal, exigindo-se que o reabilitando tenha observado conduta *razoável* o bastante para supor sua reintegração social, o que o habilitará, entre outras coisas para voltar a ser merecedor do cargo ou função de que fora despojado por força de sentença criminal.

Do exposto, fica a convicção de que o instituto da reabilitação, em Portugal, alcança apenas as sanções provenientes das penas acessórias. Isto, todavia, não pode e não deve constituir preocupação maior. Existe, em Portugal, o Instituto de Reinserção Social (I.R.S.), que cuida efetivamente da reabilitação social do ex-apenado. Quanto ao uso do vocábulo empregado, *reabilitação*, faço-o nesta oportunidade em sentido lato e não técnico.

Tratarei, logo mais, do I.R.S., que foi criado pelo Decreto 319/82, de 11 de agosto de 1982. Antecipo-me para afirmar que Portugal, a exemplo da Espanha, está muito evoluído em matéria de reinserção social. Nesses países, como também no Japão, a reintrodução do ex-apenado no contexto social é de elevada seriedade e de alta prioridade. Alcançou Portugal um altíssimo estágio de desenvolvimento nesse terreno.

4.2 — AMÉRICA LATINA

4.2.1 — Argentina

Anteriormente à lei contemporânea, vigorou na Argentina a Ley nº 11.179; de 29 de outubro de 1921, que continha instituto semelhante à reabilitação criminal e cujo artigo 61 tinha o seguinte teor:

"*Art. 61. A amnistia extinguirá a acção penal e fará cessar a condenação e todos os seus efeitos, com excepção das indemnizações devidas a particulares*"[28].

---

(27) São os artigos 66: pena de demissão; 67: suspensão temporária da função; 68: efeitos da demissão e da suspensão; 69: interdição do exercício de outras profissões ou direitos.
(28) Conforme Vicente Piragibe, in *Códigos Penaes Estrangeiros*, Livraria Jacyntho, 1934.

Trata-se de reabilitação a nível ontológico. Impõe-se, ainda uma vez, o ensinamento de Eros Roberto Grau, quando afirma que a "indefinição" do *termo*, acaba por complicar o conceito.

Fundamentalmente, o Código Penal da Argentina está calcado na mesma Ley n° 11.179, complementada por outras duas leis: a 21.338 e 22.461. Estas tiveram sua primeira edição publicada em março de 1979.

Prevê o código vigente a "inhabilitación" como item autônomo [29] e trata a reabilitação como conseqüência natural para o ex-apenado. Tem-se, na seqüência dos artigos 20-bis e 20-terceiro, o período de prova, o qual não haverá de ser superior a dez anos. Mas, sobre a reabilitação e sobre as penas principais, exceto as inabilitações, não há absolutamente disciplina alguma, salvo, como explica Sebastian Soler, teoria de Kelsen, segundo a qual, o que não está proibido pela norma jurídica, está, automaticamente, autorizado.

> "*Nuestro derecho no prevé forma alguna en que pueda cesar la inhabilitación perpetua, a diferencia de otros códigos, que determinam un procedimiento rehabilitante, después de trancurrido un período considerable de tiempo con observancia de buena conducta*"[30].

Ora, não se pode considerar razoável o prazo de dez anos por excessivo. Trinta e cinco anos após, de outra parte, Zafaroni ainda não acrescenta nada que possa, doutrinariamente, alterar o quadro esboçado[31].

Em matéria de reabilitação criminal, instrumento de alta Política Criminal, há na Argentina uma lei[32] que é tudo quanto qualquer sistema juspenal digno de tal nome não pode acolher por tratar-se de norma jurídica de "estado de exceção", como era a situação do país portenho no triste ano de 1979.

A rigor, a referida lei penal, impõe um sistema rígido, como convém a todo regime ditatorial. Quer a centralização de todos os informes que seja possível armazenar. Inobstante tal postura, algo de bom se pode aproveitar em prol da Reabilitação Criminal. Com efeito, o artigo 2° da dita lei, mais precisamente em sua alínea *G*, tem a seguinte redação:

---
(29) Código Penal, artigos 19, 20, 20-bis e 20-terceiro, fazendo remissão à Lei n° 21.338.
(30) SOLER, SEBASTIAN, in *Derecho Penal Argentino*, tomo II, pág. 449. Tipografia e Editora Argentina — Buenos Aires, 1951.
(31) ZARAFONI, Raul Eugenio, no seu *Manual de Derecho Penal*, tomo II, pág. 693, item 482. Reproduz o artigo 20 da Lei n° 21.338. Essa obra foi editada em 1986 por Ediciones Jurídicas de Peru.
(32) Refiro-me à Lei n° 22.117, de 10 de dezembro de 1979, que criou o *Registro Nacional y Estatistica Criminal y Carcelaria*.

"Articulo 2: Todos los tribunales del país con competencia em materia penal remitirán al Registro, dentro de los cinco (5) dias de quedar firme, dejando cópia en la causa, testemonio de la parte dispositiva de los seguintes actos procesales...

(G) — Sentencias que outorguen libertades condicionales o reabilitaciones"[33].

Em síntese, as oportunidades de reabilitação, na Argentina, alcançam tão-somente as penas de inabilitações, podendo ser absolutas (aquelas que alcançam integralmente o apenado) e especiais, que atingem somente um ou mais direitos, mas não todos, sendo estas sempre acessórias[34]. Assim, somente algumas podem ser contempladas pela aplicação do instituto ora discutido. A meu modesto juízo, parece muito pequeno avanço para um país da cultura jurídica da Argentina.

4.2.2 — Bolívia

Há um trabalho produzido pelo prof. Manuel Duran P.: denominada "La Reforma Penal em Bolívia", 1946. Trata-se de obra crítica de um professor de Direito Penal na Universidad Mayor San Francisco Xavier.
Reitero: uma obra crítica. Veio para atacar frontalmente um Projeto elaborado por encomenda ao prof. Manuel Lopez Rey y Arroyo, espanhol radicado em Porto Rico, cuja especialidade é a Criminologia. Aliás, Duran queixa-se amargamente da ausência de críticas aos projetos anteriores, afirmando ser sua obra uma rara exceção à regra. Nota-se com clareza cristalina, o espírito desse trabalho, ao se ler o Prefácio, que é de um outro professor, Hugo Sandoval Savedra:

"Parecia que el nuevo Código hubiera superado el nivel medio de la cultura jurídico-penal de los hombres capaces de enjuiciarlo y criticalo, a punto de ninguno se propuso acometer semejante empresa".

O Projeto discutido visava substituir o velho Código de Santa Cruz, de 13 de novembro de 1829, que foi reimplantado no ano de 1846, após ter entrado em vigor e perdido vigência logo a seguir. Antes da

---

(33) É como estão definidas no próprio Código Penal, nos artigos 19 e 20, respectivamente.
(34) Como ensina Sebastian Soler na obra já mencionada.

tentativa de Lopez-Rey, várias outras foram baldadas[35], por motivos políticos, já que os golpes de Estado eram muito freqüentes.

Apenas uma constatação: o Projeto Lopez-Rey, de 1946, sequer fez referência ao instituto de Reabilitação Criminal. Ao menos foi o que deixou transparecer Duran em sua obra. Tratou do indulto, da anistia, entre outros, mas não da Reabilitação Criminal[36].

4.2.3 — Chile

O Código Penal chileno, a exemplo do Código de Processo, foi produto da ditadura militar implantada pelo general Augusto Pinochet. Aquele, por força do Decreto n° 932, de 21 de junho de 1979. Este, pelo Decreto n° 1.039, de 18 de julho de 1979. Ambos de autoria do Ministério da Justiça, já que a Casa Legislativa se encontrava fechada. Pela numeração dos decretos, é possível perceber-se a freqüência com que o Poder Executivo editava leis: 107 decretos em menos de um mês.

No Chile, como na Argentina, a inabilitação funciona como regra fixa e rígida. A reabilitação alcança apenas as sanções de inabilitações diversas. E, ainda assim, não todas[37], pois existem crimes ou delitos simples que são punidos com perpetuidade[38]. E mais: regra geral, a pena acessória de inabilitação está presente em quase todas as penas principais.

Num determinado momento[39] o sistema dá sinais de humanização, ou ao menos é o que se pode concluir da interpretação do artigo 40 do Código Penal. Logo a seguir, ressurge a tendência radical do legislador chileno[40]. Indulta-se a pena principal, fica mantida a acessória!!! Logo

---

(35) Na Bolívia, a partir de 1846, pelo menos oito tentativas, todas frustradas. Já em 1855 a primeira, e a última em 1935, cujo modelo era cópia fiel do diploma argentino de 1921, de que já falamos em outra oportunidade.
(36) No afã de encontrar a modernidade, outras fontes foram pesquisadas. Nenhuma biblioteca tem em seu acervo um exemplar atualizado do Código Penal boliviano. Fui informado apenas da existência de um Código Penal datado de 1974, ao qual chamam de "Código Banzer", em alusão ao então presidente daquele país, general Hugo Banzer.
(37) É o que se observa no § 8° do artigo 20 do Código Penal do Chile, onde é prescrita pena de presídio, no seu grau mínimo, a quem violar a inabilitação.
(38) O artigo 21 regula o crime e o simples delito, pela pena aplicável.
(39) Inabilitação para cargo, ofício público e profissão, dura enquanto prevalecer a pena principal.
(40) O artigo 43 regula a aplicação do indulto para crimes que tais, como acessória a pena de inabilitação, excluindo-se do benefício.

no artigo seguinte, uma quase retratação. No caso, porém, é necessário que a pena de inabilitação não seja acessória[41]. Em realidade trata-se de norma jurídica aberta e contraditória.

O código andido tem várias *escalas* de aplicação da pena[42]. As inabilitações entram na "escala" n°s 4 e 5, respectivamente. Logo no grau maior, a "inabilitação absoluta perpétua", seguida de outros seis graus[43]. Em verdade, há um grande rigor para punir. Trata-se de um Direito Penal da punição por excelência, que pouco ou nada se preocupa com a reabilitação, mas cuida minuciosamente das "inhabilitaciones".

Afinal, lê-se no artigo 105, *in verbis*:

> *"Art. 105 — Las inhabilitaciones legales provenientes de crimen o simple delito solo duraran el tiempo requerido para prescribir la pena, computado de la manera que se dispone en los articulos 98, 99 y 100. Esta regla no es aplicable a las inhabilidades para el ejercicio de los derechos políticos.*
>
> *La prescripción dela responsabilidad civil proveniente del delito se rige por el Código Civil".*

Ainda assim, há marcas de autoritarismo e radicalismo, ao se referir a "crimes políticos", que prefiro denominar "crimes de opinião". De qualquer forma, reconhece-se a prescrição da ação ou da pena, pelo menos para uma parte dos apenados.

A simples aferição dos decretos anteriores as Código Penal, deixa claro que houve evidente retração comportamental do governo em relação à ressocialização do apenado[44]. Era uma outra preocupação que não a de punir por punir, conforme se vislumbra no Código Penal vigente. Em 1943[45] foi criado o "Patronato Nacional de Réos", cuja finalidade era a de orientar, encaminhar e assistir o condenado, visando sua reintrodução ao contexto social do qual havia sido afastado, em condições mínimas, pelo menos, de adaptação.

Em síntese, não conhece o Chile o instituto da Reabilitação Criminal, com seus contornos atuais. Não há, ali, a reabilitação judicial.

---

(41) A meu juízo, a redação do artigo 44 é por demais estreita e, ao mesmo tempo que dá, toma.
(42) Cf. o artigo 59 do Código Penal.
(43) *"Inhabilitación absoluta temporal en su grado máximo"*. Idem em grau médio e em grau mínimo. Isto tudo na "Escala 4". Já, na "Escala 5", as quatro inabilitações especiais são: perpétua, grau máximo, grau médio e grau mínimo.
(44) Com efeito, veja-se o Decreto-Ley nº 409, de 12-8-1932, que regulamentava a regeneração e reintegração do apenado.
(45) O Decreto nº 542, de 5-2-1943.

Tanto é assim que o vocábulo sequer é citado no diploma substantivo penal que, salvo engano, também emudece sobre a ontologia do instituto discutido.

4.2.4 — Colômbia

Em relação ao instituto da Reabilitação Criminal, a Colômbia está, para a América Latina, em posição de vanguarda. Desde o Código Penal de 15 de junho de 1891, adotou regras moderníssimas para aquela época, tratando o instituto como era tratado em países adiantados da Europa.

Enfocou aquele primeiro diploma o tema em quatro oportunidades[46]. Assim é que regulamentou os períodos de prova, que oscilavam entre quatro e oito anos. Exigiu sempre *"buena conducta"*, como pressuposto básico. Criou a obrigatoriedade de pleno conhecimento pelo preso — pela leitura obrigatória para ele — dos benefícios contidos nos artigos 90 e 91, onde se oferecia a oportunidade de reabilitação, bem como as condições impostas[47].

Tal a boa vontade do legislador colombiano do século passado em relação ao instituto, que mesmo em se tratando de inabilitação perpétua, que ocorria nos casos de furto e roubo, era possível conceder-se a reabilitação criminal ao condenado, o que era feito mediante um termo de compromisso chamado: "Fianza de Buena Conducta"[48].

Na atualidade, o instituto de Reabilitação Criminal está previsto no sistema normativo penal colombiano[49], no Capítulo V da Parte Geral, mais precisamente onde se trata da extinção "de la acción y de la pena". No art. 92, que reproduzo, observa-se a regulamentação e aplicabilidade:

> *"Art. 92 — Excepto la expulsión del territorio nacional para el estranjero, las demás penas señaladas en el articulo 42 podrán cesar rehabilitación.*

---
(46) Artigos 90, 91, 804 e 913, respectivamente.
(47) O artigo 913 daquele diploma impunha a obrigatoriedade de ser o preso informado, pelo menos por uma vez, da existência do instituto exposto nos artigos 90 e 91.
(48) Era a redação do artigo 804 daquele diploma substantivo penal.
(49) Trata do Decreto nº 100, de 1980. Não publicam a data precisa da sua vigência. Derrogam-se o Código Penal e demais leis esparsas, segundo o artigo 378.

Si tales penas fueren concurrentes con una privativa de libertad, no podrá pedirse la rehabilitación sino cuando el condenado hubiere observado buena conducta y después de transcurridos dos (2) años a partir del día em que haya cumprido la pena.

Si no cuncurrieren con la pena privativa de libertad, la rehabilitación no podrá perdirse sino dos (2) años después de ejecutoriada la sertencia en que ellas fueren impuestas".

Percebe-se o cuidado do legislador, quando exclui da reabilitação judicial a possibilidade do benefício ao estrangeiro expulso do país[50]. Tal medida, poderia estar ou não inserida no próprio decreto de expulsão, discutindo-se caso-a-caso.

Com efeito, a reabilitação no Direito colombiano alcança tão-somente as penas acessórias, conforme remissão do artigo 91 ao artigo 42[51]. Se considerarmos os 110 anos que separam o diploma vanguardeiro do atual, haveremos de constatar certa apatia do legislador moderno, que se apresenta, ante o instituto de reabilitação, até mesmo com certo anacronismo.

E mais. Fica evidente que as penas acessórias gozam de autonomia. Com efeito, a redação da parte seguinte do artigo 92 diz da hipótese de concorrência entre penas acessórias e as privativas de liberdade. Bem ainda, o prazo — ou período de prova — para que possa o apenado requerer a reabilitação: dois anos após vencida a pena privativa da liberdade.

No terceiro tópico do artigo 92, existe disposição um tanto confusa ou pelo menos injusta, já que o artigo 44 do Código Penal regula o lapso temporal das várias modalidades de pena, inclusive as acessórias. O tempo mais extenso de pena de interdição de direitos é de *Dez* anos, e o menor de *Três*[52]. Isto deduzindo que, na pena menor tem-se mais rigorosidade, e na maior, mais benevolência. Do ponto de vista do mo-

---

(50) Esta a redação do artigo 92, na sua primeira parte:
"Rehabilitación. — Excepto la expulsión del territorio nacional para el estranjero, las demás penas señaladas en el artículo 42 podran cesar por rehabilitación".
(51) O artigo 42 do Código Penal da Colômbia prescreve sete hipóteses de penas acessórias, a saber: 1ª) restricción domiciliaria; 2ª) perdida del empreo publico o oficial; 3°) interdicción de derechos y funciones publicas; 4ª) prohibición del ejercicio de una arte, profesión o oficio; 5ª) suspension de la patria potestad; 6ª) expulsión del territorio nacional para los estranjeros; 7ª) prohibición de consumir bebidas alcoholicas.
(52) As interdições de direitos e funções, até dez anos; já a proibição para ingerir bebidas alcoólicas é de três anos.

derno conceito de culpabilidade que prelecionam Claus Roxin e Paulo José da Costa Jr., isto não é coisa salutar.

A sistemática processual do instituto vem regulamentada no capítulo VI, artigos 635 e seguintes do diploma adjetivo penal. De regra, o instituto pode ser aplicado tanto em primeira quanto em segunda instância[53]. Inobstante ser uma lei profundamente rígida, exigindo, por exemplo, firme comprovação do ressarcimento, sem considerar as condições econômicas do ex-apenado, a lei não oferece muito ao reabilitando. Apenas garante a publicação na "Gaceta Oficial" do respectivo departamento[54]. Mas, isto não pode se constituir em benefício. Trata-se do instituto de publicidade dos atos jurisdicionais, conforme menciona José Rogério Cruz e Tucci, elevada ao seu grau máximo.

Em suma, o instituto, tal como previsto no sistema normativo penal colombiano, não acresce nada em prol de uma moderna e avançada Política Criminal. Está claro que isto não representa a "inteligentzia" melhor daquele país, onde juristas como Jorge Luiz Losano e Efrain Mora Castillo lecionam um Direito Penal vibrante e humano[55]. Creio que, com a qualidade intelectual dos juristas colombianos e com aquela excelente e dinâmica editorial que possuem, muito em breve haverá transformações no pensamento jurídico nacional sobre o instituto da Reabilitação Criminal, que passa por má fase neste momento.

4.2.5 — Costa Rica

País de 2,7 milhões de habitantes e uma centena de anos de democracia, com sistemática alternância no Poder, duas excelentes editoras e excelentes livrarias de literatura técnica. No Código Penal de 1970, reconhece-se a "reserva legal", proíbe-se a "analogia"[56], aplica-se e adota-se o princípio da culpabilidade[57]. Enfim, um código avançado, para

---

(53) É assim que resolvem os artigos 635 e 636, definindo as respectivas competências.
(54) O artigo 43 do Código Penal trata da "judicialidad y publicidad". Além da pena ser imposta exclusivamente por sentença judicial, fica o juiz obrigado a enviar cópia da sentença para a "Direción General de Prisiones del Ministerio de Justicia". Ali, semestralmente, se publicará no boletim próprio.
(55) Ambos são professores da Universidade Autônoma de Bogotá. O doutor Losano foi ministro do Supremo Tribunal Federal, Sala Criminal. Efraim Mora Castillo é estudioso de Criminologia, sendo mesmo uma das maiores autoridades no assunto.
(56) "Articulo 2º — Não podrá imponerse sanción alguna mediante aplicación analogica de la ley penal".
(57) "No hay pena sin culpa". É o preâmbulo da Sección V — Culpabilidad. Artigos 30 e seguintes.

um sistema normativo penal não menos vanguardeiro, no qual o Ministério Público administra pessoalmente a apuração da *notitia criminis*, desde o primeiro momento.

A Reabilitação Criminal na República da Costa Rica, a exemplo de tantos países, visa sanar as inabilitações[58], podendo o inabilitado postular pela reabilitação sempre que já tenha cumprido a metade da pena imposta[59]. Entretanto, se for reincidente ou criminoso habitual, ou mesmo profissional, poderá pleitear o benefício legal da reabilitação seis anos após termo final da sentença.

De rigor, dois requisitos básicos e essenciais para poder postular: boa conduta e satisfação da responsabilidade civil, salvo se não estiver comprovadamente, em condição de o fazer. Aliás, esta é a posição mais adequada, já que nem sempre esse ressarcimento é possível.

Ainda duas observações: a inabilitação especial está elencada no rol das penas acessórias, enquanto que a outra, a absoluta, fica no campo das penas principais[60]. Oscilam entre seis meses e doze anos estas últimas. A especial segue dosimetricamente a pena principal. Finalmente, sobre a colocação do instituto na estrutura do Código: encontra-se no Capítulo V, em sua secção única: "Extinción de la Acción Penal y de la Pena". O artigo 80 elenca sete causas extintivas. A sexta hipótese é precisamente a da reabilitação criminal.

Quanto aos meios processuais, vejam-se os artigos 520 e seguintes do *Código de Procedimentos Penales*[61], que garantem o direito de apelação ao "Tribunal de Apelaciones". Ao que se depreende, o recurso é também disponível ao Ministério Público, conforme deixa entender o artigo 522 do CPP costarriquense.

Não obstante, também na Costa Rica o instituto não chega a alcançar o seu objetivo maior: a plena reintegração do ex-apenado no contexto social. Limita-se a uma forma moderna de *restitutio in integrum*[62].

---

(58) As "inhabilitaciones" vêm reguladas nos artigos 57 e 58, respectivamente. Este tratando das "especiais", que na realidade, é apenas uma. Aquelas — as "absolutas" — em número de cinco.
(59) Primeira parte do artigo 70.
(60) Eis a redação do artigo 50 do Código Penal costarriquenho: "Articulo 50 — Las penas que este Código establece son: 1. Principales: prisión, extrañamiento, multa y inhabilitación. 2. Accesprias: inhabilitación especial.
(61) É o próprio Código de Processo Penal quem usa a locução "restituición", no Capítulo III, como regra geral, e no artigo 523, como regra específica.
(62) O diploma adjetivo penal, nos artigos 520 a 523, define competência, instrução, matéria de prova e alcance do instituto regulado pelo direito substantivo, citando textualmente o artigo 70 do Código Penal.

Cabe informar, ainda, que o sistema prevê os institutos da *amnistia*, que é privativo do Poder Legislativo [63], e do *indulto*, que parece como prerrogativa do "Consejo de Gobierno", mas que deverá ser apreciado pelos órgãos próprios, inclusive a Corte Suprema de Justiça [64]. Tratando destes institutos separadamente, assim como do "perdão judicial" [65], permite maior clareza de interpretação.

4.2.6 — México

O direito Penal do país asteca, a exemplo do antigo diploma brasileiro [66], prevê o instituto da Reabilitação Criminal entre as hipóteses da extinção de punibilidade [67].

Pela redação do artigo 99 do Código Penal mexicano [68], reconhece-se o direito à reabilitação àquele que tenha sido apenado por *crime político*. Sobre essa rubrica a lei brasileira é omissa e a chilena veta por completo [69]. Uma outra observação digna de realce é o conteúdo do texto, que nos lembra a gênese do instituto: a *restitutio in integrum*. O vocábulo "reintegrar" retrata bem o alcance que se pretende dar à reabilitação criminal no México, ao menos no Distrito Federal.

Há, nesse país, os chamados códigos "locales", o que implica a existência de um diploma para cada Província, a exemplo dos Estados Unidos e da própria União Soviética. Há um outro diploma [70], cujo título é o mesmo (significando aqui estrutura): *CUARTO*, inobstante sua de-

---

(63) O Poder Legislativo decide no artigo 89, sobre os crimes políticos e conexos.
(64) Aqui, as regras são mais apuradas e cautelosas, definindo inclusive os prazos de que dispõem cada um dos órgãos consultados para apresentarem suas constatações.
(65) O Perdão Judicial vem tratado no artigo 93, e descreve não menos que onze hipóteses de sua aplicabilidade.
(66) Mudamos em 1984, com o advento da Lei nº 7.209/84. Mas poderíamos tê-lo feito muito antes, se tivéssemos seguido a orientação do Projeto Alcântara Machado, sobre o que já se falou em outra parte.
(67) Está posta no Título IV, sob a rubrica: "Ejecución de las Sentencias", e no Capítulo V, com o próprio *nomem juris*.
(68) O artigo 99 do "Código Penal para el Distrito Federal de México", cuja edição é da Porrua, 1980, tem a seguinte redação: "La rehabilitación tiene por objeto reintegrar al condenado en los derechos civiles, políticos o de familia que había perdido en virtud de sentencia dictada en un proceso o en cuyo ejercicio estuvera suspenso".
(69) Pelo menos até o final do recente governo ditatorial.
(70) Trata-se do Decreto nº 15, de 24-12-63, que regulamenta o assunto penal para "El Estado Libre y Soberano de México". A edição de 1976 da Editorial Cajica S. A., imprimiu ao todo 700 exemplares: 600 para uso normal e 100 para reposição.

nominação ser outra: *Extinción y la Prevención Punitiva*. A reabilitação, a exemplo do código metropolitano, vem presente na íntegra, quer no nome quer no conteúdo[71].

Guilhermo Borja Osorno[72] traz notícias do Código de Puebla, mencionando os artigos 417 e 422, que acredito sejam do Código de Processo Penal, pela elevada numeração. Para o autor, a Reabilitação Criminal visa, primordialmente, a livrar o apenado da privação ou suspensão dos direitos civis, posto que, uma vez cumprida a pena, é de se supor que o agente esteja novamente apto, habilitado para a prática dos demais direitos, inclusive os políticos[73].

"(Pero ya compurgados o cancelados las sanciones corporales cuando las hay) se acredita que el sentenciado ha vuelto a hacerse digno de los derechos que se le quitaron, no hay razon para no reintegrarselos desde luego".

Há também uma lei própria para cuidar da assistência do menor no seio da família[74]. E, nessa linha filosófica de governo, encontrei um outro decreto[75] cuidando detalhadamente da reabilitação do menor cuja idade oscile entre oito e dezoito anos[76]. O Capítulo II dessa lei é dedicado à reabilitação do menor, dos artigos 29 ao 35. Nesse sentido, veja-se a doutrina de Giuseppe Bettiol[77].

4.2.7 — Nicarágua

Esse país teve Código Penal reformado em agosto de 1988. Foi preciso o auxílio de entidades diversas para a realização dessa reforma. Assim, a A. I. J. D. (Associação Internacional de Juristas Democratas), da qual a A. A. J. (Associação Americana de Juristas) é uma "rama"[78],

---

(71) Redação do artigo 86 desse outro diploma, em nada difere do seu similar, o artigo 99 do C. P. — Direito Federal.
(72) OSORNO, GUILHERMO BORJA: *Derecho Procesal Penal*, pág. 464.
(73) Borja Osorno diz precisamente o que penso. Ninguém há de seguir devendo a vida inteira aquilo que, de alguma maneira, já pagou. O texto reproduzido há de servir também para o capítulo futuro sobre os antecedentes criminais, motivo maior, a meu juízo, dos desarranjos do instituto em todo o mundo.
(74) Trata-se do Decreto nº 193, e tem o seguinte título: "Ley de Proteción de Asistencia a la Niñez y de Integración Familiar, en el Estado de México".
(75) Decreto nº 43: "Ley de Rehabilitación de Menores de Estado de México".
(76) Artigo 78: "En Consejo Tutelar conocerá de las seguientes matérias, exclusivamente por lo que respectta a menores cuyas edades flutuen entre los 8 y 18 años de edad".
(77) BETTIO, GIUSEPPE, obra citada, pág. 228.

conseguiu junto à "Associó Catalana de Professionaes Per a La Cooperació Nicarágua", a impressão dos exemplares necessários para a difusão do Código Penal. Não fosse assim, estaríamos praticamente diante de um "documento secreto": não havia, na ocasião, recursos disponíveis sequer para sua impressão[79].

Sobre a Reabilitação Criminal, não há quase nada. Pune-se com inabilitações, que podem ser: *inhabilitación absoluta* ou *inhabilitación especial* [80]. Estranhamente, não há nada em matéria de norma jurídica que verse sobre o instituto.

Não demonstrou o legislador nicaragüense grande interesse pelo instituto de Reabilitação Criminal. Tanto é assim, que no diploma normativo penal substantivo, a locução "REABILITACIÓN" aparece em apenas duas oportunidades: uma visando a coibir a aplicação; a outra, para dizer que somente se lhe reconhecerá eficácia quando concedida formalmente nos decretos individuais de indulto, que são uma manifestação de outro instituto, o da "gracia", deixando, portanto, de ser um direito subjetivo, do ex-condenado.

Apenas duas normas jurídicas existem apropriadas ao escopo deste trabalho. Com efeito, o artigo 114 fala da extinção da responsabilidade penal (no nº 4, tratam do indulto)[81].

Não se pode deixar mencionar o artigo 106[82], que versa sobre *condena condicional*. Se a condenação está extinta ao cumprir-se a pena, sem incidentes, no período de prova, então, sendo a pena de inabilita-

---

(78) A. J. D. N. == Asociación de Juristas Democratas da Nicarágua; A. A. J. == Associação Americana de Juristas.
(79) O ano de 1988 foi terrível para o país "NICA", que é como eles se autodenominam, passando por uma inflação de 37.000 por cento no período, além de fortíssima pressão dos "Contra".
(80) O artigo 53 do Código Penal da Nicarágua trata das "Penas Principales", ao todo sete modalidades, entre as quais duas *inhabilitaciones*, nos números 5 e 6.
(81) Texto do nº 4 do artigo 114:
"Por indulto — la gracia de indulto como solo remite la pena, pero no quita al favorecido el caracter de condenado e la reincidencia o comisión de nuevo delito y demás efectos que determinan las leyes. *Tampoco produce la gracia de indulto la rehabilitación* para el ejercicio de los cargos publicos, derechos politivos, patria (potestad) y autoridad marital, ni exime de la sujeción a la vigilancia de la autoridad, si ne el indulto no se concediere especialmente la rehabilitación o exención en la forma en que prescribe por la misma ley".
(82) Texto do artigo 106:
"La condena se extingue definitivamente si al cumplir el periodo de prueba el condenado no ha incurrido en los hechos de que trata el articulo anterior. En los delitos que solo pueden ser perseguidos a instancia de parte, el tribunal oirá a la persona ofendida o a quien le represente, antes de conceder la remisión condicional".

ção, estará ela também extinta. Isto somente não ocorrerá se a pena for acessória, nos termos do artigo 107, que mantém a inabilitação para certos casos.

De qualquer forma, entendi que deverá a Nicarágua progredir em matéria de reabilitação criminal. Afinal, um país que possui uma lei de Reeducação Penal[83], já deveria ter avançado no caminho da reinserção, notadamente se se considerarem as ligações da Nicarágua com os intelectuais espanhóis de Barcelona (los catalones).

4.2.8 — Panamá

Relativamente ao instituto da Reabilitação Criminal, não apresenta o Panamá nada digno de nota, seguindo a maioria dos códigos latino-americanos para os quais a reabilitação visa alcançar apenas as penas acessórias, mais precisamente, a *inhabilitaciones*[84]. Disso se afere não existir reabilitação para as penas principais. Estas somente são alcançadas quando ocorrem as hipóteses de anistia ou indulto e, ainda assim, somente para crimes políticos, divergindo do diploma chileno[85].

No país caribenho, somente ocorrerá a reabilitação se o interessado agilizar sua pretensão[86]. Exige a norma jurídica pertinente que o reabilitando haja mantido boa conduta: *"que haya presumir su arrependimiento"*, o que se constatará pelo período de prova de dois anos anteriores ao pedido. Diante de tal assertiva, o reabilitando adquire um direito subjetivo, embora lá entendam tratar-se de "benefício".

Para aqueles reabilitandos reincidentes, o prazo se dilata em dobro, passando para seis anos o período de prova. Para os considerados habituais ou profissionais, exige-se dez anos. À evidência, não se pode

---

(83) Trata-se da Ordem 069/86, cujo título é "Documento Base Para La Reeducación Penal, que equivale à nossa L. E. P.. Diga-se, de muito boa qualidade para um país como esse, onde é tudo difícil, inclusive viver. Veja-se, por exemplo, o instituto que lá denominam "Regimen de Convivencia Familiar", cujo teor se reproduz:
"Es aquel donde el interno se integra a su nucleo familiar, desarrola actividades comunes a todo cuidadano, mantiendose bajo el control policial y con sus derechos ciudanos suspensos".
É irrelevante a rigidez do final, vale a aproximação com a família, talvez a mais eficaz das medidas de reinserção social.
(84) "Articulo 104: — La rehabilitación extingue los efectos de las penas acesorias de inhabilitación".
(85) É o que diz o artigo 91 do Código Penal panamenho.
(86) Assim o artigo 104, na sua primeira parte.

aceitar um tal critério tão *ajeno* à realidade de cada caso. Aquele que requer a reabilitação criminal, por si só, já dá provas de querer mudar seu comportamento. Se pretendesse prosseguir delinquindo, trilhando a senda da criminalidade, não teria razão alguma para postular algo que, fatalmente, seria cassado, acaso fosse concedido[87].

Finalmente, firmo-me na convicção de ser o instituto, no Panamá, direito subjetivo. Neste sentido, há um outro requisito objetivo, tratado no último tópico do artigo 104: o ressarcimento do dano, ou responsabilidade civil, conforme a norma jurídica. Interessante observar que o requerente deverá, caso não lhe seja impossível cumprir essa exigência, justificar sua conduta contrária à lei. A rigor, foi Soler quem primeiro se posicionou nos termos propostos pelo diploma substantivo penal panamenho. No Brasil tivemos vários julgados cujos relatores eram, invariavelmente, Alberto da Silva Franco ou Adauto Alonso Suannes, que entendiam que a ausência de ação própria de ressarcimento já seria prova cabal do desinteresse do ofendido em ser indenizado. Entendo que, somente após o ofendido ter agilizado o aparato judicial pretendendo essa tutela jurisdicional é que se deveria exigir a justificativa do reabilitando.

4.2.9 — Peru

No país incáico, vigiu até dezembro de 1985, o antigo Código Penal de 1921, constituído pela Lei nº 4.868, de dezembro daquele ano, que entrou em vigor somente em 11 de janeiro de 1924. O atual diploma tem o número 24.388. Apesar de todas as modificações numéricas e datas várias, o nosso instituto segue sem grandes alterações.

As penas de *inhabilitaciones* ocupam espaço relevante no sistema normativo do país inca[88]. Reiteram lá a existência da reabilitação absoluta, acrescendo-se, além da especial, a relativa[89]. *Absoluta* é aquela que alcança, a um só tempo, todos os direitos e capacidades do indivíduo.

---

(87) Esta é a orientação do artigo 105.
(88) Vêm reguladas, as "inhabilitaciones", em nada menos que *dez* artigos: 27 ao 31 e 34 ao 37. Os artigos 32 e 33 tratam da "interdição civil" e da "privação do pátrio poder", sem contudo usar a locução "inhabilitación", como nos demais artigos referidos.
(89) "Inhabilitación" *absoluta* vem no artigo 28; a *relativa*, no período seguinte do mesmo artigo; a *especial*, no artigo 32.

Relativa visa apenas alguns itens elencados no artigo 27. Já a inabilitação tida por *Especial*[90] não alcança as interdições de caráter civil.

Do que se afere no artigo 29, as penas de inabilitação tanto podem ser *acessórias* como *principais*. Aliás, o artigo 10 do diploma legal tem como última modalidade de pena a *inhabilitación*.

Quanto à reabilitação criminal, em si, é de surpreender a leitura do artigo pertinente[91]:

> "*Articulo 130 — El condenado a la pena principal de inhabilitación...*".

Causa a falsa impressão de que somente a pena principal de inabilitação pode ser reconsiderada. A rigor, o problema é de redação, pois, no período imediatamente aberto, após o *caput*, concede-se a reabilitação também às penas acessórias. E, para confirmar a assertiva sobre a confusão redacional contida no artigo 130, até mesmo os lapsos temporais são idênticos: três anos após o cumprimento da pena.

Para a supressão dos registros judiciais, requer-se prazo bem mais extenso como período de prova: dez anos[92]. Resumidamente, a lei diz o seguinte: para aqueles que sofrerem pena de *penitenciária o de relegación*, é dez anos o período de prova para que possam requerer *"que se suprima la condena del registro judicial"... "quedando asi la história del condenado libre de todo antecedente criminal*. Para as demais penas, é de cinco anos o período de prova exigido por lei.

Os autos de reabilitação serão submetidos ao Ministério Público, e os juízes, de ofício, levarão em conta a reabilitação anterior. Trata-se de Reabilitação Criminal, cuja natureza jurídica é a judicial, em seu aspecto formal. A parte adjetiva se encontra nos artigos 339 e 344 do diploma pertinente.

4.2.10 — Uruguai

Alimentei a esperança de poder terminar este capítulo com informações atuais e absolutas sobre o instituto aqui pesquisado, em relação

---

(90) Texto do artigo 35:
"Las penas de prisión y expatriación podrán llevar consigo la inhabilitación especial declarada en la sentencia; pero no produciram interdición civil".
(91) A Reabilitação Criminal, tem espaço próprio no Código Penal, Título XVI, que domina os artigos 130 e 131.
(92) O artigo 131, com as exigências de estilo, prescreve 10 anos para as penas penitenciárias ou de relegação e 5 anos para as demais.

ao país oriental do nosso continente. Inobstante os esforços desenvolvidos, baldaram-se as tentativas, pois as melhores bibliotecas não dispõem de um só exemplar do Código Penal do Uruguai. Há que se destacar, porém a obra de Antonio Camaño Rosa[93]. O autor foi Fiscal General del Crimen e membro de la "Sociedad Internacional de Defensa Social".

Há na obra em questão, um capítulo inteiro, que o autor denominou: "III — Actos de Clemência"[94]. Nessa oportunidade, discorre sobre anistia, graça, indulto e perdão judicial. Na seqüência, trata da prescrição da pena; liberdade antecipada (equivalente à nossa liberdade condicional) e suspensão da pena. Mas, sobre reabilitação, nem uma só palavra.

Dessa mesma obra, tomei conhecimento de uma segunda edição, de 1975, à disposição na Biblioteca da FADUSP, e que vem servindo para desenvolver um direito comparado sistemático. Essa segunda edição recebeu um título extenso: "Código Penal de la Republica Oriental del Uruguai". Mas, aqui também, apesar dos quase vinte anos que separam uma edição da outra, nada que se pudesse aproveitar no interesse prático deste trabalho.

Assim, o Código Penal de que se deu notícia é o de 1889[95], tendo sido atualizado pela Ley n° 9.155 de 1975, supõe-se. Sendo um diploma do século passado, admite-se, com as reservas necessárias, o silêncio em relação ao instituto de Reabilitação Criminal.

4.3 — PAÍSES SOCIALISTAS

A unificação ocorrida nos países socialistas deve ser interpretada exclusivamente por motivos que não o da coincidência, aliás, significativa: a maioria dos sistemas pesquisados adotam sobre a reabilitação criminal uma outra postura: preocupam-se com o cancelamento dos antecedentes criminais, inobstante tratar-se ontologicamente do mesmo instituto, e exigem, sistematicamente, os mesmos requisitos. Haveremos, mais adiante, de voltar a cada um desses diplomas a que tivemos

---
(93) *Derecho Penal*, Editorial Bibliográfica Uruguaia, 1957.
(94) Págs. 287 e s. da obra acima mencionada.
(95) Na "apresentação" dessa segunda edição, o Editor fala que a obra "Está concordando con los Códigos Penales Uruguayos de 1889.. sin prejuicio de señalar otras fuentes y reformas interesantes".

acesso, precisamente no capítulo dos "antecedentes". De sorte que, mais interessados na ressocialização, usam a locução *reabilitação* no seu mais puro sentido gramatical. Reabilitar, ali, significa tornar sem mácula o nome do ex-penado, o que me parece um grande passo para a verdadeira Reabilitação Criminal.

Mencionei um pouco antes, a existência de uma certa unificação de linguagem, procurando respeitar, na medida do possível, as particularidades de cada país, intentou-se sempre uma linguagem internacional. Prova disso está no texto abaixo reproduzido, destacado da obra denominada *Derecho Penal Soviético*[96]:

> *"El Derecho Penal de cada Estado socialista soberano és profundamente internacional, asi por su naturaleza como por su contenido y fines".*

Abordaram os *bolcheviques* e, como via de conseqüência, todos os demais países que passaram a intitular-se "socialistas", o cerne da questão da reabilitação criminal: os antecedentes criminais. Na Europa, a partir da Revolução Francesa e com o advento de Napoleão Bonaparte foram os denominados "arquivos". Obra monumental do então todo-poderoso ministro da Polícia Josef Fouchet, que governava pela via da pressão que seus "arquivos secretos" exerciam sobre as pessoas. A esse respeito, leia-se Stefan Zueig, cuja obra leva o nome próprio bibliografado, Fouchet.

4.3.1 — União das Repúblicas Socialistas Soviéticas

Aqui cabe um comentário preliminar: existe um Código Penal Geral — *CPRSFSR*, que tem jurisdição sobre todas as Repúblicas. Independentemente, cada uma delas tem sua legislação penal complementar. Exemplo disso é Karayev e sua obra sobre a reincidência. O autor vive na República Socialista doAzerbaijão: "RSSA". No seu trabalho traça comparações entre o "CPRSSA", o diploma da sua República e o "CPRSFSR", que é Código Penal Geral.

Observei, na parca literatura disponível, existir grande confusão sobre a terminologia empregada. E ainda houve troca na numeração dos

---

(96) No original: *Sovietskoie Ugolovnie Pravo*. Texto contido na pág. 450, Capítulo XIX, cujo autor e M. S. Gelfer. A tradução é da prof. Nina De La Mora, Edição Temis, 1970, embora a obra seja de 1964.

artigos entre uma e outra obras[97]. Por uma questão de bom senso, adotarei a mais recente, a de 27 de outubro de 1960. Parece-me que assim estarei adotando um critério da *lex mitior*, pois cancelar é menos que extinguir, conforme se verá na legislação cubana.

Vê-se que o Código Penal Soviético cuidou de extinguir os antecedentes criminais para certos casos. De rigor, um alcance amplo, prevendo sete hipóteses. Ao final do elenco de oportunidades lê-se o seguinte:

> "Si el condenado a privación de libertad, una vez cumprida la pena, demonstrar con su conducta exemplare y su actitud honrada de el trabajo que se ha arrependido, el tribunal, a petición de las organizaciones sociales, podrá considerar-lo exento de antecedentes penales aún antes que hayan transcurrido los términos estabelecidos por el presente artículo".[98]

Algumas considerações devem e precisam ser feitas. A primeira não causa qualquer espanto: cumprimento da pena. Lá, como aqui, o instituto não é encarado como causa de extinção da punibilidade, posto que esta — a punibilidade — já se encontra extinta pelo cumprimento da pena, ou mesmo pela prescrição. Antecipa-se, isto sim, o período de prova, que é medida de salutar Política Criminal. Da mesma forma que aqui, espera-se prova cabal do "arrependimento". Não sei se o vocábulo é o mais adequado. Afinal, como se vê na doutrina lusitana sobre a reinserção social, importante não é que o homem se redima, mas que encontre um ponto de equilíbrio, de harmonia, para sua convivência social.

Nessa linha final de análise ao tópico transcrito, ainda outras duas constatações. Uma delas é a classificação que se dá ao instituto: ele é concedido por provocação do órgão comunitário, o que leva à conclusão de que não pode ser feito pelo próprio interessado ao Poder Judi-

---

(97) Na obra: *Bases de la Legislación Penal, Organización Judicial y del Procedimiento Criminal de la URSS*, da Editorial Progreso, de Moscou, L. Smirnov cita o artigo 47 como sendo o que regula a "Cancelación de los antecedentes penales", e define o que sejam os "antecedentes", fazendo-o em oito itens. Já no *Derecho Soviético*, precisamente do apêndice, onde vem o texto completo do Código Penal da RSFSR, aprovado em 27-10-60, o tema vem colocado no artigo 57, e sob a rubrica "Extinción de los Antecedentes Penales", acrescentando um item e repetindo os demais. Quero crer tratar-se de alguma reforma legislativa. Até porque, a primeira obra a que me referi não traz data de edição, embora diga ter sido aprovada pelo Soviet Supremo da URSS em 25-12-1958, o que acaba ficando conflito de datas.
(98) Esta redação de um parágrafo subseqüente às sete hipóteses de concessão, nos termos do artigo 57. Obra referida: *Derecho Penal Soviético*, pag. 577

125

ciário. Disso decorre ser o instituto medida judicial na União Soviética. Outra constatação é o fato de o Direito Penal ali não contemplar direito subjetivo ao cidadão para alcançar a extinção dos antecedentes penais. O verbo *poder* deixa claro a circunstância de norma facultativa para o instituto. Este "poder" compromete ainda mais o que já é confuso, pois coletiviza o direito de postular do indivíduo. Na realidade, há dupla tutela: a dos órgãos sociais e a do tribunal.

Por fim, a questão da reincidência. Se o cidadão que esteja gozando dos benefícios do artigo 57, vier a delinqüir novamente, então os prazos prescricionais serão reabertos. Melhor dizendo: os respectivos períodos de prova voltarão a ser contados por inteiro. Durante esse período, o cidadão será considerado"con antecedentes penales". Em tal circunstância, a reincidência deve ser em razão de delito mais grave.

A Legislação soviética não dispensou a experiência dos países parceiros da sua teoria econômica de governo. Bulgária, Checoslováquia, Hungria, R. D. A. (antiga Alemanha do Leste), Romênia, Coréia, Vietnã, Mongólia, etc.[99], serviram de fontes para o aprimoramento do sistema normativo russo, restando saber qual foi a participação efetiva de cada um deles.

4.3.2 — Cuba

No seu diploma penal de 1979, trata do tema em questão nos artigos 66 a 69. Desde o primeiro momento, percebe-se haver, ali, como no Brasil, um direito subjetivo disponível do ex-apenado[100]. Esse direito subjetivo, ao qual me refiro, está condicionado ao cumprimento de quatro requisitos, que se apresentam numa síntese: o cumprimento da sanção, ou mesmo do período de prova a ela correspondente; o ressarcimento do prejuízo no âmbito da responsabilidade civil; uma conduta compatível com as exigências sociais; e, finalmente, o período de prova condicionado pelo instituto da *cancelación*.

No artigo 66 do Código Penal cubano, há uma alusão à competência para a concessão: atribuição do Ministério da Justiça. Sendo assim,

---

(99) Obra citada, pág. 451.
(100) Esta redação do artigo 66:
"Articulo 66 — Los antecedentes penales se cancelan por el Ministerio de Justicia, a instância del propio sancionado, siempre que se hayam cumplido los requisitos seguientes.

não há reabilitação judicial, apenas a legal, pela via do Poder Executivo. Entretanto, logo adiante, o n° 3 do artigo 68 proporciona um outro enfoque[101], o que, de certa forma, cria uma situação de antinomia: afinal é o Poder Executivo ou o Poder Judiciário que detém a competência? No *caput* do artigo 68, observa-se que a petição deve mesmo ser endereçada ao Ministério da Justiça. Destarte, inobstante ser direito subjetivo do ex-apenado, a competência é do Executivo, não sendo, portanto, um instituto judicial, mas administrativo.

Importante mesmo são os efeitos do instituto, seja lá qual for seu *nomen juris*: "cancelación de los antecedentes penales". E é precisamente no artigo 69.1, que encontramos o primeiro desses efeitos e com que rigidez se lhe impõe o cumprimento:

> *"Artículo 69.1 — La cancelación produce el efecto de anular los antecedentes penales en el Registro Central de Sancionados y de cualquier otro registro, archivo o expediente cuando dichos antecedentes provenien de las mismas sentencias".*

Já mencionados os terríveis arquivos paralelos, tema a ser retomado mais adiante.

O artigo 69.2 determina a destruição das "folhas penais" onde constem os antecedentes. Entretanto, essa destruição não tem sentido literal, mas formal, pois estarão arquivadas em apartado, conforme o Regulamento para a Organização e o Funcionamento do Registro Central de Sancionados[102]. Restou saber como, na prática, funciona esse "archivo", e quem a ele tem acesso. Há os mesmos temores quanto à eficácia do instituto, pois esses antecedentes cancelados não são propriamente tão cancelados assim.

Finalmente, há a questão da revogação do cancelamento. Serve-se a ilha caribenha desse expediente para a apreciação da reincidência e da tão propalada *multireincidência*[103], cujo tema é concorrente em Cuba e na União Soviética, pelo menos.

---

(101) "Los antecedentes penales se cancelan en virtud de sentencia dictada en procedimiento de revisión".
(102) É, em síntese, o que diz a norma jurídica pertinente.
(103) Veja-se a obra de Karayev, cujo prólogo é do prof. Renén Quirós Pirez, e vale por um trabalho inteiro.

4.3.3 — Outras Sociedades Socialistas

Os socialistas, ao buscarem uma sociedade ideal, procuraram unificar certos conceitos, entre os quais os relativos ao Direito Penal, onde se argumenta, e até com certa razão, que quanto mais evoluída a sociedade, menor será a incidência da criminalidade. Não posso afirmar que a miserabilidade seja fator absoluto da criminalidade. Mas exerce, sem dúvida grande influência para a ocorrência desse estado de beligerância civil que não é fenômeno nacional.

O socialismo internacionalizou, entre outros, o conceito de *reabilitação*, criando aparatos próprios e regionais para o cancelamento ou a extinção dos antecedentes criminais. De regra, o que chamamos *reabilitação*, os países socialistas denominam "cancelación" ou "extinción" de antecedentes penais. Na R. D. A., por exemplo, a baixa dos registros criminais somente ocorria após 20 anos de período de prova. Entendeu-se que o lapso temporal[104] era muito longo e, por isso, prejudicial. Tratou-se, então, de corrigir a aberração, estipulando-se prazos diferentes para casos diferentes.

Na Checoslováquia a norma jurídica penal local exclui o vocábulo *reabilitação*, preferindo tratar apenas do *cancelamento dos antecedentes*. O artigo 69 da lei penal daquele país, ao regulamentar os prazos[105], define a classe do instituto: é judicial. É o tribunal quem expede o decreto cancelando os antecedentes criminais. E mais. O parágrafo 3º do artigo mencionado autoriza o Judiciário até mesmo a antecipar o cancelamento, em certos casos. As exigências de sempre: trabalho honrado; correção procedimental como cidadão, entre outros.

Alguns dos países pesquisados, adotam duas formas de reabilitação: a extinção dos antecedentes penais, que é a reabilitação legal e o cancelamento dos antecedentes, que é a forma judicial. Hungria, nos artigos 81 a 84; Mongólia, no artigo 42; Bulgária, nos artigos 60 e 61[106]. Já na Polônia, cuja lei data de 11 de julho de 1932, há o artigo 90, cujo inteiro teor foi transcrito em uma publicação da "Association Internacionale de Droit Penal"[107]. Gelfer faz referência também ao artigo 64,

---

(104) O III Congresso do Partido Socialista Unido da Alemanha decidiu pela modernização. Assim, foi elaborada a Lei de 11-12-1957, conforme obra já citada de Gelfer, à pág. 496.
(105) Segundo a obra citada, na pág. 497, o período maior de prova é de dez anos, e o menor, de um (1) ano.
(106) Conforme Gelfer, obra citada, pág. 496.
(107) Radiation de la Condamnation, publicação da Libraire de la Cour de Cassation — Paris — France. O artigo 90 está composto de quatro parágrafos.

mas não oferece outras informações. Suponho que tal artigo seja o regulamentador dos antecedentes penais (reabilitação legal).

Na Romênia, a exemplo da Checoslováquia, o artigo 175 prevê somente uma das formas: o cancelamento dos antecedentes criminais, pela via judicial. Inversamente, o Código Penal da Coréia do Norte extingue os antecedentes penais pela via legal[108]. Na Bulgária, o período de prova é de três anos e o cancelamento se dá pela via judicial[109]. Reconhece-se, também, a via legal para os casos de reabilitação, oportunidade em que o ex-apenado se vê livre dos inconvenientes da ficha de antecedentes criminais. Qualquer que seja a forma utilizável, existem certos pressupostos a serem cumpridos, dando-lhe função de direito subjetivo.

---

(108) Por coincidência, o artigo é também o de n° 62.
(109) O artigo 61 do Código Penal da Bulgária.

5 — A REABILITAÇÃO CRIMINAL DO DIREITO BRASILEIRO ATUAL

SUMÁRIO

5.1 — A NORMA JURÍDICA EM GERAL; 5.2 — A NORMA JURÍDICA ESPECÍFICA; 5.3 — DOUTRINA; 5.4 — JURISPRUDÊNCIA

5.1 — A NORMA JURÍDICA EM GERAL

A norma jurídica, enquanto pólo catalisador de um determinado sistema legal, está para servir à sociedade e conduzir ao equilíbrio social. Paulo José da Costa Júnior, citando Karl Engisch, diz não ser ela, a norma jurídica, "uma grandeza apoiada em si própria e absolutamente autônoma". Assim, seja como pensa Gustav Radbuch, seja como pena Laurentz[1], uma vez percebida a figura do injusto no conteúdo da lei, deve ser ela excluída do sistema, substituindo-se por outra que lhe faça as vezes, sem os inconvenientes e conseqüências que a má norma traz em seu bojo. Note-se: não se prega aqui a anomia ou a paranomia, mas tão-somente o aperfeiçoamento do sistema normativo.

Para Hans Kelsen, a norma jurídica tem dois momentos quanto à sua aplicabilidade: vigência e eficácia[2]. Vigente é toda a norma jurídica que teve seu trâmite legal, vindo a ser publicada oficialmente no órgão próprio que, de regra, lhe fixa a data da operacionalidade. Já, o problema da eficácia é bem mais complexo. A norma jurídica eficaz é aquela que cria vínculo entre as partes conflitantes. Daí, falar-se existência de uma "norma jurídica individual", que somente vincula o Estado ao tutelado e vice-versa, impondo-se a mesma regra para o direito privado, no qual o acordo entre as partes, não havendo norma cogente, faz lei. Numa síntese: vigência é o estado abstrato da norma jurídica, que a todos serve, eficácia é a situação individualizada de cada caso particular.

---

(1) Prefácio da obra: *Código Penal e sua Interpretação Jurisprudencial.*
(2) KELSEN, HANS. *Teoria Pura do Direito*, Armênio Amado, Editor, Portugal, 1974, 3ª ed., pág. 30, diz: "Uma norma que nunca em parte alguma é aplicada e respeitada, isto é, uma obra que como costuma dizer-se — não é eficaz em uma certa medida, não será considerada como norma válida (vigente)".
Exige-se em Kelsen um mínimo de eficácia, sem o que não se poderá considerar a norma!

Na questão da eficácia da norma jurídica, Henrique Pessina [3] descarta o aspecto filosófico adotado por Kelsen e desenvolve raciocínio sobre a prática real da eficácia da lei penal sobre as pessoas.

Diz-se que a norma jurídica penal é impessoal, devendo servir a todos indistintamente, sem qualquer privilégio. Entretanto, na prática, as situações se desenvolvem de forma diferente. Existem pessoas que gozam de certas prerrogativas que as distinguem da massa popular. Não me refiro às umidades oriundas do cargo público, em relação a fatos pertinentes. Mas, há uma extensão indevida dessas "imunidades", que acabam por privilegiar delinqüentes de crimes comuns.

Por convicção, defendo sempre os princípios humanísticos do Direito Penal, como a *lex mitior* e o *in dubio pro reo*, por exemplo. Não descarto, entretanto, o critério de aplicabilidade da pena igualitária e proporcional a todos os cidadãos. Por trás de um privilégio haverá sempre uma discriminação e com ela a possibilidade real de corrupção, posto que uma e outra caminham juntas. E, como diz Paulo José Costa Jr.: acaba-se por criar dificuldade para vender facilidade. Portanto, retorno a Pessina, com quem não se pode deixar de concordar[4]:

> *"Por eso, con relación a la ley penal, todos se hallan sometidos a las mismas penas, todos son responsables por los mismos delitos, todos estan sometidos a la misma jurisdición y todos tienen derechos a las mismas formas juridicas encamiñadas e garantir las exigencias legitimas de la sociedad y de los individuos".*

E Kelsen, ao discorrer sobre a validade e eficácia da norma jurídica, afirma textualmente:

> *"É apenas um caso especial de relação entre o **dever-ser** da norma jurídica e o **ser** da realidade natural"*[5].

O que o autor austríaco chama de "realidade natural" parece ser a subserviência da lei ao mais poderoso, com o que nunca hei de concordar. O "meio termo correto" há de ser justiça igual para todos, embora desiguais os componentes do grupo social.

---

(3) PESSIAN, HENRIQUE, in *Elementos de Derecho Penal*, vol. IV, págs. 224/247.
(4) PESSINA, pág. 244 da obra citada, faz referência a CROS, e uma obra de AMSTOLD de 1764, por coincidência o mesmo ano que se publicou a grande obra de Beccaria (Cesare Bonessana) *Dei Deliti e Delle Pene*.
(5) KELSEN, obra citada, pág. 292.

5.2 — A NORMA JURÍDICA ESPECÍFICA

Superadas essas considerações preliminares sobre a norma jurídica no seu amplo campo filosófico, cumpre tentar interpretar a norma (ou as normas) jurídicas pertinentes ao instituto da Reabilitação Criminal em nosso sistema jurídico penal vigente, posto que os vários outros anteriores já foram analisados, em maior profundidade.

Muito se tem escrito sobre a regra de interpretação da norma jurídica. Várias são as modalidades disponíveis[6]. Segundo Camargo Aranha, interpretar não é função do legislador, mas do juiz prioritariamente, e do doutrinador subsidiariamente. Ver-se-á, a partir de agora, o alcance interpretado da norma jurídica pertinente ao instituto eleito como tema desta dissertação.

O artigo do Código Penal é norma imperativa, porque dirige comando a ser cumprido por todos os segmentos da sociedade, impondo limites precisos de aplicabilidade. Assegura ao reabilitando certos direitos de sigilo "sobre seu processo e condenação". Aqui, coloca-se a primeira indagação: e se o mesmo reabilitando tiver mais de um processo com condenação? A locução do artigo é falha. Os vocábulos: "processo" e "condenação" deveriam ser empregados no plural, mais de um feito poderá ser passivo de reabilitação.

Assim, as proposições ou enunciados que contém a norma jurídica devem estar voltados para a generalidade do alcance legal, abrangendo o maior número possível de hipóteses[7]. A norma cuja grafia está no singular implica uma interpretação restritiva, vale dizer: para cada processo e conseqüente condenação teria de haver uma ação própria de reabilitação criminal, o que resultaria em dispêndio inútil de tempo e de custos processuais[8]. A norma citada poderá induzir o órgão aplicador e executor da norma jurídica a uma interpretação restritiva e, por isso mesmo, prejudicial a todo o sistema.

---

(6) JESUS, DAMÁSIO EVANGELISTA DE, in *Direito Penal*, vol. 1, pág. 28, diz das três espécies de interpretações: *autêntica, doutrinária e judicial*. No mesmo sentido, Edgar de Magalhães Noronha, na 23ª edição, revista por Camargo Aranha, págs. 70/1, já na 13ª edição, às págs. 67/70. Também Costa e Silva, nos inacabados *Comentários ao Código Penal*, ed. Cantasa, 1967, pag. 21, entre outros autores.
(7) KELSEN, obra citada, pags. 110/116.
(8) DELMATO, CELSO, *Código Penal Comentado*, págs. 159/160, entende ser inviável a reabilitação parcial, pois criaria um quadro de antinomia. Reitere-se, então, não ser viável uma reabilitação para cada sentença condenatória. A complicação aí fica por conta da competência, que sendo do juiz prolator de édito, não terá como conhecer dos fatos feitos. Então, *de lege ferenda*, que se transfira a competência para o Juizo das Execuções, até mesmo por uma questão de lógica e bom-senso.

Logo no parágrafo único do artigo 93 tem-se que o lapso temporal é pressuposto fundamental: dois anos. Antes de abordar esta primeira questão, cumpre observar um equívoco redacional do texto. Com efeito, a locução normativa refere-se aos "incisos I e II do mesmo Código". Não seria mais correto dizer-se: "do mesmo artigo", fazendo referência à mencionada proposição normativa que cria os efeitos facultativos ou específicos? O vício redacional, em qualquer norma jurídica, cria, consoante Eros Roberto Grau, certa indeterminação do *termo*, que refletirá na análise do conceito.

Sobre esse lapso temporal de dois anos, muitas críticas têm sido tecidas, tanto pelos autores estrangeiros, como pelos aborígenes. Jair Leonardo Lopes, por exemplo[9], ao comentar em 1981, o Anteprojeto, observa que:

> *"Não há mesmo razão convincente para não ser concedida, independentemente de qualquer decurso de prazo de prova, após a extinção ou cumprimento da pena, ou da medida de segurança, ou em seguida a concessão da suspensão condicional ou do livramento".*

O professor das Alterosas é, de fato, profundamente avançado em seu entendimento sobre o alcance que deveria ter o instituto. Apenas uma correção de minha parte; a concessão da reabilitação deverá surgir desde o momento em que a pena foi extinta, acaso não tenha sido ela suspensa condicionalmente, hipótese em que, consoante a lei, aproveitar-se-á o período da prova. A regra é a mesma para os casos de livramento condicional. É preciso que o reabilitando sinta a importância da reabilitação para sua vida social presente e futura.

Nos casos de livramento condicional, se o período de prova for superior a dois anos, decorrido esse prazo, deverá haver a reabilitação. Já no caso de suspensão da execução da pena caberia desde o primeiro momento. Ou seja: a partir da audiência de admoestação poder-se-ia requerer a reabilitação criminal[10]. Seria uma forma de estimular o delinqüente à reabilitação.

---

(9) LOPES, JAIR LEONARDO, obra citada, pág. 61.
(10) JESUS, DAMÁSIO DE, no seu *Código Penal Anotado*, ao comentar o tema faz alusão ao artigo 160 da. Equivocadamente, porém, pois a norma jurídica citada nada tem a ver (pág. 220). Aproveita-se, todavia, a doutrina no sentido de que, período de prova superior a dois anos, libera o reabilitando ao final do segundo ano.

Antes de passar para a análise do artigo seguinte, cumpre comentar duas normas jurídicas especiais. Trata-se da Lei nº 6.368/76 e da Lei nº 7.661/45. Ambas com dispositivos específicos sobre a reabilitação criminal, nas respectivas esferas. Trata-se, respectivamente, da lei pertinente ao tóxico e da lei das falências [11].

No caso da Lei nº 6.368/76, já se diminuía o prazo para o requerimento de reabilitação criminal. Com efeito, o artigo 32 tema a seguinte redação:

"Art. 32. Para os réus condenados à pena de detenção, pela prática de crime previsto pela lei, o prazo de requerimento da reabilitação será de 2 (dois) anos".

Hoje, já há igualdade de tratamento mercê do advento da Lei nº 7.209/84. Mas, antes, esse privilégio era, a meu juízo, descabido. Critico porque visa a proteger não os menos favorecidos, ou mesmo proporcionar igualdade no tratamento dos delinqüentes. Visa, isto sim, a reverenciar os mais habilidosos, os mais sagazes. Lei que discrimina não é lei de boa cepa, não merecendo, por isso, maior consideração de seu destinatário.

O mesmo se diga, por exemplo, dos médicos e farmacêuticos que ministram doses elevadas de remédios aos seus pacientes. São tão responsáveis pelas suas irregularidades como o é um motorista que, sem cuidado algum, desrespeita o semáforo vermelho e atropela um transeunte. No caso do artigo 16 da lei ventilada, o agente está muito mais comprometido com a culpabilidade do que o motorista infrator do Código Penal. Afinal, o primeiro sabe o que está fazendo; o que quer. O outro não, produzindo um resultado que não quer, e cuja previsibilidade não assume. Portanto, condutas cujas culpabilidades estão vivendo em espaço diametralmente opostos: dolo e culpa estrito senso.

Outra curiosidade consta da Lei das Falências[12]. O legislador da área não explicou qual o motivo desse benefício ao empresário falido.

---

(11) As duas leis trazem consigo regulamentação especial sobre o prazo para o requerimento da Reabilitação Criminal.
(12) Eis a redação do artigo 197, da Lei nº 7.661/45:
"A interdição torna-se efetiva logo que passe em julgado a sentença, mas somente poderá ser concedida após o decurso de três ou cinco anos, contados do dia em que termine a execução, respectivamente, das penas de detenção ou reclusão, desde que o condenado prove estarem extintas por sentença as suas obrigações".

Rubens Requião[13], fazendo referência a Miranda Valverde, faz tremenda confusão em relação às penas acessórias e à reabilitação criminal propriamente dita. De qualquer forma, fica difícil admitir o benefício que a lei discutida proporcionava ao delinqüente de colarinho branco, em que se constitui o empresário falido, notadamente os habituais ou contumazes. Com o advento da nova Parte Geral do Código Penal, que diminuiu o prazo para o requerimento, para que os falidos, profissionais ou não, haverão de se socorrer da *lex mitior*, dispensando o outro princípio geral de direito: o da *lex especialis derrogat lex generalis;* ou se quiserem, *lex posteriori derrogat lex anteriori.* Haverão, por óbvio, de pretender a lei que melhor atender aos interesses do infrator. Como regra geral, não sou contra tal procedimento. Mas, em se tratando de "criminosos astutos"[14], tenho que a obediência dogmática não pode ser bem aceita, máxime quando visa a proteger aquele que é, por sua própria condição social, muito mais amparado pela estrutura social.

    Os três incisos do *caput* do artigo 94 do Código Penal devem ser analisados para melhor desenvolvimento teleológico do instituto, enquanto norma jurídica. O primeiro deles versa sobre o domicílio do reabilitando no país. Isto implica a existência de um período de prova, após o cumprimento da pena. Se a punibilidade se extinguiu sem qualquer incidente, não vejo razão para que o reabilitando deva ter vivido no país, durante o período de prova. Se viveu fora, deve provar não ter delinqüido no período em que esteve ausente. Há de se considerar sempre que aquele que requer a reabilitação encontra-se estimulado com a possibilidade de conviver harmonicamente com a sociedade em que está inserido ou reinserido. Não fosse assim, não haveria razão de ser do pedido de reabilitação. Afinal, esta pode ser revogada *ad libitium* da autoridade em caso de qualquer novos processos, com culpabilidade provada. É absolutamente imperioso que o Estado acredite na possibilidade real de o cidadão estar reabilitado, e deve, portanto, provê-lo dos meios necessários para essa difícil tarefa de se reintegrar numa sociedade, de regra, retrógrada e desconfiada, que prefere destacar sempre a parte negativa passada, à positiva que está por vir.

---

(13) REQUIÃO, RUBENS, in *Curso de Direito Falimentar.* vol. 2, pág. 160, Saraiva.
(14) Esses criminosos "astutos" já eram estudados desde 1896, quando Lino Ferriani escreveu *Criminosos Astutos e Afortunados* que foi publicada em Portugal em 1914, pela Livraria Clássica. Editora A. M. Teixeira — Lisboa. Entre nós, Valdir Sznick, com uma tese sobre "Delito Habitual", apresentada em 1972. O autor é Procurador da Justiça do Estado.

A boa condução da vida social, após o crime, e o respectivo cumprimento da pena, é a outra faceta exigível da norma jurídica para que o cidadão consiga a reabilitação judicial. Não vejo aqui qualquer inconveniente para o reabilitando, pois esta será, a meu juízo, a prova de mais fácil obtenção.

O ressarcimento por ato ilícito, que, exigido por ocasião da reabilitação, é o direito subjetivo da vítima de receber o que julgue ser credora, em razão do resultado do evento criminoso. O momento de pleitear a tutela jurisdicional seria imediatamente após o trânsito em julgado da sentença[15]. E mais: não deve o Estado tomar a iniciativa de cobrar o reabilitando em nome da vítima, uma vez que esta, se quisesse, poderia ter acionado o aparato judicial para esse fim. Essa intromissão do Direito Penal na esfera civil é impertinente e evidência a não aplicação do princípio da inércia processual, rigorosamente obedecido no direito privado.

A exigir prova de ter satisfeito a responsabilidade civil, o Estado se transforma já não em aplicador da lei, mas em *parte sui generis* em processo desvirtuado, usurpando direito subjetivo de outrem.

Bastaria simples certidão negativa de feito cível contra o reabilitando promovido pela vítima ou quem lhe pudesse fazer as vezes. Não deve a norma reguladora da reabilitação impor esta condição ao reabilitando: por vezes, terá ele que confessar-se impossibilitado, pecuniariamente, de satisfazer os encargos da responsabilidade civil, que sequer a vítima pretendeu lhe impor, visto não ter acionado o réu na esfera civil.

A reiteração do pedido, a qualquer tempo, deveria ser revista. Ser revista no sentido de não ser o pedido indeferido em casos de descumprimento de qualquer dos requisitos formais. Melhor seria que houvesse suspensão de instância[16] por tempo compatível à complementação do requisito eventualmente faltante. Essa seria a forma mais sensata de resolver a questão e evitar o acúmulo burocrático que representa a elaboração de novo pedido de reabilitação criminal. Em se tratando de um instituto de grande importância em termos de Política Criminal, toda a

---

(15) Entendo que esse efeito de condenação, contido no inciso I do artigo 91, deve ser exercitado pelo ofendido, tão logo a sentença esteja firme. Penso assim porque, de outra forma, iria a lei colocar o pretenso reabilitando à mercê da vítima, em evidente atitude de vendeta.
(16) Esse instituto, ou expediente, é usual no Processo Civil. O artigo 265 enumera as várias hipóteses.

boa vontade que se puder demonstrar será bem vista pelo postulante, servindo mesmo de estímulo à nova empreitada a que ele se propõe. Além disso, entendo que, sem norma jurídica regulamentadora, não será possível a uniformização desse procedimento. Poucos magistrados dispõem-se a adotar procedimentos que visem a desburocratizar os pedidos de reabilitação reiterados.

A revogação da reabilitação concedida está regulada no artigo 95 do diploma substantivo penal. Pode ocorrer por provocação de dois órgãos do Estado: o Judiciário ou o Ministério Público. Há dois aspectos que merecem destaque: a reincidência e a não explicitação da modalidade do crime para a reincidência: doloso ou culposo.

Parece-me que a regra da reincidência é a contida no inciso I do artigo 64. Então, deve-se admitir a primariedade técnica. Em realidade, o artigo 95 não tem redação clara, pois o vocábulo "reincidência" poderá ser interpretado gramaticalmente. Para evitar essa possibilidade, melhor seria que fosse mais explícito[17]. O texto impreciso implica uma *enfermidad* como explica Genaro Carrió, forçando o recurso à interpretação jurisprudencial.

Há outra questão a ser esclarecida no caso da reincidência: se por crime doloso, ou também para os crimes culposos. Da maneira como está colocada, qualquer delas em relação umas às outras revogará a reabilitação. Suponha-se, por exemplo, que alguém tenha sido reabilitado após ter praticado vários delitos contra o patrimônio. Crimes dolosos, portanto. Vem a atropelar e matar uma pessoa. Desde logo surge a figura dos antecedentes criminais, sempre ressuscitado pelos "arquivos paralelos"[18]. Ao final da instrução, aplicar-se-á a regra do artigo 59 do Código Penal, que exige que o juiz valore os antecedentes para o fim de fixar a pena. Entretanto, lamentavelmente, esse trabalho axiológico não se restringe à fixação do *quantum* da pena, mas acaba por influenciar a convicção do magistrado.

De legge ferenda, seria o caso de se alterar a redação dando-lhe maior clareza e objetividade. Afinal, se o cidadão delinqüente conseguiu com seus esforços a reabilitação, uma vez cumprida a pena, o Esta-

---

(17) Melhor redação seria "reincidente..., nos termos do inc. I do artigo 64".
(18) Sobre os antecedentes criminais e esses "arquivos paralelos", hei de voltar a falar, para demonstrar quão brutal é essa prática policial.

do não deveria voltar a invocar os antecedentes criminais, desde que reabilitado o infrator.

Nesta parte, em que se discute a norma penal pertinente à Reabilitação Criminal, deixo de tecer maiores considerações sobre os *antecedentes criminais*, de que se falará adiante. Até será oportuno avaliar e comparar duas normas jurídicas contidas em diplomas diferentes[19]. Com efeito, o Código Penal exprime dois comandos absolutos: o alcance total sobre qualquer pena e a garantia de sigilo sobre os fatos passados. Já, na Lei das Execuções Penais, a norma jurídica morde e assopra. Primeiro, diz textualmente: *"não constarão..."*, o que, se ficasse como proposto, seria o ideal e completaria ontologicamente o artigo 93 do Código Penal. Mas a parte final do artigo 202 da L.E.P. complica tudo. A publicidade dos atos jurisdicionais é imposição constitucional[20], ainda que a analogia ali contida venha em contrário senso. Sendo a não publicidade a exceção, forçoso convir que o juiz, ao requisitar a folha de antecedentes do processado, terá que acostá-la aos autos. Sendo o processo, em sentido material, público, terá que acolher — agasalhar — sem rebuços ou defesas extraordinárias as informações contidas no documento requisitado, que a essa altura já deixou de ser *sigiloso*, ficando à disposição de qualquer pessoa que assim o requeira[21]. Ainda uma vez, o sigilo fica à mercê de uma providência extralegal. De qualquer forma, é toda a estrutura do instituto de Reabilitação Criminal, que fica exposta por conta da locução: *"salvo para instruir processo..."*. A essa altura, melhor será pensar com Muñoz Conde [22], para quem o Estado guarda tudo o que sabe em relação ao cidadão — delinqüente ou não — para poder, opor-

---

(19) Trata-se do conteúdo do artigo 93 e do artigo 202 da L.P., que se reproduzem a seguir: "Artigo 93. A reabilitação alcança quaisquer penas aplicadas em sentença definitiva, assegurando ao condenado o sigilo dos registros em seu processo e condenação".
"Art. 202. Cumprida ou extinta a pena, não constarão da folha corrida, atestados ou certidões fornecidas por autoridade policial ou por auxiliares da Justiça, qualquer notícia ou referência a condenação, salvo para instruir processo pela prática de nova infração penal ou outros casos expressos em lei".
(20) A redação do inc. LX do artigo 5º da Constituição Federal:
"A lei só poderá restringir a publicidade dos atos processuais quando a defesa da intimidade ou o interesse social o exigirem".
(21) CF, artigo 5º, XXXIV, b.
(22) CONDE, FRANCISCO MUÑOZ, no Prólogo do livro *Los Antecedentes Penales: Rehabilitación y Control Social*, e Manuel Grosso Galvan, página X:
"Y todo ello para quê? Aparentemente para nada, o para muy poco: para agravar la pena, si el sujeto vuelve a delinquir, para impedir que se beneficie en el futuro de una condena condicional o una suspención condicional del fallo, y para poco más; incluso esos efectos son cada vez más criticados y rechazados".

tunamente, acusá-lo por ato já quite. Nesta parte, em homenagem ao portentosismo do Estado, fico com o professor sevilhano, que critica, esse Estado leviatã, sempre pronto para punir, por demais emperrado para reabilitar, absurdamente impotente para realmente proteger a sociedade.

Jair Leonardo Lopes também tece severa crítica ao artigo 95 do Código Penal[23], quando diz:

> *"37. Entretanto, ainda neste passo não foi feliz o Ante-Projeto, porque a reabilitação não extingue nem mesmo os antecedentes criminais, pois estes podem ser mencionados por requisição judicial ou quando revogado o benefício".*

E, como bem diz o mestre das Alterosas, há apenas uma suspensão da veiculação dos informes sobre a vida anterior do ex-apenado. Nesse sentido, também Paulo José da Costa Jr. e Camargo Aranha, entre outros. Nada, absolutamente nada definitivo. É uma punição *ad perpetum*. A norma jurídica pertinente evoluiu muito de 1940 a esta data, mas haverá ainda que crescer em termos humanísticos. O "método tradicional" de que falou Hungria foi, é verdade, deixado para trás, mas estamos chegando próximo do final do século e sequer vislumbramos os ensinamentos de Ernest Delaquis, cujas obras já ultrapassam oito lustros. Muñoz Conde, ao fazer o Prólogo da obra de Manuel Grosso Galvan, disse que a este *toco bailar con la mas fea*. Bem, no Brasil, o professor das Minas Gerais peleou desde 1956. Conseguiu avançar um pouco, mas a evolução em outros centros foram maiores que sua doutrinação. Agora, respeitados os limites da sapiência, é de se pretender alcançar alguma coisa mais, visando a promover algum câmbio no sistema prático do instituto que abracei como tema.

5.3 — DOUTRINA

Tem a doutrina o árduo trabalho de abrir novos horizontes para o Direito em geral. São os doutrinadores, os cientistas do Direito, os responsáveis pelo aperfeiçoamento dos institutos. E quando a produção doutrinária não alcança bom padrão, fraqueja a produção legislativa e a produção jurisprudencial claudica. Não é de boa prática doutrinadores

---

(23) Obra citada, pág. 44.

se limitarem a modestas metalinguagens descritivas, nada criando, apenas reportando.

In casu, passou-se longo tempo sem que se produzisse alguma coisa sobre o instituto da Reabilitação Criminal. Atribuo esse desinteresse pela reabilitação criminal, enquanto instituto, ao fato de ser o Código de 1940 um tanto conservador, e muito pouco evoluído em relação ao seu antecessor, o Código da República de 1890.

Adalberto Q. T. de Camargo Aranha[24] informa a dupla finalidade do instituto na atual legislação:

> *"Dupla finalidade: dar ao reabilitado um boletim de antecedentes criminais sem anotação e restaurar direitos atingidos pelo efeito secundário específico da condenação, salvo as ressalvas expressas".*

A rigor, a parte após a vírgula final é que destrói quase todo o alcance do instituto. Apesar da redação do *caput* do artigo 93, onde se lê: "quaisquer penas aplicadas em sentença definitiva", o benefício maior fica prejudicado pelo parágrafo único.

Paulo José da Costa Jr.[25], vai mais longe ao discorrer sobre o efeito do instituto, dizendo que fica o efeito praticamente restrito, ou melhor, não há "cancelamento", mas apenas uma garantia parcial de sigilo, que poderá ser violado sempre que assim pretenda o juiz criminal. Com todo o respeito, devo fazer uma só ressalva sobre a alusão ao artigo 202 da Lei de Execuções Penais, no que pertine à cronologia: tanto o artigo 93 e seguintes do Código Penal, quanto o artigo 202 da lei mencionada, têm a mesma idade: 11 de julho de 1984. A concomitância vem firmada no artigo 204 da L.E.P. Retomando o fio da meada: a norma jurídica vacila nas suas assertivas, não dando a extensão prática ao instituto confirmada no *caput* dos artigos 93 e 202 do Código Penal e da Lei de Execuções Penais, respectivamente. Aqui sim os doutrinadores deixam a descoberto as artimanhas do legislador, que pretendeu servir a gregos e troianos, como se isso fosse possível, sem que máculas ficassem evidentes.

A doutrina alienígena segue afirmando, como a nossa, o duplo efeito da reabilitação. Manuel Grosso Galvan[26], demonstra que a reabi-

---

(24) Revisando a obra de Magalhães Noronha, vol. I, pág. 295.
(25) Vide obra citada, págs. 453/454.
(26) GALVAN, Manuel Grosso, obra citada, pág. 222

litação é o gênero próximo cuja diferença especial será a ficha criminal, e diz:

> "... porque destituye casi el unico medio para poder suavizar o aminorar los efectos negativos provenientes de la existencia de los antecedentes penales".

Diz, ademais, que os vocábulos "antecedentes" e "reabilitação" são como sinônimos para o estudo do instituto último.

O mesmo autor cita Francisco Muñoz Conde[27], de quem faz metalinguagem para dizer que a reabilitação aparece como um elo entre dois pólos opostos. De um lado, a cancelação dos antecedentes[28]; e do outro, uma exigência de lapso temporal para que se possa constatar a efetiva *"emienda"* do ex-apenado. A reabilitação, bem de ver, abrange esses dois itens, antagônicos entre si, o que não implica resignação de minha parte quanto à exigência do último, ou mesmo de outros pensadores de maior estofo intelectual, tanto no Brasil quanto no estrangeiro, a principiar pelo *primus inter pares* nas pesquisas do instituto: Delaquis[29], a quem se deve a agilização científica do instituto a nível mundial, Jair Leonardo Lopes, incansável lutador entre nós pela valorização do instituto da reabilitação.

Autores outros como Cuello Calón e César Camargo Hernández, entre os espanhóis, e Saltelli y Romano Di Falco[30], pretendem algo mais do instituto. Eugenio Florian[31], de sua parte, resolve o problema dizendo que a reabilitação é um instituto jurídico, de caráter judicial, através do qual se extinguem algumas restrições impostas pela sentença condenatória.

Lanço mão da doutrina alienígena, nesta oportunidade, por dois motivos: primeiro é para poder comparar a evolução do instituto no sistema pátrio na atualidade, o que evidencia algum progresso. O segundo versa sobre a parca literatura disponível neste momento entre nós.

---

(27) Faz referência a um trabalho publicado no *Boletin de Información del Ministério de Justicia nº 807*, de maio de 1969, sob a denominação: "El computo del tiempo para la cancelación de antecedentes penales de condenados condicionalmente".
(28) GALVAN, GROSSO faz questão de salientar que há apenas uma *cancelación* e não uma *extinción*. Claro que o autor, como eu, manifesta seu profundo desagrado e desapontamento ante essa verdade legal.
(29) DELAQUIS, ERNEST, citado por Manuel Grosso Galvan, em referência à obra daquele: *Die Rehabilicitación Verultieller*. Vide obra citada, pág. 223.
(30) Vide HERNÁNDEZ, CAMARGO, obra citada, pág.s 21/22, onde faz referência a outro autor espanhol: Cuello Calón, bem ainda os italianos. Galvan, de sua parte, generaliza as alusões, pág. 224.
(31) FLORIAN, EUGÊNIO, in *Trattado di Dirito Penale*, vol. II, Milão, 1934, *apud* Camargo Hernández.

Isto se deve, principalmente, por motivos óbvios; as alterações introduzidas pela edição da Lei nº 7.209, de 1984. Sem descartar ainda o pouco — ou nenhum — interesse dos doutrinadores pelo instituto.

A Exposição de Motivos do Código Penal — Parte Geral de 1984[32], doutrinando sobre o instituto, confirma sua orientação com a dos autores citados ao afirmar que o instituto da reabilitação não "extingue", mas apenas "suspende", alguns efeitos[33]. Alude, ademais o retorno ao *status quo ante*, com a revogação da reabilitação. Afinal, o verdadeiro estado anterior não pode ser o do homem fichado, mas o do homem que nasceu sem mácula; sem ficha criminal e sem qualquer comprometimento com o passado. No tópico 83, diz-se que a reabilitação é uma "declaração judicial de que condenado cumpriu a pena", etc. Ora, ninguém haverá de querer fazer esse tipo de declaração, e o instituto, ligado ao *restitutio in integrum* pela ancestralidade, visa precisamente a alcançar o contrário: escamotear o fato da vida do ex-apenado. Se a declaração — sem constar antecedentes criminais — já nem sempre faz prova de boa conduta, então o que dizer daquele que afirma a existência de um passado criminoso?

A doutrina é unânime ao afirmar o efeito *ex nunc* do instituto. Nesse particular, veja-se A. Quintano de Ripollés[34]:

"*La rehabilitación no produce efectos retrospectivos, y si tan solo presentes y futuros; es decir, hace cesar las incapacidades, pero no anula los efectos producidos*".

E diz mais o autor hispânico[35]:

"*En efecto, lo que se premia e valora en esta institución es la conducta del exréo después de su condena*".

Daí surge, quiçá, a mais evidente das distinções entre a reabilitação criminal e o outro instituto já confundido com este no direito pátrio antigo: a *revisão criminal*. Enquanto aquele reflete efeitos *ex nunc*, este outro, revisão criminal, componente lídimo do Direito Processual Pe-

---
(32) Essa afirmação: Código de 1984, serve apenas como força de expressão. Quando for aprovada a nova Parte Especial, a Parte Geral, fatalmente, já estará velha e em desconformidade com a realidade da época. Haverá então o fenômeno de 1985, porém em sentido inverso: alma velha em corpo novo.
(33) Veja-se o tópico nº 82 da Exposição de Motivos.
(34) *Comentários al Código Penal*, vol. I, pág. 478, Madrid, 1946.
(35) Obra citada, pág. 477.

nal, cria direitos *ex tunc*. Esta oportunidade faz do requerente um homem inocente novamente, após ter sido considerado culpado. Já a reabilitação criminal se satisfaz em suspender condicionalmente os efeitos posteriores da pena e sua eventual publicidade, o que nem sempre é alcançado, pois como já referido em outra parte e ainda hei de voltar ao tema, os arquivos paralelos aí estão para demonstrar a contradição gritante que existe entre a lei e a prática.

    A doutrina tem sido uniforme em relação às formas de reabilitação que se praticam convencionalmente: **I**. judicial. que devolve ao Poder Judiciário a competência sobre o tema. A regulamentação vem sempre no Direito Processual, mas as diretrizes surgem com a lei substantiva; **II**. fala-se da existência de uma *reabilitação legal*, ou, como querem alguns: *reabilitação de direito*. Aqui, vejo uma incoerência lingüística: seja qual for a modalidade usada para a reabilitação, ela será, necessariamente, *legal*, jamais podendo ser "ilegal". Quanto à locução: "de direito", parece-me ter a ver com a criação do direito subjetivo do reabilitando, desde que tenha ele cumprido as exigências legais. Ainda aqui uma constatação: exigência há de ser *legal*, não podendo ser ilegal; **III**. Manuel Grosso Galvan[36] diz da existência de uma terceira espécie de reabilitação: "*gobernativa*". Diz o autor ibérico tratar-se de uma forma mista fazendo referência ao trabalho de outro espanhol: César Camargo Hernandéz. Em realidade, Galvan descarta essa terceira hipótese, por ver nela o retorno do Poder Executivo ao controle das condutas das pessoas, indistintamente, e diz:

> *"Las reglas de la democracia burguesa, en cierta forma, no han sido capaces de absorver sus contradiciones internas: entre ellas, el hecho de que un control judicial en base a tener que someterse estrictamente a la letra de la ley, puede ser en algunos momentos menos efectivo o practico que el control desarrollado directamente por el Executivo".*

    Essa terceira espécie, execrável a meu juízo, não deveria passar da esfera da doutrina. O Pode Executivo, todo poderoso como estamos acostumados a ver, exerce um controle social, máximo no que pertine a reincidência, de forma abusiva, extrapolando sempre as suas atribuições, violentando a teoria tripartite do poder. À guisa de combater o

---

(36) Obra citada, pág. 241.

crime — ao invés de combater a criminalidade — avança contra os direitos fundamentais das pessoas sem qualquer resquício de ética, usando o já surrado chavão: "em defesa da sociedade", é possível até mesmo violar direitos e garantias elementares dos indivíduos.

A usurpação de poder não costuma produzir bons frutos. Alimenta a ganância de uns poucos e leva à desilusão a grande maioria.

5.4 — JURISPRUDÊNCIA

5.4.1 — Considerações Preliminares

A jurisprudência, em geral, é a responsável pelo saneamento de certas distorções que surgem na interpretação e aplicação da norma jurídica. Isto se dá em razão de a jurisprudência ser a responsável última pela criação da norma jurídica individual[37]. A jurisprudência tem assim, numa linha direta de raciocínio, a função maior que é a de redimencionar o Direito onde existam situações aporéticas[38]. Até porque, conforme requer o artigo 4º da Lei de Introdução do Código Civil[39], não há possibilidade, no sistema normativo, de lacuna e, portanto, superam-se as aporias por mais complicadas que possam parecer, conforme preleciona Maria Helena Diniz. Assim, a jurisprudência ganha corpo capaz de se opor e impor em situações tais.

Para Eros Roberto Grau, que contesta Kelsen, a jurisprudência é o produto da seguinte adequação[40]: a aplicação do Direito leva à decisões de casos concretos, que são a reprodução do próprio Direito. Essa "re-

---

(37) A norma jurídica individual é, segundo Kelsen, aquele que cria o vínculo direto entre as partes, somente valendo entre elas:
"Para individualizar a norma geral por ele aplicada, o tribunal tem de verificar se no caso que se lhe apresenta, exitem *in concreto* os pressupostos de uma conseqüência do ilícito determinados *in abstrato* por uma norma geral", in *Teoria Pura do Direito*, pág. 328.
(38) Segundo Theodor Viehweg: *Tópica e Jurisprudência*, tradução de Tércio Sampaio Ferraz Jr., obra editada pela Universidade de Brasília em 1979 com a colaboração do Ministério da Justiça, a solução das aporias (questões sem soluções aparentes) teria sido trabalho desenvolvido por Aristoteles no *Livro Terceiro da Metafísica*. Veja-se obra citada mais acima, pág. 33.
(39) Eis a redação do artigo 4º da Lei de Introdução ao Código Civil.
"**Art. 4º**. Quando a lei for omissa o juiz decidirá o caso de acordo com a analogia, os costumes e os princípios gerais de direito".
Apenas uma observação: a analogia em Direito Penal, somente *in bonam parte*.
(40) Obra citada, pág. 22.

produção" não é, para o autor pátrio, uma ciência, mas uma "prudência". Ciência será o desdobramento da Dogmática em Hermenêutica. E é por isso que Eros Grau fala numa "jurisprudência teórica", que vive no universo da Ciência do Direito, e em outra, a que denomina "jurisprudência prática", que nada mais é do que aquela produzida pelos tribunais. Esta última, já bem distanciada da "*Tópica*", que teria sido a gênese da primeira.

Sem outras considerações que não as de uma linguagem descritiva, volto a Hans Kelsen. O autor austríaco diz que ao tribunal compete verificar e valorar dois aspectos para, ao depois, decidir o caso concreto[41]:

> "*O tribunal não só tem de responder à* questio facti *como também à* questio juris". *Depois de realizadas estas duas averiguações o que o tribunal tem a fazer é ordenar* in concreto *a sanção estatuída* in abstrato *na norma jurídica geral. Essas averiguações e esta ordem ou comando são as funções essenciais da decisão judicial*".

Assim, ocorre a grande transformação no universo do Direito: o fato natural feito fato jurídico — pessoalmente prefiro a palavra "ato" ao invés de "fato" jurídico — quando há a decisão judicial, que nada mais é do que a jurisprudência prática.

E são os ataques que se praticam contra as primeiras decisões — as de primeira instância —, que formam entre nós a "jurisprudência", a que irei me dedicar a partir de agora. Para isso, cuidei de apartar as hipóteses mais evidentes, ou mesmo as que, porventura, possam ser motivo para polêmica.

5.4.2 — Competência Jurisdicional

Esta não é questão responsável por grandes polêmicas. Suscitada por uma única vez, já na vigência da nova Parte Geral do Código Penal, entendeu o Tribunal de Justiça de São Paulo ser competente o juiz da sentença e não o da Vara das Execuções Criminais. Esse conflito negativo da jurisdição teve solução pela via da interpretação restritiva do artigo 743 do Código de Processo Penal:

---
(41) Obra citada, pág. 328.

> *"A reabilitação será requerida ao juiz da condenação".*

O preceito não sofreu qualquer alteração por força das reformas desse diploma ou do penal substantivo, que também cuida do instituto, (conforme ilustra o corpo de um julgado recente)[42], o mesmo se diga da Lei de Execução Penal.

> *"Nem tampouco se cogitou de dar outra disciplina à matéria na Lei da Execuções Penais, atribuindo sua solução ao juízo das execuções penais, cuja competência vem discriminada em diversos itens do artigo 66, sem qualquer alusão".*

A meu juízo, entendo que estaria melhor colocada a atribuição no Juízo das Execuções Criminais. Afinal de contas, para fiscalizar o fiel cumprimento da pena, ou mesmo os períodos de prova nos casos de *sursis* e no livramento condicional, é este o tribunal competente e não, como quer a norma, o juízo sentenciante.

Ademais disso, há um outro aspecto que não pode ser descartado. Trata-se da hipótese de vários processos contra o mesmo reabilitante. A sistemática processual, tal como exposta, implica no requerimento individualizado caso-a-caso. Uma burocracia digna de realce. Se é verdade que a Lei das Execuções Penais não chamou a si tal encargo, o que viria a se constituir em gritante economia processual, não é menos verdade que o diploma adjetivo penal está por demais defasado, atropelado mesmo que tem sido por uma gama imensa de normas inovadoras, inclusive a própria L.E.P. e a nova Parte Geral do Código Penal.

Não se pode, é verdade, interpretar *contra legem*, máxime em Direito Penal. Mas, *in casu*, há que pensar-se em nível *de lege ferenda*, visando o aperfeiçoamento da sistemática processual. Se assim acontecer, não haverá possibilidade alguma de argumentar-se o atentado à hierarquia das normas jurídicas, eis que a lei esparsa acaba tendo maior peso à sua aplicabilidade, tendo em vista um outro princípio adotado pelo sistema penal pátrio[43], que estipula prioridade à lei especial. Afinal,

---

(42) Julgado de 02-10-1986, cujo relator foi o des. Prestes Barra, *RT, 613*:387. No mesmo sentido, *RJTJSP, 107*:418 e *RT, 647*: 313, onde se exige um requerimento para cada condenação. Nesse particular é firma a jurisprudência.
(43) O Código Penal atual adota, no artigo 12, o critério da *especialidade da lei* para dirimir controvérsias que possam surgir. Existem outras oportunidades no diploma substantivo penal que afirmam a mesma orientação.

a reabilitação será, a bom juízo, a última das medidas a ser tomada em relação à pena, já que se argumenta ser a pena uma forma eficaz de ressocialização, apenas para continuar a argumentar, pois sou cético quanto à eficácia do sistema penitenciário em vigor, mormente o executivo entre nós.

Finalizando, cumpre realçar a quantidade de documentos que deve o condenado juntar aos requerimentos de livramento condicional, por exemplo, ao pleitear sua liberdade antecipada; ou até mesmo para os casos de progressão carcerária. Pelo menos três documentos[44], todos com o escopo de evidenciar a reabilitação (em sentido gramatical) do apenado. Então, este seria o bom foro para a análise e decisão sobre posterior reivindicação do ex-apenado, posto que já tem sob controle os antecedentes procedimentais do requerente.

Talvez não fosse o caso de competência da Vara de Execuções, na hipótese de condenados que não tenham sido efetivamente punidos, quer pela evasão, que pela prescrição penal — em qualquer das suas duas modalidades —, casos em que não são expedidas as cartas de guia, o que tornaria a Vara das Execuções absolutamente desinformada. A rigor, o único caso em que a Vara das Execuções constituiria óbice à concessão. E, ainda assim, se houvesse mais de um processo para ser reabilitado, que o requerente fizesse prova do feito não comunicado à Vara das Execuções, em lugar do inverso.

5.4.3 — Recurso Ex-ofício

A lei adjetiva penal impõe textualmente a interposição do recurso de ofício, nos casos de concessão de reabilitação criminal[45]. Parece-me que, aqui a lei ficou na contramão. Trata-se a Reabilitação Criminal do instituto aplicável somente *post-crimen* e após a efetiva extinção da punibilidade. Algo de elevada Política Criminal, o que visa a facilitar a vida daquele que, pelo simples *animus* de pretender alcançar a reabilitação, já demonstra sua vontade de viver em paz com a sociedade. O recurso ex-ofício deveria ser compulsório apenas nos casos em que hou-

---

(44) Atestado do bom comportamento carcerário, atestado de aptidão ao trabalho, laudo do exame psiquiátrico.
(45) Redação do artigo 746 do *Código de Processo Penal*: "Da decisão que conceder a reabilitação haverá recurso de ofício".

vesse decisão denegatória de primeiro grau, pois nessa oportunidade sim poderá haver injustiça ou má-interpretação dos princípios filosóficos que norteiam o instituto. Criar duplo grau jurisdicional para prestigiar um *reformatio in pejus*, e ainda em nível de compulsoriedade, demonstra claramente o *animus* do legislador dos anos 40 — pleno regime ditatorial do Estado Novo. Ninguém melhor do que o tribunal — Juízo — que mantém uma série de informes sobre o cumprimento da pena, para avaliar e valorar as hipóteses de concessão. Já, na recíproca, há de se policiar a decisão, que poderá estar comprometida com espíritos retrógrados e reacionários. Insisto numa coisa: quem requer a reabilitação formal — judicial — sabendo que ela poderá, em sendo concedida, ser revogada a qualquer deslize, já está psicologicamente reabilitado. Eis por que penso em sentido contrário à lei vigente.

O desembargador Marino Falcão[46], citando dois autores que sustentam ter sido o artigo 746 do Código de Processo Penal atropelado pela Lei nº 7.210/84[47], entende estar vigente a norma jurídica antes apontada. Creio sobrar-lhe argumentos para sustentar essa vigência, com a qual também não concordo. Interpreto que a norma jurídica contida no artigo 746 do diploma adjetivo penal, embora vigente, está comprometida em sua eficácia, visto já não mais atender aos interesses maiores do Direito Penal moderno e, de resto, a toda a sociedade, à qual o direito repressivo deve satisfações objetivas e efetivas. A esta interessa muito mais um cidadão reinserido do que um cidadão estigmatizado pela nódoa dos registros criminais. Parece-me aqui, que a interpretação *contra legem* não seria pecaminosa; seria, isso sim, de maior e melhor utilidade aos interesses sociais como um todo. Esse dogmatismo inócuo não leva a nada.

Ainda nessa linha de pesquisa, veja-se o desembargador Diwaldo Sampaio, para que, "subsiste o recurso ex-ofício na espécie"[48], citando outras fontes, inclusive Alberto Silva Franco no seu *Código Penal e sua Interpretação Jurisdiprudencial*. No mesmo sentido um outro julgado, desta feita do Tribunal de Alçada Criminal, relator juiz Walter Theo-

---

(46) *RJTJSP, 107*:417/8 (editada pela LEX).
(47) Cita nominalmente Paulo José da Costa Jr., de quem reproduz texto contido na pág. 447 do vol. 1 da edição de 1986 dos *Comentários*. Celso Delmanto, obra também de 1986, pág. 142.
(48) Veja-se *RJTJSP, 108*:457.

dósio[49], que apresenta excelente exposição dos seus pontos de vista sobre o assunto, acabando por aceitar como vigente o recurso oficial, tendo em vista que os artigos pertinentes do direito adjetivo penal não foram alcançados pelas reformas de 1984: as Leis n°s 7.209 e 7.210, respectivamente.

Na jurisprudência que foi possível pesquisar, não encontrei discrepância. O Tribunal de Alçada Criminal, em julgado de 18-5-87, seguiu entendendo não ter havido a pretensa derrogação do artigo 746 do diploma adjetivo penal[50].

Mais de um ano após, outra decisão no mesmo sentido, dessa feita do Tribunal de Justiça de São Paulo[51]. Nessa oportunidade o relator incorre, a meu juízo, em lamentável equívoco ao dizer que a L.E.P. "Não traz um só artigo que trate da reabilitação criminal". O artigo 202 é absolutamente pertinente ao instituto, data máxima vênia. Entende o ilustre magistrado que subsiste a norma jurídica contida no artigo 746 do Código de Processo Penal. Uma coisa é a omissão condenável em relação ao recurso oficial, outra bem diferente é a propalada omissão total da lei, o que é inverídico.

De Minas Gerais, pelo seu Tribunal de Justiça[52], um outro julgado onde se realçou a supremacia do artigo 746 do diploma adjetivo penal sobre as regras introduzidas pela Lei nº 7.210/84.

Importante salientar que, em ambos os julgados não houve unanimidade quanto à posição vencedora. Neste último julgado, o desembargador Freitas Barbosa declara o voto, entendendo que o artigo 746, inserido no espaço da execução da pena, foi revogado pela edição da Lei nº 7.210/84 — na doutrina, como já se disse, Paulo José da Costa Jr. e Celso Delmanto, pensam assim também — e que, esta, em lugar algum cuida do recurso de ofício. No caso de São Paulo, o voto vencido foi do desembargador Cunha Bueno. Durante o ano de 1990, nem uma só publicação em qualquer sentido. Curioso na assertiva relativamente a Minas Gerais é o voto contrário, coisa rara nos tribunais das Alterosas.

---

(49) In, *RT*, *609*: 346-50.
(50) *RT*, *620*: 281-83, cujo relator, Cunha Camargo, cita doutrina de Renê Ariel Dotti.
(51) *RT*, *634*:271/2, rel. Cid Vieira.
(52) *RT*, *637*:296/7

Finalmente, um caso de denegação e cujo recurso foi o de apelação. Com efeito, a *Revista dos Tribunais n° 647/313*, traz a seguinte orientação:

> "*O recurso cabível da decisão denegatória do pedido de reabilitação na lei anterior tinha por fundamento o artigo 581, IX, do CPP, já que era ela considerada causa extintiva de punibilidade. Diante da lei nova, que não mais considera a reabilitação como causa extintiva da punibilidade, mas sim, como medida de política criminal, cabe do despacho denegatório a apelação, já que tal decisão tem força definitiva (art. 593, II, do CPP)*".

Nesse particular, o julgador segue à risca a orientação doutrinária[53], pelo menos no que pertine ao cabimento do recurso de apelação. De minha parte, entendo que o despacho que denega o pedido de reabilitação não é nem tem força de definitivo. O parágrafo único do artigo 94 do Código Penal orienta noutro sentido, permitindo nova — ou novas — investida do requerente preterido.

Neste tópico, dada a objetividade da norma jurídica, pouco a pretender, salvo o direito de se pleitear uma lei inovadora, através do qual seria abolida a exigência de recurso oficial nos casos de concessão da reabilitação criminal. E, se devesse prevalecer, tal exigência, fosse então em sentido inverso: que essa compulsoriedade funcionasse somente nos casos de indeferimento. Penso dessa forma, porque ninguém melhor que o juiz sentenciante, assim sendo, para saber do acerto da concessão. Além do mais, em se tratando de instituto de magnânima Política Criminal posterior ao cumprimento da pena, tudo o que se fizer em homenagem à ressocialização formal do indivíduo será apenas o mínimo possível em nível de Direito Penal moderno. Uma forma clara, ainda que não insofismável, de que a pena alcança, às vezes, o seu objetivo maior: reinserir o homem no contexto social.

5.4.4 — Ressarcimento do Dano

A par do meu ponto de vista pessoal sobre o ressarcimento, a respeito, do que sou visceralmente contrário, no que respeita essa intromissão impositora do Direito Penal, máxime nos institutos de Política Cri-

---

(53) No mesmo sentido outro julgado publicado na *RJTJSP*, n° *107*, onde se tratou do R. Cr. n° 53.753-3, também com citação doutrinária, a exemplo do que ocorreu no R.S.E. n° 559.279-3, publicado na *RT, 647:313*, em cuja página constam ainda duas outras decisões no mesmo sentido em recursos diferentes.

minal, posto que, o Estado deveria apenas e tão-somente garantir ao ofendido esse direito subjetivo[54] e não se transformar em executor de cobrança de valores pecuniários não pleiteados.

A jurisprudência tem-se mostrado menos confusa sobre a validade ou não desse requisito. Anteriormente era pacífica, não concedendo a reabilitação criminal caso não cumprido esse requisito, que se constituía em verdadeira obrigação principal. Após a vigência da Lei nº 5.467, houve certo abrandamento, notadamente no período em que judicaram Alberto Silva Franco e Adauto Alonso Suannes. Penso que ambos procuraram guarida na boa doutrina de Sebastian Soler[55], para quem somente seria exigível o ressarcimento em casos absolutamente compatíveis. E mais. Que o reabilitando tivesse reais condições materiais de satisfazer a obrigação.

5.4.4.1 — *Deferimento*

São várias as hipóteses em que os tribunais dispensam a exigência de reparação dano. Uma delas é a que trata do ressarcimento em casos de crime contra os costumes, quando a ofendida contrai matrimônio com terceiro. Em certo julgado, entendeu o relator[56], no que foi seguido pela unanimidade, que em tais circunstâncias o ressarcimento passa para o espaço dos requisitos não essenciais, "secundário", como foi dito. Logo a seguir, a Primeira Câmara do mesmo pretório julga outro caso idêntico, ocasião em que o relator foi o desembargador Onei Rafael[57], a decisão seguiu a anterior e passou a demonstrar então uma nova orientação tribunalesca. De relevante no primeiro julgado foi a citação expressa do relator, desembargador Dirceu de Mello, sobre o desinteresse da ofendida em acionar o ofensor, *in verbis*:

> "*Assim, apesar do tempo decorrido (o crime aconteceu em 1963), jamais acionou o recado, pela reparação a que teria direito*".

---

(54) O inc. I do artigo 91 do Código Penal torna certa a obrigação de o condenado indenizar o dano causado. Não mais que um direito subjetivo do ofendido, que se não exercitado há de se pressupor seu desinteresse.
(55) De rigor, foi Sebastian Soler quem primeiro se insurgiu contra essa obrigatoriedade até então inflexível. Veja-se o seu *Derecho Penal Argentino*, vol. II.
(56) Trata-se de julgamento do TJSP nº 33.784-3, publicado pela *LEX*, 98:414, cujo relator foi o desembargador Dirceu de Mello.
(57) *LEX 100*:435/6, R. CR. nº 40.314-3. No mesmo sentido outro, publicado, na *RTJTSP* 53:315 e 55:318.

Nada mais correto que esse raciocínio empregado pelo professor e juiz. Se nem mesmo a interessada correu atrás dos seus direitos pecuniários, por que haveria o Estado de fazê-lo?

Outra hipótese é a da ocorrência da prescrição na esfera civil do direito subjetivo que tem a vítima ao ressarcimento[58]. Percebe-se que a orientação nesse sentido é pacífica, principalmente nos casos alcançados pelo artigo 177 do Código Civil[59], conforme redação explícita do acórdão abaixo:

> *"Reabilitação criminal — Para fins de deferimento da reabilitação torna-se dispensável a prova de ressarcimento do dano quando, de conformidade com o artigo 177 do CC, já se acha prescrita eventual ação de indenização"*[60].

No mesmo sentido, outros tantos julgados, entre os quais um em que se dá equivalência ao ressarcimento a prescrição civil[61]. Alguns outros julgados seguem a mesma orientação[62], o que evidencia que a jurisprudência, nesse particular, vai se pacificando a cada dia.

Nos casos de crime falimentar não é outra a orientação, sendo mesmo até mais benévola. Defere-se a pretensão ao menor sinal de impossibilidade de cumprimento. Nesse sentido, alguns julgados, entre os quais um digno de reprodução, na parte pertinente:

> *"Reabilitação Falimentar — Falta de comprovação do ressarcimento do dano. Circunstância que não constitui obstáculo intransponível para o deferimento da reabilitação, podendo ser ressarcido pelo condenado a qualquer tempo"*[63].

Apenas uma observação: tratam-se situações iguais com critérios diferentes. O falido, não raro, é muito mais desonesto do que parece, mas é, a meu ver, um criminoso de *"cuelo blanco"*, e por isso recebe tratamento complacente. Por que não generalizar o critério? a diferença

---

(58) Esse direito subjetivo surge do que prescreve o inc. 1 do artigo 91 do CP.
(59) O artigo 177 do Código Civil regula em 20 anos o prazo para as ações sobre direitos pessoais; 15 anos para o caso de ausentes, e 10 anos para os casos de direitos reais.
(60) *RT*, 605:334, do R. Cr. nº 401.385-2, relator e juiz Gustavo Uhlendorff.
(61) O Tribunal de Justiça, através relatório do desembargador Onei Rafael no R. Cr. nº 3.182-3, de 26-9-80, publicado na *RJTJSP*, 68 375, interpretação que entendo acertada.
(62) Veja-se as *RTs*, 599:356; 604:384, e 640: 324, entre outras. Idem *RJTJSP*, 102:385, cujo relator foi o desembargador Cid Vieira, ocasião em que contou com o voto vencedor do prof. Dirceu de Mello. Em contrário, o voto do des. Denser de Sá. No mesmo sentido a *RJTJSP*, 77:363.
(63) *RTJTSP*, 95:393, rel. des. Jarbas Mazzoni, julg. 29-4-1985.

que há entre esse tipo de delinqüente e aquele, ocasional, que bateu o carro, por exemplo, poderá estar exclusivamente nas posses de cada um.

Na mesma direção um outro julgado em que foi relator o desembargador Gonçalves Sobrinho[64], apenas um pouco mais rígido. Com efeito, diz o julgador, fazendo metalinguagem em decisão que funcionou o desembargador Camargo Aranha, que não pode o Juízo Criminal exigir cumprimento de obrigação comercial que não exigida na esfera própria.

Outros tantos ainda sobre os efeitos da renúncia do ofendido em ressarcir-se, o que por si já cria situação de tolerância do Judiciário para com o reabilitando, quando não cumprido esse requisito[65]. Afinal, como já dito em outra parte, o Poder Judiciário não pode, e não deve, nomeadamente, pela via do Direito Penal, servir de escudeiro para credor relapso. Insisto: se o ofendido não exercitou seu direito de ressarcimento, não haverá de ser o Direito Penal que irá coagir o reabilitando a pagar algo que não lhe está sendo cobrado. O Direito Penal tem outras atribuições no sistema normativo como um todo. Além do mais, sendo o direito de ressarcimento instituto do direito privado, há de se pensar em outro instituto de Direito Processual Civil: a inércia processual. Se a "parte" não agiliza seus interesses, não haverá de ser o Estado que irá fazê-lo.

5.4.4.2 - *Indeferimento*

Neste espaço, — hipóteses de indeferimento — apenas duas situações pesquisadas. Estranhamente, um caso de 1977 e outro do ano de 1988. No primeiro julgado, há de se considerar e entender o tempo pelo qual passávamos. Mas no segundo[66]. No mais antigo, pretendeu o tribunal que o paradeiro da vítima não constituída óbice ao cumprimento do requisito, pois a reparação deveria ser feita "através de ação de consignação". Isto é, a meu juízo, um verdadeiro absurdo. A vítima renuncia a

---

(64) *RTJTSP*, 97:485. Ainda outro publicado no mesmo órgão nº 86:417, que volta com a locução "obstáculo intransponível".
(65) Veja-se *RT*, 602:314; 641:358. *Íncola*, 34.1.576/85-31. Julgados do TACRIM e da *LEX*, 70:171; 73:182; 74:159; 80:206 etc.
(66) Publicação da LEX *TJTJSP* 44:382 e *RT*, 629:314. No primeiro caso, o relator foi o des. Xavier Homrich, o segundo o des. Marino Falcão. Ainda *RJTJSP*, 42:366 e *RT*, 627:326.

seu direito subjetivo de receber e o Estado, simplesmente, impõe o cumprimento da obrigação civil tacitamente dispensada! Cita-se até mesmo José Frederico Marques e sua obra sobre o Processo Civil. Aqui percebe-se violenta agressão ao princípio da inércia já mencionado[67]. Ademais, o reabilitando não é um devedor nato, mas alguém que, se cobrado, poderá pagar ou alegar impossibilidade para tanto. A lei penal diz que a sentença torna certa a obrigação de indenizar (vide a nota nº 58), mas não torna obrigatório que o "devedor" vá ao encalço do credor. Aí está a grande e fundamental diferença. Diz o acórdão em seu corpo:

> "Não basta o argumento simplista de não ter sido possível encontrar os credores"[68].

E os credores? Não tinham, por acaso, a obrigação de zelar pelos seus créditos, seus haveres? Percebe-se com clareza que houve certo embaralhamento entre as regras do direito privado com as do direito público[69].

O último julgado desta etapa, cuja sentença apelada teve fulcro na Lei nº 201/67, trata de crime de natureza política, ou pelo menos praticado por políticos, contra o erário, em que não houve ressarcimento, porque, segundo o acórdão, os reabilitandos não quiseram cumprir esse requisito objetivo, conforme diz o relator, desembargador Marino Falcão. Apesar da minha postura sempre contrária à exigência do ressarcimento do dano quando não há provocação da parte interessada, neste caso cedo-me respeitosamente ao V. acórdão. É preciso restaurar o respeito à *res publica*. É preciso, mais que nunca, alijar do cenário político o militante desonesto, ainda que, para isso, fiquem vagos todos os cargos e funções de natureza pública.

Para finalizar o presente tópico, cumpre discorrer sobre dois outros julgados referentes à reabilitação criminal nos casos de crimes

---

(67) Instituto de Direito Processual Civil, que inibe o juiz de inovar o processo, ou mesmo alterar a pretensão das partes.
(68) Era o que constava de um dos muitos acórdãos que exigiam o ressarcimento como *conditio sine qua non* para a concessão da reabilitação criminal, conforme publicação da *LEX, RJTJSP, 44*:383.
(69) *Incola*, F.1.25/78-23, traz acórdão no qual se faz citação a José Frederico Marques. Nesse julgado, entendeu o rel. des. Camargo Sampaio, que, não tendo sido encontrado o ofendido nem qualquer parente seu, que o requerente da reabilitação cuide de "citar o credor", para assim forrar a obrigação.
No mesmo sentido, acórdão publicado na *RJTJSP, 44*:382. Confundiram-se, como já se disse, as regras do direito privado com as do direito público penal.

falimentares. Com efeito, uma das decisões[70], propunha solução a dois problemas: ressarcimento e lapso de tempo. Para o primeiro, exigia-se fiel cumprimento da lei: sem cabal comprovação da quitação dos credores não seria possível a concessão da reabilitação criminal. Para o segundo, aplicavam-se os prazos contidos no artigo 197 da lei pertinente, descartando a norma jurídica explicitada no Código Penal de então. Esse segundo julgado[71] não interpretou da forma acima, entendendo prevalecer o prazo estipulado no artigo 119 do Código Penal da época, produto da Lei nº 5.467/68. Preferiu o julgador a lei substantiva geral, em vez da lei especial, em evidente antinomia ao princípio da especialidade contido na lei vigente[72].

5.4.5 — Reincidência

Sobre a reincidência, muito pouco a falar, pelo menos nesta oportunidade, do ponto de vista da jurisprudência. Se a anterior norma jurídica aplicava prazo maior ao reincidente para que pudesse requerer a reabilitação[73], hoje já não há mais essa discriminação. A reincidência não altera o lapso temporal para o requerimento. Medida justa, ainda que tardia.

De resto, cuida a jurisprudência de firmar posição de um requerimento para cada condenação[74], conforme dissertado em outra parte. Excesso de burocracia, grande responsável pelo emperramento da máquina judiciária brasileira.

5.4.6 — O Requisito "Tempo" e a "Readaptação Social"

De maneira geral, o sistema normativo penal induz à falsa crença de que o fator cronológico é significativamente importante para a com-

---

(70) *RJTJSP*, 9:534, rel. des. Acácio Rebouças.
(71) *RJTJSP*, 16:389, rel. des. Adriano Marrey.
(72) Anteriormente à Lei nº 7.209/84, que regula o tema no artigo 12, o assunto vinha incrustado no artigo 10 do Código Penal de 1940.
(73) O diploma punitivo de 1940 exigia 5 anos para os primários e 10 para os reincidentes. Posteriormente, com o advento da Lei nº 5.467/68, esses prazos foram reduzidos para 4 e 8 anos, respectivamente. Na atualidade, o prazo é único: 2 anos. Veja-se o acórdão publicado no *Boletim AASP*, 1293:229.
(74) Vejam-se as *RTs*, 594:360 e 647:313. A primeira decidindo ainda sob o impacto da Lei nº 5.467/68; a segunda, já sob a égide da Lei nº 7.209/84.

provação de ressocialização do apenado. Nesse sentido, alguns julgados[75], um deles demonstrando a inteligência do lapso temporal, posto que o requerente, liberado em janeiro de 1963, voltou a delinqüir em janeiro de 1979. Não explica, todavia, que modalidade de delito teria praticado o requerente. Em outra parte se cogitou a hipótese de o requerente ter praticado um delito tal de ter chegado à reabilitação e, por um desses azares da sorte, vir a praticar um delito de acidente de trânsito, por exemplo. Seria justo não o reabilitar em tal circunstância? O acórdão aqui questionado não é esclarecedor da situação fática do requerente. Por isso parece-me um tanto injusto.

Mais feliz foi outro julgado mencionado, até mesmo pela louvação que faz ao instituto por mim adotado como tema de dissertação:

> *"Reabilitação Criminal — Deferimento — Regeneração e readaptação moral e civil do condenado — Decisão mantida — Inteligência dos artigos 743 e 744 do CPP".*
>
> *"O instituto da reabilitação é medida de alta política criminal que objetiva extingüir os outros efeitos da condenação quando o requerente comprova haver cumprido as exigências contidas nos artigos 743 e 744 do CPP".*

Bem de ver que o relator tem uma visão bem mais ampla e arejada sobre o real escopo do instituto, pendendo mais para Delaquis e Jair Leonardo Lopes do que para a orientação sistemática dos nossos tribunais, dos nossos legisladores e dos nossos doutrinadores.

De minha parte, como já mencionei em outra oportunidade, não concordo que se deva estipular qualquer período de carência para o requerimento da reabilitação criminal. Tenho para mim que, vez cumprida a pena, ou melhor: extinta de qualquer forma a punibilidade, o ex-apenado deveria estar reabilitado compulsoriamente. Assim, o Estado estaria a demonstrar sua crença na eficácia da pena e, ao mesmo tempo, prestigiando de maneira inequívoca o ex-sentenciado. Estender a mão num gesto de boa vontade poderá render muito mais que exibir a prepotência e o rancorismo.

A questão do cômputo do período de prova para a contagem do tempo não se tem constituído em óbice para a boa aplicabilidade do

---

(75) RJTJSP, 86:418 e julgado do TJMT no R. Cr. nº 11/76. Na RJTJSP, 8:473, acórdão cujo relator foi o des. Octávio Setucchi, oportunidade em que esse magistrado demonstra muita liberalidade, usando a locução. "total reabilitação", notadamente se se considerar a época: 24 de março de 1969.

instituto, tendo em vista a clareza do *caput* do artigo 94 do Código Penal, que não deixa margem para interpretação diversa, conforme demonstram os dois julgados[76].

5.4.7 — Demais Requisitos

Tive o cuidado, neste tópico sobre jurisprudência, de demonstrar aqueles aspectos que, a meu juízo, estavam ou estão sempre em evidência. De rigor, o Código Penal traz consigo quatro requisitos normados[77], a saber: o período de prova; o domicílio do requerente no país; o bom comportamento público e privado; e o ressarcimento do dano, quando possível. Cabe, entretanto, ao Judiciário decidir, ou melhor criar a norma jurídica individual para o caso concreto, conforme o melhor ensinamento de Hans Kelsen.

Discorri sobre cada um dos mais relevantes requisitos, não o fazendo apenas em relação ao que concerne à questão do domicílio no país[78], que, a meu juízo, é o de mais difícil comprovação e aferição, sendo mesmo quase impossível a sua verificação objetiva por parte do Estado, eis que o requerente pode entrar e sair do país sem qualquer embaraço. Assim, se durante o ano ele passar uma insignificante parcela de tempo em território nacional, estará feita a prova exigida. Ademais disso, o vocábulo "domicílio" quer significar o *animus* de viver permanentemente no lugar, e se o requerente pleiteia a reabilitação, por certo não será porque quer viver fora. Em sã consciência, não vislumbro hipótese de perfeita aferição do cumprimento ou não dessa exigência[79].

De maneira geral, a jurisprudência predominante é no sentido de generalizar o que denomino outros requisitos, concentrando-se sempre em um só deles dos mais importantes. Assim foi nos julgados do Recurso Criminal nº 137.862, cujo relator foi o desembargador Cunha Bueno. No outro julgado, o nº 35.806-3, relatado pelo desembargador Jarbas Mazzoni, diz textualmente o insigne julgador:

> *"Hipótese, ademais, em que comprovado o preenchimento dos demais requisitos"*.[80]

---

(76) *RT*, 606:349 e *RT*, 612:387.
(77) E é o que se vê no *caput* do artigo 94 e nos três incisos seguintes.
(78) É precisamente o inc. I do artigo 94 do Código Penal.
(79) *TJTJSP*, 55:318, em cujo feito o reabilitando é autor citado neste trabalho.
(80) *RJTJSP*, 95:393, julgados de julho/agosto de 1985.

Essa é a tônica dos outros tantos julgados, como por exemplo nº 30.326-3, que teve como relator o desembargador Dirceu de Mello, versando sobre caso de crime contra a vida, que diz simplesmente: *"Documentos reclamados devidamente apresentados — Requisitos preenchidos"*[81]. Um pouco antes, a mesma Turma[82] julgou sob o relatório do desembargador Cid Vieira, onde se lê, na abertura do acórdão: *"cumprimento das exigências legais"*. Para finalizar, um último julgado, este publicado na Revista dos Tribunais nº 597:330, com decisão proferida pelo Tribunal de Alçada Criminal, juiz Edemeu Carmesini, ocasião em que se deferiu a pretensão *"em face do preenchimento dos requisitos legais*.

Conforme já dito, os tribunais especificam um requisito tido por de maior relevância e devidamente atendido — ou não —, generalizando os demais. Esta constatação a que cheguei na pesquisa realizada. Ademais disso, essa tendência adotada a partir dos julgados de 1985, e que teria sua gênese nas decisões da 5ª Câmara do Tribunal de Justiça de São Paulo, não sofreu, nestes últimos tempos, qualquer oscilação digna de registro.

A NORMA JURÍDICA NO DIREITO PENAL MILITAR

Como bem assevera Grosso Galvan[83], já é da tradição a existência de um sistema normativo próprio para a solução das pendências criminais na esfera militar. Entre nós, um Código Penal Militar[84], além de outro de caráter adjetivo[85], ambos vigindo desde a segunda fase da ditadura militar instalada em 31 de março de 1964.

Na Espanha, um só diploma enfeixa o direito substantivo e o adjetivo, com a denominação de **"Código de Justicia Militar"**[86], mais recente que o nosso, posto que vigente de 17 de março de 1973.

---

(81) *RJTJSP 103*:424.
(82) Quinta Câmara do Tribunal de Justiça. Vide *RJTJSP, 102*: 385.
(83) Obra citada, pág. 54.
(84) Decreto-Lei nº 1001, de 21 de outubro de 1969.
(85) Este tem o nº 1003, mas a data é a mesma.
(86) GALVAN, Grosso, obra citada, pág. 57.

No Brasil, segue vigindo uma codificação orientada, no varejo, pela similar da justiça comum, implantada a partir de 1940[87], mantendo, ainda hoje, um erro crasso: o instituto da Reabilitação Criminal como meio pelo qual se alcança a extinção da punibilidade [88], hipótese afastada no atual diploma substantivo desde 1984.

Vê-se, no artigo 134 do Código Penal Militar, o alcance da norma jurídica. Como no seu congênere comum de antanho, não proporciona muito ao reabilitado[89]. Ademais, prescreve um lapso temporal de cinco anos, conforme o parágrafo 1ª do mesmo artigo (primeira parte). Na seqüência, um elenco de alíneas (três ao todo), donde surgem as exigências para a concessão, o que torna a reabilitação criminal um *direito subjetivo* do requerente. A rigor, nada de inovação em relação à lei ordinária: mera repetição da legislação já enfocada em profundidade.

Como na sua congênere, prevê as causas impeditivas da concessão (parágrafo 2º do art. 134), onde realço o lapso temporal para reiteração do pedido em caso de frustrada a tentativa anterior. O novo requerimento somente poderá ocorrer após dois anos do anterior, tal como acontecia no código do Estado Novo. Para os *"criminosos habituais ou por tendência"* (em clara e evidente linguagem empregada por **Enrico Ferri**), o prazo para requerimento da concessão é contado em dobro (parágrafo 4º). A norma jurídica prevê, ademais, as hipóteses de revogação daquilo que chamam de 'benefício', mas que não é, posto que direito do ex-apenado (parágrafo 5º). De qualquer forma, nada que não tenha sido ventilado na legislação ordinária[90].

O legislador militar cuidou de determinar o *cancelamento dos antecedentes criminais*, o que representa um passo à frente. Mas, ainda assim, é muito pouco tendo em vista a redação do parágrafo único do artigo 135. Já se discutiu exaustivamente a questão da quebra do sigilo e do conflito de normas (antinomia) neste particular. Ora, se alguém — alguma autoridade — pode requisitar informações sobre os antecedentes criminais, cujo fato gerador já se acha ultrapassado, amparado por decreto de Reabilitação Criminal, o sigilo se perde pela força da norma jurídica constitucional. Isto ocorre, precisamente pela peculiaridade de

---
(87) O Código de Processo Penal, surgiu com o D.L. nº 3689, de 3 de outubro de 1941.
(88) É a redação do inciso V, do artigo 123.
(89) "Artigo 134 — A reabilitação alcança quaisquer penas impostas por sentença definitiva".
(90) Renova-se a concessão da reabilitação criminal acaso o reabilitando seja condenado, com sentença firme, à pena privativa da liberdade. Exclui-se, dessa forma, as demais modalidades de sanção.

todo processo ser público, e o Estado estar obrigado a fornecer cópias (certidões) de todos os atos jurisdicionais. Sobre o tema, hei de voltar em outra parte, para discuti-lo em profundidade.

No pertinente à problemática do processo, o assunto vem normatizado no artigo 651 e seguintes. Neste espaço não ocorre a antinomia que, desde 1968, acontece na legislação comum. Tanto no diploma substantivo como no adjetivo os prazos são harmônicos: cinco anos, em que pese em não concordar por achá-lo absurdo. Esse lapso temporal demonstra insofismavelmente a insegurança do Estado em relação ao efeito profilático da pena.

A norma jurídica processual concede ao juiz auditor, competência para ordenar diligências elucidativas (art. 653), devendo cercar-se das cautelas necessárias no sentido de ser mantido o sigilo. Obriga, ademais, a antecipada manifestação do Ministério Público. Vale dizer: não pode haver decisão sem que seja ouvido o órgão ministerial. Isto, contudo, não quer dizer que o magistrado auditor tenha que se curvar ao parecer ofertado. Na oportunidade, o Ministério Público é mero fiscal da lei, devendo apenas dizer da justeza ou não da concessão, do ponto de vista normativo.

Conforme determina o artigo 656 do diploma adjetivo penal militar, concedida a reabilitação no mais se fará menção ao fato típico em documentos posteriores. De resto, todos os órgãos competentes serão informados da decisão concessória (art. 655). Com relação ao tema, veja-se mais adiante a questão crucial dos *arquivos paralelos*, sobre os quais ninguém tem controle, conforme se demonstrará no capítulo próprio. Ao que parece, a Justiça Militar é a única que foge à regra.

Antes de finalizar, duas observações dignas de realce devem ser trazidas à colação. A primeira versa sobre o *recurso de ofício* para os casos de concessão. É incrível; um instituto de magnânima política criminal, não ter a ordem de obrigatoriedade de devolução processual invertida. O artigo 654 assim decide, a exemplo do diploma comum, e assim é que funciona, embora me pareça de forma equivocada.

Já, na questão do endereçamento do pedido, segundo meu ponto de vista, na esfera da Justiça Militar o procedimento é mais sensato e correto. Anda bem, é bom que se diga, porque a Justiça Militar não dispõe do Juízo da Execuções Criminal, como ocorre com a Justiça comum. Disso resulta o próprio juiz prolator da sentença (auditor: o julgamento é colegiado) ser o responsável pelo cumprimento da sentença, fiscalizando a execução da pena. E, como soi acontecer, ter melhor embasamento para decidir sobre a oportunidade ou não de conceder a reabilitação, já que acompanhou — pelo menos em tese — o progresso social do requerente.

De maneira geral, estas são as considerações julgadas cabíveis para a oportunidade. A rigor, os diplomas jurídicos postos à disposição da Justiça Militar, concernentes ao instituto da Reabilitação Criminal, em nada inovam, desmerecendo mesmo o tratamento de "justiça especial", no particular. São, na realidade, cópias fiéis da legislação comum — ou ordinária, como dizem alguns. Por isso, pouco ou nada se pode acrescentar, comentando qualquer eventual mutação no sistema como um todo.

6 — A QUESTÃO DOS ANTECEDENTES CRIMINAIS

SUMÁRIO

6.1 — CONSIDERAÇÕES GERAIS; 6.2 — DESENVOLVIMENTO DA CRIMINALIDADE; 6.3 — A JUSTIFICATIVA PARA O REGISTRO DOS ANTECEDENTES CRIMINAIS; 6.4 — OS ARQUIVOS PARALELOS; 6.5 — A NORMATIZAÇÃO; 6.5.1 — As Normas Jurídicas Ordinárias; 6.5.2 — A Regulamentação Complementar; 6.5.3 — A Hermenêutica Pretoriana; 6.6 — A PUBLICIDADE E SUAS CONSEQÜÊNCIAS; 6.6.1 — A Publicidade; 6.6.2 — A Imagem do Cidadão; 6.7 — O QUE FAZER?

6.1 — CONSIDERAÇÕES GERAIS

Não seria de bom tom prosseguir este trabalho sem tecer breves considerações preliminares sobre tudo o que se irá questionar em seguida, notadamente sobre o desenvolvimento da delinqüência em geral e, particularmente, não pesquisar esse fenômeno recente que é a questão dos **ANTECEDENTES CRIMINAIS**. Não se irá pretender alcançar, nesta oportunidade, qualquer resultado prático. Pensa-se apenas chamar a atenção para um problema que, de rigor, ofusca qualquer tentativa de obtenção de resultado positivo que do instituto de Reabilitação Criminal se possa pretender.

Cumpre demonstrar quão entrelaçados estão os temas acima esboçados: desenvolvimento da criminalidade; os antecedentes criminais; e a reabilitação criminal, enquanto instituto de magna política criminal do indivíduo. Não se espere, todavia, que o realizado neste espaço seja algo definitivo e capaz de solucionar todas as aporias existentes. De evidente mesmo, fica a constatação do endurecimento da legislação[1] e o recrudescimento da criminalidade. No tópico seguinte, tratarei desta última

---

(1) Veja-se por exemplo, a instituição de uma lei denominada "Prisão Provisória" que, a meu juízo, é absolutamente tão desnecessária quanto redundante. Já existe a prisão processual própria: a prisão preventiva. Mais recentemente, a edição da lei dos "crimes hediondos". Não tenho dúvidas de que, neste passo, vamos chegar à pena capital, o que me causa arrepios só em pensar.

afirmação. Sabendo desde sempre que ambas laboram pelo retardamento da modernização e agilização do instituto de Reabilitação Criminal.

6.2 — O DESENVOLVIMENTO DA CRIMINALIDADE

De maneira geral, a delinqüência cresce impulsionada por fatores sociais diversos. De regra, são os crimes contra o patrimônio que mais sobressaem nas estatísticas, notadamente os de pequena monta. Aqueles que Paulo José da Costa Jr.[2] chamou um dia de "crimes de bagatela". Numa pesquisa realizada na Casa de Detenção de São Paulo, quando era secretário da Segurança Pública o prof. Michel Temer[3], chegou-se a uma constatação assustadora: dos 6.400 detentos ali acantonados, pelo menos 4.800 eram acusados de crime contra o patrimônio de pequena proporção. Era, à evidência, uma casa repleta de "Jeans Varjans"[4].

Desde há muito o quadro tende a câmbio digno de realce. Para se ter idéia, quando da inauguração da Penitenciária do Estado de São Paulo, perto de 80% da população carcerária era de criminosos de sangue. Hoje há quase que uma inversão, chegando a 75% o número de criminosos contra o patrimônio[5]. Tem-se procurado localizar as causas dessa mudança tão acentuada de comportamento, sem contudo chegar-se a uma conclusão absoluta. De qualquer forma, não se pode, e não se deve, descartar o problema social da miserabilidade que lastreia as condutas mais acirradas em busca de espaços mais amplos no contexto social, e que, como acreditam, alguns delinqüentes, somente se consegue pela via do vil metal em grande quantidade e pela maneira mais rápida possível: o crime.

Este estímulo é notado por várias evidências. Uma delas é a impunidade de que goza o mais favorecido pela sorte: o portentoso. Não há, nos presídios do Estado, uma só pessoa rica, presa, pagando por qualquer crime que haja cometido. Homicídio? Temos exemplo recente de

---

(2) COSTA JR., Paulo José da, fala dos "crimes hediondos" ao referir-se ao instituto do "perdão judicial".
(3) TEMER, Michel, enquanto secretário da Segurança Pública do governo Montoro, determinou essa pesquisa, que ocorreu entre 1984 e 1985.
(4) "VARJAN, Jean", personagem central da obra monumental de Victor Hugo: Os Miseráveis", o ladrão de pão, pelo que foi condenado a 19 anos de prisão, e perseguido pelo resto da vida pelo estranho e complexado "inspetor Javer", pelo seu antecedente criminal.
(5) É a conclusão a que se chegou pelo levantamento feito entre 1984/5, pela SSP/SP.

absolvição no interior do Estado de São Paulo. Crimes contra o patrimônio? Nem um só grande escândalo financeiro resultou em sentença condenatória contra qualquer diretor. E assim por diante. E ainda se ouve nas ruas o "homem médio comum" mencionar o falacioso chavão que os meios de comunicação lhes impingiu: "a Polícia prende, a Justiça solta". Nem a Polícia prende, nem a Justiça condena. Esta a realidade vivida neste momento.

Outro aspecto que se deve considerar como fator estimulante a tais condutas é a morosidade na apuração dos fatos por parte dos órgãos responsáveis. Desde o primeiro momento, os procedimentos se burocratizam de tal forma que torna praticamente impossível a apuração da *verdade real*, única que interessa ao Direito Penal. Daí então a forte convicção de impunidade que se transmite à sociedade como um todo, e a certeza quase absoluta do delinqüente de que não será punido.

Recentemente, quando da elaboração da atual Carta Magna, a Subcomissão do Poder Judiciário constatou um fato realmente digno de observação, ao mesmo tempo que desanimador: foram ouvidas, naquela oportunidade, nada menos que 240 instituições sociais de todos os matizes. Das questões apresentadas, três delas obtiveram a unanimidade: o Poder Judiciário é muito caro; é muito moroso; e está divorciado dos anseios do povo [6]. Esse quadro, apesar de nada animador, em nada mudou com a nova Constituição.

De forma que, deverá haver o recrudescimento da criminalidade, o que será produzido, de um lado, pela crise econômica geradora de desemprego e desagregação da família, entre outras conseqüências, e, de outro, pelo descalabro em que se constitui a Administração Pública, cada vez mais caótica e mais irreverente, cuja insensibilidade assusta até mesmo os mais desatentos. Disso se conclui sem muita dificuldade que o sistema repressivo está endurecendo, tanto na vigilância, que é sempre a mais ineficaz possível, quanto na punição. Diante de tal quadro, desde de sempre o fato histórico se repete: toda vez que o sistema se torna mais rígido, também a criminalidade responde com o recrudescimento. Num tal campo absolutamente minado, o instituto de Reabilitação Criminal perde espaço e, em contrapartida, a questão dos antecedentes criminais ganha corpo como grande panacéia.

---

(6) Informação prestada pelo então deputado federal constituinte, prof. Michel Temer.

6.3 — A JUSTIFICATIVA PARA O REGISTRO DOS ANTECEDENTES CRIMINAIS

Tudo gira em torno de uma falsa premissa: a garantia que se proporcionará à sociedade. Não garante nada, sequer ajuda a diminuir a incidência da criminalidade. Nesse sentido, é bom ouvir Francisco Muñoz Conde[7]:

> *"Habrá que insistir pués, una vez más, en la inutilidad de los antecedentes, en su flagrante contradiccion con los fines que teórica y constitucionalmente tienen asignadas las penas y las medidas de seguridad, en la carga aflictiva adicional, más allá de la pena misma".*

Na realidade, o que se quer, é ter-se absoluto controle sobre o cidadão — ainda que delinqüente — para poder pressioná-lo sempre e mais, conforme diz Michel Foucault na sua *Vigilar y Castigar*[8]. De argumento cediço é a necessidade de mantença do aparato da informação, que só registra entradas e não cuida de dar baixas, ou mesmo corrigir as informações catalogadas.

Querem os controladores do poder de vigiar que o indivíduo siga sempre sob absoluto controle. Apesar da pena extinta, por qualquer das duas formas, o ex-convicto não passa da fase de "objeto de investigação". Não passando para uma segunda, a de "sujeito do processo de ressocialização"[9]. Não passa simplesmente porque os arquivos são perpétuos. Duram para além da vida material do cidadão. Perceba-se tal rigorosidade neste julgamento do T.R.F., em 1977[10]:

> *"Bons antecedentes além da primariedade, é o que exige o art. 595 do CPP. Para que o réu possa apelar em liberdade, deve tal circunstância ser reconhecida pelo juiz, na sentença. A indicação, na folha de antecedentes, de ter sido indiciado pelo art. 129 do CP, embora não possa ter dado margem à ação penal, é capaz, em princípio, de justificar não ter havido reconhecimento na sentença".*

---

(7) Prólogo da obra de Manuel Grosso Galvan, pág. XI.
(8) O último capítulo da obra mencionada tem por título: *"Ilegalismo y Delincuencia"*, nas págs. 285/228, demonstra a arbitrariedade que, desde a Revolução Francesa, campeia na seara das penas e das prisões. Delito e pena caminham juntos sem alcançar qualquer resultado positivo.
(9) Palavras de José Roberto Batocchio, em artigo publicado em 21 de abril de 1991, na Folha de São Paulo. Parece-me que Batocchio, ao dizer "objeto de investigação, estava fazendo alusão a Tourinho Fº, para quem no inquérito policial, o indivíduo é mero "objeto da investigação". *Manual de Processo Penal*, pág. 9.
(10) Trata-se do *habeas corpus* nº 4.087/PA, cujo relator o ministro Aldir Passarinho, publicado no *DOU* em 16-2-78, e cujo julgamento se deu em 13 de abril de 1977.

A linguagem empregada fala de *per si*. Mero inquérito policiaco, por si só discricionário, quando não arbitrário, que não encontrou guarida nem mesmo junto ao órgão acusatório, é bastante para incidir antecedentes criminais — ou maus antecedentes.

Tudo estaria consertado se fosse apenas um julgado isolado numa quadra histórica de triste memória. Mas, desgraçadamente, era — e é — a regra, não a exceção. Na mesma ocasião o S.T.F. julga um recurso de *habeas corpus*[11] e convalida algo que poder-se-ia pensar na teoria do absurdo, dado o subjetivismo, com que trata a questão dos antecedentes:

> *"Não tem bons antecedentes quem várias vezes esteve envolvido em ocorrências, inquéritos e processos criminais, sob suspeita ou a acusação de prática de diferentes crimes".*

É incrível como não se detalha o final de cada caso. Supunha-se que, mesmo nos feitos que se transformaram em processo, tenha ocorrido a absolvição com base no inciso III do artigo 386 do Código de Processo Penal: conduta atípica. Como considerar os maus antecedentes? Não seria o caso de extinguir qualquer registro ou referência a respeito do caso? Mas não é assim que funciona. Permanece *ad perpetum* o registro inverídico. Em síntese *"vigilar y castigar"*.

Esses registros, estimulados de todas as formas, servem para justificar o trabalho — mal realizado, diga-se — de segmentos da Administração Pública. É necessário demonstrar quão inútil a permanente fiscalização. Fiscalização voltada exclusivamente para historiar o fato consumado, sem qualquer outro objetivo prático. Não há absolutamente nada que possa justificar a necessidade de o juiz saber da vida anterior do denunciado antes de firmar sua convicção sobre o fato incriminador. Saber antes equivale a induzir tanto o juiz quanto o Ministério Público, bem ainda a própria autoridade investigadora, que por si só já sofre sérias distorções profissionais, vendo sempre um bandido em cada pessoa que se dirige a uma Delegacia de Polícia. A regra pode não ser absoluta, mas é fixa: manter todos sob suspeita faz parte do dia-a-dia. Este, como ponta de lança de todo um sistema viciado, justifica a mantença dos arquivos de todos os matizes.

---

(11) RHC nº 55.085-MG. Relator o ministro Moreira Alves, *DOU* 25-4-77.

6.4 — OS ARQUIVOS PARALELOS

" O ex-condenado só tem uma saída: incorporar-se ao crime organizado. A sociedade que os enclausurou sob o pretexto hipócrita de reinseri-los e em seio, os repudia"(sic)[12].

O texto foi tomado emprestado de um artigo sobre a despenalização e descriminalização, mas presta-se muito bem para o tema em discussão. Esse repúdio nasce precisamente dos atestados e certidões que se exigem para a obtenção de emprego em qualquer empresa medianamente organizada.

De regra, duas fontes fornecem esses documentos: Secretaria de Segurança Pública[13] e o Poder Judiciário, através de suas seções próprias[14]. Sobre este hei de voltar logo mais, posto que oficiais. Quero discorrer sobre os inúmeros "arquivos "paralelos" existentes em muitos setores da administração Pública.

Cada DEPOL[15] Especializada tem seu próprio arquivo, que dizem ser de consumo interno. Mas, na realidade, sempre que solicitadas, essas Especializadas se transformam em órgão paralelo de informação, transmitindo o que consta de seus arquivos paralelos. Aqui, duas conseqüências devem ser analisadas: a primeira é a incapacidade — incompetência — funcional para a emissão de documentos, em forma de ofício-resposta, contendo dados sobre investigações nem sempre enviadas ao Judiciário. Mas, mesmo nos casos em que esses procedimentos se oficializam[16], há o problema de o inquérito relatado e remetido ao Judiciário não prosperar. São os casos em que o Ministério Público requer o arquivamento, o que ocorre por vários motivos, entre os quais a ausência de culpabilidade ou mesmo de atipicidade. Portanto, não tendo capacidade jurídica para prestar informações, ao fazê-lo, incorre em violência contra o direito daquele que, por algum motivo, passou pelo crivo da investigação policial.

---

(12) SILVA, Evandro Lins e, em entrevista na revista *VEJA*, seção "Ponto de Vista", edição do dia 22-5-91.
(13) "Atestado de Antecedentes Policiais", expedido pelo Instituto de Identificação Civil e Criminal Ricardo Gumbleton Daunt, órgão oficial do Estado para fornecer informações de antecedentes.
(14) Certidão tida por negativa, expedida pelo Poder Judiciário. Mais precisamente, pelo distribuidor Criminal.
(15) **DEPOL** — designação de Delegacia de Polícia.
(16) Oficializa-se um procedimento investigatório, quando a autoridade policial instaura o competente inquérito policial, pela via da "Portaria".

A segunda conseqüência é a perpetuação de informes que acabam por se tornar caluniantes, visto que, como dito, a investigação não prosperou, encerrada pela via de arquivamento por quem de direito. Do direito vivo[17], tem-se caso ocorrido tempos atrás na comarca de Paraibuna, onde certa pessoa foi indiciada em inquérito policial. Mas, antes disso, preso em outro local, passou pela Especializada de Estelionatos do DEIC, onde foi identificada criminalmente — extraoficialmente, diga-se. No inquérito do interior, acabou sendo arrolada como testemunha de acusação. Tempos depois, numa outra investigação iniciada pelo antigo Departamento de Ordem Política e Social — DOPS, num caso de "estelionato", tendo em vista o prestígio da pseudovítima e seu patrono, acionada a Especializada, esta informa o "antecedente criminal" de tal pessoa!

Poder-se-ia citar uma gama infindável de casos em que as chamadas "Especializadas" passam a exercer as funções de órgão informante. Mas, se parasse exclusivamente na área policíaca, ter-se-ia por injusta a crítica. Afinal, não somente a Polícia informa mal. De regra, também as Varas Criminais mantêm informes dos "antecedentes criminais". Apenas que, aí, há mais clareza e atualização dos informes prestados. De qualquer forma, dali saem informações que, de rigor, não deveriam sair. *De lege ferenda*, tem-se que, somente a Vara de Execuções poderia prestar qualquer informação sobre os antecedentes criminais. E, ainda assim, somente casos que estiverem ainda com penas para cumprir ou em cumprimento; quero dizer: dentro do lapso temporal de prescrição. O Distribuidor Criminal deveria relatar exclusivamente feitos que tivessem sido distribuídos com denúncia já articulada. Que se crie um mecanismo dinâmico e compulsório de baixa em relação ao resultado do feito.

Em casos de processados de "pedido de explicações criminais", com amparo no artigo 144 do Código Penal, por exemplo o juiz da Vara preventa não se dá por competente para autorizar a baixa de expedientes tais[18], ficando o requerente jogado à sua própria sorte: com antecedente criminal, insanável inclusive no que concerne à Vara processante, tendo em vista que, pela natureza do feito, os autos são devolvidos ao reque-

---

(17) Expressão empregada pelo prof. André Franco Montoro, quando trazia fatos da vida real para exemplificar ou debater em classe.
(18) Em caso recente, tramitando pela 19ª Vara Criminal, o juiz indeferiu requerimento no sentido de o Distribuidor Criminal cancelar a distribuição, alegando falta de amparo legal.

rente, não se sabendo, destarte, se boas ou más a indagação e respectiva resposta. Disso resulta sobrar duas fontes de indagação: a primeira, o Distribuidor Criminal, que apesar de oficial não é dos mais aparelhados para informar, tendo em vista que o tal processo não tem julgamento do mérito. A outra é o cartório da Vara preventa, esta de todo uma fonte típica de "arquivo paralelo", posto que não poderá dizer sequer o que ocorreu com o processado, limitando-se a dizer da existência de um antecedente, salvo se, do pedido de explicações, surgir uma ação penal privada, para cujo conhecimento o Juízo do pedido de explicações se tornou prevento com aquela distribuição.

Para complicar ainda mais, vem a Constituição Federal, e impõe a obrigatoriedade de expedição de certidões a quem as solicite [19]. Assim, qualquer pessoa pode requerer certidões, que nada mais são que cópias autenticadas — maioria das vezes — pelo Judiciário, bastando alegar interesse pessoal em resguardar desde logo "interesses futuros". Mas, em regra, nem isto é necessário, bastando mesmo preencher uma papeleta própria e recolher as custas no setor de xerox, ou no banco, caso seja mesmo certidão na acepção da palavra. Não se exige absolutamente qualquer comprovação ou justificação desse "interesse". Não raro, esses documentos vêm a ser usados no futuro, fazendo falsa prova de fato não devidamente comprovado[20].

Esses "arquivos paralelos", desgraçadamente, estão espalhados por toda a parte e não somente no aparato policiaco e segmentos do Poder Judiciário. Na vida civil as coisas não são menos brutais. As instituições financeiras, por exemplo, que já contavam anteriormente com o Serviço de Central de Proteção ao Crédito (SCPC), hoje simplificado para Serviço de Proteção ao Crédito (SPC), criaram outra organização especializada em catalogar dados das empresas. Trata-se do SERASA, uma sociedade anônima cujos acionistas são os Bancos em geral. Além das duas alternativas disponíveis, quase todos os Bancos, nomeadamente os de maior porte, têm suas próprias fontes, servindo estas de elemento de confronto com as informações recebidas mediante paga aos órgãos contratados ou apenas contatados.

---

(19) A redação da parte final da alínea *b* do inc. XXXIV do artigo 5º, tem textura aberta, quando diz: "esclarecimentos de situações de interesse pessoal".
(20) Recentemente, um caso de Direito de Família que terminou em acordo teve toda a documentação usada em outra ação. Disso resultou a falsa convicção do segundo juiz, que não sabia da decisão anterior no primeiro feito.

Aqui, para não fugir à regra, guarda-se sempre a primeira informação, e esta é sempre depreciativa, até por que, não há um órgão, público ou privado, que preste serviços sobre os bons atos praticados pelo cidadão [21]. Não cuidam da atualização, apenas mantêm os "fichados" no estado em que ali chegaram. Se há algo difícil na burocracia paraestatal, é fazer alterar alguma coisa em benefício do fichado. Certa ocasião foi necessário ameaçar o SERASA com uma ação criminal para que fizesse constar a exclusão de um constituinte de uma ação de execução forçada, proposta por instituição financeira, que se calcou em assinatura falsificada do co-executado[22].

De lege ferenda, algo de enérgico há ser feito visando coibir o uso indiscriminado da "folha de antecedentes" — que não é apenas criminal, mas também civil —. Descrevem-se situações superadas desde há muito como se fossem reflexo da atualidade, não se preocupando minimamente com os resultados dessas atitudes irresponsáveis na vida social do cidadão[23]. Uma norma jurídica que resguarde o cidadão deve ser pensada, evitando-se o uso dos arquivos paralelos, criando-se mecanismos sancionatórios de natureza civil e criminal contra aquele que, de qualquer forma, se prestar ao serviço de mal informar, prejudicando mais que ajudando, castigando mais do que reabilitando. Em outro espaço irei discorrer sobre a proteção de imagem subjetiva do cidadão, e procurarei demonstrar que, não somente a imagem objetiva deve ser motivo de especial proteção, mas também a subjetiva.

---

(21) Aqui vai bem Michel Foucault: "Vigiar para Castigar".
(22) Certa feita, uma pessoa procurou ao escritório para expor a situação já relatada. Como primeira providência ingressou-se com o requerimento de instauração de inquérito policial, onde se protestava pela apuração de estelionato pela via do falso documental, requerendo-se o exame grafotécnico. Concomitantemente, providenciou-se a contestação da ação de execução forçada. A perícia constatou a falsificação. O Banco exeqüente propôs a exclusão da nossa cliente da lide, com o que concordamos. Apesar de tudo, o SERASA seguiu por longo tempo prestando informações sobre a execução forçada, embora tivesse sido notificado pelo Juízo. Somente cessou a coação quando o ameaçamos com queixa-crime.
(23) Neste particular, mesclam-se a Polícia com seus "arquivos paralelos e suas congêneres prestadoras de serviços afins. Os Informantes das Imobiliárias, por exemplo, informam até mesmo coisas que não aconteceram, disso resultando, não raro, que o pesquisado não consiga locar o imóvel de que tanto necessitava. Além de perder dinheiro, perde também prestígio e credibilidade. Em síntese, vê maculada a sua imagem subjetiva.

6.5. — NORMATIZAÇÃO

6.5.1 — As Normas Jurídicas Ordinárias

Seria desonesto não reconhecer o desenvolvimento havido no instituto da reabilitação como um todo, a partir de 1940. Digo daí em diante, em razão do que herdamos do Código Penal de 1890, um verdadeiro absurdo. Mas a modernização efetiva surge a partir de 1967, para não mais parar. A Reabilitação Criminal, na verdade, depende muito da atenção que se dispense à questão dos antecedentes criminais. E aí, apesar dos esforços, ainda há muito que realizar em matéria de modernismo [24]. Em realidade, tendo em vista que a meta última será sempre a reinserção social do ex-apenado, não há como chegar-se ao cume sem antes ajustarem-se os mecanismo jurídicos da Reabilitação Criminal, da mesma forma que esta é impraticável enquanto funcionar esse sistema perverso de antecedentes criminais, tal como conhecemos. Mas vejamos então o que se tem em matéria de normatização, visando especificamente aos "antecedentes criminais.

Recentemente, duas normas jurídicas vieram para melhorar a aplicação do instituto da Reabilitação Criminal [25], nomeadamente no que pertine à questão dos antecedentes e sua divulgação. Com efeito, a última parte do artigo 93 do Código Penal [26] garante o sigilo sobre os antecedentes do "condenado". Apenas uma observação: o ex-condenado, não somente o reabilitando, deve ser amparado. Afinal, nenhum deles nada deve ao Estado, acertou suas contas para com este pela via do Direito Penal punitivo.

O artigo 202 da Lei de Execuções Penais, de sua parte, disseca com precisão sobre os atestados e certidões, que serão, ou deverão ser, expedidos "por autoridade policial ou auxiliares da Justiça", devendo-se omitir qualquer referência à anterior condenação. Até aqui, tudo bem.

O problema surge quando, após a vírgula, vem um malsinado "salvo se". Ao libertar os informes sobre os antecedentes criminais, com o fito

---
(24) É necessário, separar o trabalho desenvolvido pelo prof. Jair Leonardo Lopes, que desde 1956, com sua tese de doutoramento apresentada junto à Egrégia Congregação da Universidade Federal de Minas Gerais, deu realce ao instituto e seu alcance social. Entre nós, foi quem mais trabalhou o tema.
(25) As Leis nºs 7.209 e 7.210, de 13 de julho de 1984.
(26) Após a vírgula: "assegurando ao condenado o sigilo dos registros sobre o processo e condenação".

de "instruir processo pela prática de nova infração penal". Instruir processo por fato novo com atestado de antecedentes implica, a meu juízo, forçar a convicção do magistrado, não sobre o fato em si, mas em relação à pessoa do processado. Assim, *in dubio* eventual, o *pro reo* ficou comprometido. E se do caso em si não se obtiverem provas absolutas, apenas circunstanciais? Pode-se, em sã consciência, esperar que a dúvida venha em socorro do investigado? Por óbvio, não.

Demais disso, há uma imposição constitucional indescartável que irá comprometer essa prerrogativa do juiz: o processo é público. Ao juiz requisitante — ou mesmo ao representante do Ministério Público, visto que a norma jurídica não define claramente quem pode requisitar — nada mais a fazer que mandar acostar aos autos as certidões informativas, mantendo-se ali dormindo até que qualquer pessoa solicite cópia [27]. Essas informações, chegando aos autos em qualquer proteção especial quanto ao sigilo, elas que viveram até bem pouco tempo acobertadas pelo menos por uma norma jurídica, com possibilidade de duas, surgem para o mundo exterior desabrigadas, posto que, como já dito, qualquer pessoa tem acesso aos autos, pelo menos ordinariamente. Percebe-se com clareza a existência de uma quase antinomia — que só não chega a ser porque a norma constitucional não se conflita com as demais — de um lado a lei magna autorizando a divulgação, de outro as normas jurídicas ordinárias procurando acobertar o "passado" do cidadão. Em Portugal, o inquérito de antecedentes do cidadão processado caminha paralelamente, estando este, porém, amparado pelo sigilo absoluto, e não se prestando apenas para trazer do túmulo a vida pregressa, mas o *habitat* anterior do criminoso. Seria o caso de se trabalhar, quem sabe, em cima dos textos legais existentes em Portugal.

Se assim fosse, parece-me, seria possível nesse momento serem analisadas todas as variantes da vida anterior do ex-delinquente posto novamente sob suspeita, de regra em razão da sua vida pregressa anterior. Isso porém, não é o que de melhor se poderá fazer em termos de antecedentes, mas apenas uma alternativa abrandante. Porque, não amparar o investigado com o sigilo dos seus antecedentes — coisas do passado que já foram, de alguma forma, superadas, quitadas mesmo —

---

(27) Em vários países já se "extingue" os antecedentes. Em outros, como no nosso, apenas se "cancelam". A mim parece melhor a primeira solução.

é deixá-lo à execração pública e jogá-lo à sua própria sorte. E mais. É desviar potencialmente o agente do caminho da reinserção social, etapa última nesse trabalho árduo de regeneração, já que quase tudo serve para provocar o desvio de percurso, mas muito pouco ajuda para o sucesso da empreitada. Até porque estar-se-á a criar mais um dado estatístico na folha de antecedentes, sem qualquer preocupação com o resultado final do processo ainda em fase de instrução. Se essa possibilidade, de requisição do magistrado ou do Ministério Público já assusta, imagine-se o dano que causam os "arquivos paralelos", para os quais não há retorno ao *status quo ante*.

Jair Leonardo Lopes, em obra mais recente [28], entende que o artigo 202 da Lei de Execuções Penais teria sido a solução do problema:

> *"A nosso ver, o artigo 202 da Lei de Execução Penal veio resolver um cruciante problema dos egressos ou condenados, e ninguém mais cogitará da reabilitação"*[29].

O ilustre mestre das Alterosas entende que o artigo 202 é a panacéia de todos os males que advêm dos antecedentes criminais com a proibição de qualquer alusão a respeito. Acredita mais. Acredita que a eficácia da norma jurídica é plena e compulsória, a ponto de suplantar mesmo o instituto da Reabilitação Criminal. Auto-aplicável, dispensar-se-ia o Capítulo VII do Código Penal (Parte Geral)[30]. Infelizmente Kelsen está aí para informar o equívoco: nem toda a norma jurídica vigente é norma jurídica eficaz. O artigo 202 da Lei das Execuções Penais é um caso típico dessa boa doutrina kelseniana. Para que alcancem os efeitos da suspensão da publicidade dos antecedentes, torna-se necessário que se recorra ao artigo 93 do Código Penal, e somente subsidiariamente se recorrerá ao artigo 202 já mencionado. Não convém esquecer, principalmente, dos "arquivos paralelos".

Ademais disso, há profunda antinomia entre a regra imposta pelo artigo 94 do Código Penal, que está a regulamentar a anterior: o artigo 93, e o que designa o preceito do artigo 202 do diploma já mencionado. Este de efeito instantâneo, aquele outro impondo um retardo de dois anos. Desde há muito a jurisprudência pende pela orientação que estiver

---

(28) Trata-se da nova Parte Geral do Código Penal, editada pela Livraria Del Rey Ltda. de Belo Horizonte, em 1985.
(29) Obra citada, pág. 94.
(30) Versa sobre a Reabilitação Criminal e vai do artigo 93 ao 95.

contida na norma jurídica substantiva, que haverá de prevalecer sobre a norma jurídica de caráter adjetivo. Aqui se complica por inteiro a afirmação do prof. Jair Leonardo Lopes: o artigo 202 não resolve o problema crucial do ex-condenado nem supera a eficácia do instituto da Reabilitação Criminal, para tristeza minha. Melhor seria que a norma jurídica, e tanto faz que fosse substantiva ou adjetiva, extinguisse definitivamente os efeitos que provocam os antecedentes criminais, e que o instituto aqui dissecado alcançasse definitivamente toda a plenitude que dele se espera.

6.5.2 — A REGULAMENTAÇÃO NORMATIVA COMPLEMENTAR

A par das normas jurídicas de uso corrente nacional, tem-se em São Paulo o Decreto nº 52.627, de 28 de janeiro de 1971, o qual regulamenta a expedição de Atestado de Antecedente[31] (sic) e Folha de Antecedentes Criminais[32]. Esse documento está muito comprometido com o tempo e a modernidade. Entretanto, segundo se pode apurar, toda vez que qualquer juiz do Tribunal de Alçada Criminal — TACRIM — solicita respaldo ao órgão de informação legislativa da Casa, recebe cópia de inteiro teor desse monstrengo, produto legítimo da mais violenta fase da ditadura militar. Ao que tudo indica, ainda não foi afastado esse "entulho jurídico" de que falou um dia o então ministro da Justiça Fernando Lyra[33].

O capítulo VII da "Normas de Serviço da Corregedoria Geral da Justiça"[34], cuida primeiramente[35] da inclusão de nome de pessoas não

---

(31) No artigo 6º, § único, os lançamentos que devem constar no "atestado de antecedentes": *a* prisão em flagrante não relaxada em juízo; *b* mandado de prisão preventiva; *c* sentença de pronúncia; *d* sentença condenatória; *e* prisão administrativa; *f* expulsão.
(32) No artigo 7º, praticamente uma complementação do parágrafo único já mencionado anteriormente, com nada menos que quinze alíneas, chegando mesmo a ser repetitivo, notadamente no que concerne ao aviltamento da conduta do cidadão. Na alínea *e*, por exemplo, menciona-se a reabilitação criminal, caso ocorrida.
(33) Fernando Lyra, que foi o primeiro ministro da Justiça do civil implantado em 1985. Nomeado por Tancredo Neves, sobreviveu no governo Sarney por quase um ano, tendo sido substituído por Paulo Brossard.
(34) Precisamente nas páginas 18/19.
(35) "Art. 53. Ao receber comunicação sobre inclusão nas denúncias de pessoas não indiciadas nos inquéritos policiais e nos autos de prisão em flagrante delito, o distribuidor deverá proceder às anotações nas fichas e livros, incluindo o nome das mesmas nos índices".

indiciadas em inquérito policial, mas que ingressam posteriormente no processo criminal. Há acurado interesse em se lançar sempre e mais informações para o consumo interno, que passam, de alguma forma, a complicar a vida do cidadão delinquente, ainda que ocasional e envolvido por caso fortuito. Nunca é demais rever o pensamento de Michel Foucault, para quem a vigilância não cuida senão de angariar meios para futuras e mais rigorosas punições. Não se trata de coibir a incidência do delito, mas de punir com mais rigor o reincidente.

Ainda em relação à normatização inter-corporais, leia-se o que determina o item 5.3.2., *in verbis*:

> *"Proceder-se-ão às anotações nas fichas informativas quando as comunicações se referirem à não inclusão, nas denúncias, de pessoas indiciadas nos inquéritos policiais e nos autos de prisão em flagrante delito".*

Com todo respeito, hei de lembrar aqui e agora a proliferação assustadora dos "Jeans Varjans"[36]. Criam-se mecanismos bastante para prosseguir-se numa perseguição implacável sem fim, que de resto não traz qualquer resultado prático para a reabilitação penal[37] daquele que, um dia, se viu envolvido em caso criminal. É mesmo uma psicose pelo não esquecer o passado, sem disso tirar proveito a sociedade a que se está supostamente servindo.

Lança-se o nome daquele que foi dispensado da ação penal, em vez de se cancelar pura e simplesmente o registro policial e a distribuição, já que existem. Não teria sido mais criterioso, para não dizer honesto e justo, que se excluíssem em definitivo os lançamentos já realizados? Mas não. Mantêm-se estocadas informações sobre ocorrências que, por si só, já são injustas, pois indiciar alguém apenas para abrir o "registro criminal" do cidadão é agressão não só ao seu passado, mas também ao seu presente e futuro, que terá para sempre sua imagem[38] denegrida.

---

(36) De Victor Hugo: "Les Miserables". A perseguição implacável do terrivel e temivel inspetor "Javer" contra o ladrão de pão: "Jean Varjan", que trocou o nome para "Sr. Madaleine".
(37) Quando digo "reabilitação penal", quero me referir à reabilitação fática, que devolve o "homem real", do qual falavam os pioneiros da "Escola Racionalista", como Augusto Roeder, Dorado Montero, Concepción Arenales, entre outros.
(38) Sobre a preservação da imagem, notadamente a subjetiva, irei discorrer mais adiante.

6.5.3 — A HERMENÊUTICA PRETORIANA

Preliminarmente, cabe justificar a inclusão deste tópico. Torna-se imperioso um retrocesso ao passado para se entender a importância transcedental alcançada pelo instituto dos antecedentes criminais desde aquele 12 de novembro de 1973[39]. Daí em diante, já não haveria prisão cautelar provisória para os casos de homicídio, após o despacho de pronúncia (que é como trata aquela decisão o prof. Hermínio Marques Porto), como também não mais permaneciam presos os condenados que da sentença recorressem, bastando apenas que o juiz declare na sentença os bons antecedentes juntamente com a primariedade. A rigor, a exigência se cinge a um único requisito[40]: os bons antecedentes, pois entendo impossível alguém chegar à condição de reincidente sem perder os bons antecedentes. A norma jurídica em si repunha nos seus devidos termos uma máxima contida na quase a totalidade das Constituições modernas[41], inclusive na brasileira. Assim, apesar de seu escopo primeiro ter sido espúrio, casuística a ponto de premiar, na oportunidade, uma única pessoa[42], evitando destarte que o beneficiário fosse preso, mercê de pronúncia, essa norma jurídica era, e é, de excelente conteúdo humanístico e recolocava a esperança nos corações de milhões de brasileiros. Era, na realidade, o indício real e evidente da retomada democrática, cujo ideal demoraria outros doze longos anos para ser cumprido.

Após o 22 de novembro de 1973, surge o problema da conceituação da locução: **ANTECEDENTES CRIMINAIS**. Alguns magistrados partiram para definições simplistas, dizendo ser *antecedente* tudo aquilo que aconteceu antes![43] Era, bem de ver, uma forma fácil de se resolver

---

(39) No dia 22 de novembro de 1973, o *DOU* publicava a Lei nº 5.941, que alterava substancialmente o artigo 594 e o § 2º do artigo 408, ambos do Código de Processo Penal. Era a Lei "Fleury" como conhecida.
(40) Digo "um só requisito" pelo fato de que havendo reincidência, os bons antecedentes já não existirão. E, na outra ponta, poderá haver maus antecedentes e, ao mesmo tempo a primariedade.
(41) Foi a reintrodução do princípio da presunção de inocência enquanto não provada definitivamente a culpabilidade. Presentemente, esta máxima tem *status* constitucional, incrustada que está no inc. LVII do artigo 5º da Carta Magna.
(42) O então delegado de Polícia Sergio Paranhos Fleury, acusado de comandar o "esquadrão da morte", teve prisão preventiva decretada pelo MM. Juiz do Júri da comarca de Guarulhos, tendo em vista ter sido acolhida a razão de pronúncia apresentada pelo então promotor dr. Milton Cicero.
(43) Numa comarca de Minas Gerais, defendi um policial militar que tinha contra si uma prisão preventiva compulsória em razão de pronúncia. Tinha ele, segundo o magistrado, "maus antecedentes", em virtude de algumas transgressões disciplinares; punições de caserna. Ao informar o *habeas corpus*, o ilustre juiz disse com todas letras: "antecedentes são fatos que ocorreram anteriormente"!!!.

uma questão técnica. Poder-se-ia relacionar uma enormidade de acórdãos convergentes[44], no sentido de punir preventivamente, houvessem ou não registros nos antecedentes. Havendo registro, então nem se perde tempo em analisar o seu conteúdo[45], já que a simples menção nos autos foi bastante para que o acusado não pudesse defender-se em liberdade.

Em matéria de definição quanto ao que se poderia entender por antecedentes criminais, ou maus antecedentes, separei julgado do Supremo Tribunal Federal, cujo relator foi o ministro Moreira Alves:

> *"Primariedade não se confunde com bons antecedentes — Não tem bons antecedentes quem várias vezes esteve envolvido em ocorrências, inquéritos e processos criminais, sob suspeita ou acusação de prática de diferentes delitos".*[46]

Da forma como posta a decisão do Supremo Tribunal Federal, na pessoa de um dos mais brilhantes juristas do Brasil, mas que não é do ramo penal, vale o simplismo já anteriormente questionado: "antecedente é tudo aquilo que aconteceu anteriormente".

De uma decisão dura, para outra recrudescida, muito pouco ficava faltando. O artigo 59 do Código Penal, versão 1984, informa ao juiz que se oriente quanto aos antecedentes do acusado no momento de prolatar a sentença. Daí surge uma decisão prolatada pelo juiz Ney Valadares[47], oportunidade em que o magistrado diz, em síntese, o seguinte:

> *"A condenação anterior, embora já decorrido o prazo de sua temporariedade para que seja considerada como reincidência, pode revelar maus antecedentes...".*

De notar quão rigoroso o critério adotado por esse magistrado, que não admite de forma alguma a capacidade regeneradora do cidadão. Trata-se de caso em que se discutiam os critérios adotados pelo julgador *a quo*, quando da dosimetria. Se não se desarmarem os espíritos quanto

---

(44) Na *RTJTSP*, da Lex, anotei os seguintes: Ap. nº 92.388, 4:305; Ap. nº 92.782, 6:441; HC 107.417, 15:345; HC 123.444, 30:339; HC 138.098, 55:307; *HC* 55.473-3, 109:467; HC 43.324.
Do STJ os seguintes: HC nº 66.21-8-89; HC nº 20, 18-8-89; HC nº 190, 04-9-89.
Do STF os seguintes: 1:226, HC 53.311-SP; 3:326, HC 56.204-SP, 25:326, HC 56.911-6-MG, 60:350; 66:325, HC 61.290-3-RJ; 86:350; HC 59.161-2-SC, 108:379; HC 65.291-3-RS.
Ainda outros publicados pela *RJSTF* nºs 2:298; 2:300; 2:319; 3:155; 4:277, 8:168; 8:314; 33:324; 34:299; 38:337, 44:327; 50:302; 77:413; 93:328 e 105:358. Na *TJTJSP* nºs 72:294; 73:296, 77:350; 85:424; 95:511 e 95:535 E 107:499.
(45) Exemplo disso foi o julgamento do REC nº 91.946 (*Lex*, 17:300).
(46) RHC nº 55.085-MG, julgado em 15-3-77 e publicado em 25-4-77 no *DOU* e *Lex*, 7:308.
(47) Publicado pela Lex-*RJSTF e TRF*, nº 5:353, na Apelação nº 89.0201-3.

à possibilidade de regeneração, não acredito seja possível qualquer avanço do instituto aqui analisado, em benefício último da sociedade. Essa opção pelos "inspetores Javers" não tem demonstrado qualquer resultado prático condizente com os anseios de sucesso em relação ao combate à criminalidade.

Mais recentemente[48], o Tribunal de Alçada Criminal determinou o cancelamento dos lançamentos desabonadores, uma vez que a ação penal foi trancada por atipicidade dos fatos que ensejaram o inquérito policial. Fato atípico, não deveria sequer ter seu registro cancelado, senão extinguido definitivamente. Cancelar, apenas, implica a possibilidade de ser o informe devolvido à baila e trazer consigo um halo de injustiça contra quem não praticou delito algum. Afinal, existe no sistema nacional a valoração dos *antecedentes* para a concessão de vários benefícios e mesmo alguns direitos subjetivos.

Mas, apesar da timidez, aquele acórdão surtiu efeito na orientação de julgados futuros. Em 1987, outro mandado de segurança[49]:

> *"Mandado de segurança — Cancelamento de Registro Criminal por ação penal trancada. Admissibilidade: deve ser cancelado o registro criminal daquele que teve trancada a ação penal instaurada contra si, pois nossa legislação tende a afastar toda a estigmatização proveniente de processos-crimes, mal precedidos, ou de acusações infundadas (art. 202 da L.E.P.)".*

Era o início da aplicação da norma jurídica idealizada pelo prof. Jair Leonardo Lopes. De qualquer maneira foi preciso, ainda uma vez, que o juízo de superior instância viesse em socorro do indiciado em inquérito policial injusto. Nada pode ser pior para uma sociedade do que um sistema penal injusto e vingativo.

E, num crescendo digno de realce, dois juízes de um mesmo tribunal[50] julgam de maneira coerente com a dignidade da pessoa humana. O primeiro deles diz que "maus antecedentes devem corresponder a sentenças anteriores com trânsito em julgado". Louvando, ademais disso, a possibilidade da aplicação da Reabilitação Criminal. Descarta também o emprego do preceituado no artigo 59 do Código Penal, sem que, para cada requisito ali contido haja fundamentação equânime e objetiva, dizendo caber ao juiz sopesar cada fator que se lhe apresente nos autos.

---

(48) Acórdão do TACRIM, julgamento 20-3-84, rel. Juiz Ralpho Waldo.
(49) MS nº 159.832, TACRIM, rel. Juiz Lourenço Fº, 9ª Cam. v.u., 24-6-87.
(50) Os juízes Haroldo Luz, no julgamento da Apelação nº 491.245/7, de Bauru, e Pedro Galiard, no *habeas corpus* nº 163.546/3, ambos do TACRIM.

No segundo julgado, o juiz foi o doutor Pedro Galiardi, que assim se pronunciou:

"Os feitos que não foram julgados não induzem maus antecedentes".

Lamentavelmente, esta não tem sido a regra sobre o conceito e definição dos antecedentes criminais. Conforme tive oportunidade de demonstrar, desde a interpretação estrábica originada do Supremo Tribunal Federal, um caudal de julgados que não pretendeu outra coisa que fosse punir, ou manter o estigma da perseguição. São, a meu juízo, os "Javers" correndo atrás dos inúmeros "Varjans" — já não mais figuras anônimas — do mundo moderno. Não critico a instituição, posto que ela é dirigida por pessoas humanas. Faço restrições, isso sim, aos espíritos fechados nas suas próprias verdades, e, por medo de romper com o conservadorismo, caem na vala comum dos conservadores, para os quais é melhor deixar como está para ver como é que fica. Alguns não tiveram vivência alguma do mundo real onde prolifera a criminalidade. Não vivenciaram uma parcela mínima do dia-a-dia da sociedade que julgam, limitando-se ao exercício epistemológico, sem vivência empírica, mas real, com o *ontos* gerador da problemática da marginalidade, que gera a seu turno uma casta refinada que se denomina *criminalidade*, chegando ao final no seu produto acabado: o delinqüente. Louvo do fundo do meu ser aqueles julgadores que, acima de tudo, são "gente". Mais que qualquer boa ciência, há de se valorar o homem como sendo o melhor resultado criado pela sociedade.

6.6 — A PUBLICIDADE DOS ANTECEDENTES E SUAS CONSEQÜÊNCIAS

6.6.1 — A Publicidade

Do modo como está estruturada a sistemática normativa dos registros criminais, é humanamente impossível coibir a difusão dos informes em relação ao cidadão. Já se disse em outra parte dos riscos inerentes da permissão de extração de informes, mais ainda em relação ao artigo 202 da Lei de Execuções Penais. Não há ali proteção adequada do sigilo quando qualquer magistrado requisita a folha de antecedentes do cidadão processado. Não há, como em Portugal, autos apartados sobre os antecedentes, que vivem apenas para suprir o juiz, não se tornando jamais de domínio público os dados ali constantes. A requisição, vez que atendida, produz certidão que será juntada aos autos e, como via de conseqüência, torna-se pública [51].

Ademais, há sempre a possibilidade de interpretação extensiva do conteúdo, resultando, não raro, em verdadeiros absurdos. O problema não é novo e, a propósito, separei um julgado de 1962[52], em que o exagero foi criticado abertamente:

"Constitui evidente exagero aumentar as proporções das conseqüências mínimas advindas de uma simples contravenção, mormente tendo sido julgada prescrita para servir de motivo ao indeferimento de pedido de reabilitação".

No caso citado, felizmente venceu o bom-senso, não se tendo considerado os antecedentes como obstáculo para a concessão da reabilitação. Mas essa foi a exceção, posto que a regra é a publicidade, ainda que desnecessária e sem qualquer sentido prático, conforme diz Jair Leonardo Lopes[53]:

"À primeira vista pode parecer indispensável à defesa de cada um de nós em particular e, portanto, em última análise, à defesa social, que se mencione, sempre a condenação nos documentos extraídos dos registros judiciais ou policiais.

Há, porém, um lamentável equívoco nesta colocação do problema da defesa social, porque não está ela assegurada pela simples exigência da menção da condenação em folha corrida ou atestados fornecidos aos egressos da prisão".

Mais recentemente, houve um julgado do Tribunal de Alçada Criminal[54] em que os julgadores admitiram fazer constar condenação anterior em certidão para o concurso público. É bem verdade que se tratava de concurso para ingresso na magistratura. Mas a lei não autoriza uma tal interpretação, procurando assentar-se exclusivamente nos casos de

---

(51) Como já se disse, é garantia constitucional do cidadão o acesso a tudo quanto exista no processo. Em síntese: o processo é público.
(52) Acórdão de Embargos Infringentes publicado pela *RT, 349*:299, julgado de 21-11-62, rel. o des. Manoel Pedro, tendo também participado Barbosa Pereira, Mendes França e Benévolo Luz (vencedores); vencidos Valentim Silva e Cardoso Rolim.
(53) "A Nova Parte Geral do Código Penal", ed. da Livraria Del Rey, Belo Horizonte, 1985 pág. 93.
(54) Trata-se do julgamento do MS nº 161.922, rel. o juiz Celso Limongi: "Mandado de Segurança — Reabilitação — Certidão Criminal para concurso público. Aparência de condenação anterior. Admissibilidade: A Reabilitação Criminal não impede que a certidão de antecedentes seja expedida com nota de anterior condenação, se ela se destina à inscrição a concurso de ingresso na carreira da magistratura".
Chocante é que o julgado aconteceu em 7-6-1988, em plena vigência do artigo 93 e do artigo 202 da LEP.

processos novos, conforme texto literal do artigo 202 da Lei das Execuções Penais. Aí, uma questão crucial a ser resolvida: deve-se ou não "fechar" a norma jurídica? Há ou não a garantia de sigilo quanto à difusão dos antecedentes?

Fico com o mestre das Alterosas, quando critica a exigência inútil da menção de antecedentes criminais. Para Michel Foucault a pena privativa de liberdade constitui-se no "esplendor do suplício". Imagine-se, então, esses estigmas de publicidade dos antecedentes não devidamente controlada. É a desmoralização *ad eternum*. E o que é pior: nunca se sabe quando ela poderá vir à tona.

6.6.2 — A Imagem do Cidadão

Há questão de dois anos atrás, o prof. Luiz Alberto Davi Araújo[55] dissertou perante a Magnífica Congregação da Pontifícia Universidade Católica sobre os direitos à imagem de que desfruta o cidadão. Naquele trabalho, fez referência ao direito à personalidade, citando Orlando Gomes[56], a quem atribui a afirmação de que se trata de "uma classe de direitos especiais ligados à essência do indivíduo a sua personalidade". Tudo o que foi dito acima diz respeito tão-somente a uma forma de *imagem*: a objetiva.

Na seqüência, discorre sobre as Liberdades Públicas, com seus institutos garantidores do direito à própria imagem, fixando-se sempre no aspecto objetivo. Mais precisamente na parte em que se exterioriza, em que se materializa a imagem (física).

Entende o referido constitucionalista daquela Casa, que o uso da imagem do indivíduo, quanto ao seu resguardo, está embaraçado com questões de ordem pública a direito de informação, devendo prevalecer este último. Assim posto o problema, diz o autor:

> *"A exibição da imagem de alguém, sem sua autorização, passa a ser possível para que possa prevalecer o interesse social"*[57].

---

(55) "A proteção Constitucional da Própria Imagem", cuja sustentação se deu em 1989, e teve como orientador o prof. Michel Temer.
(56) Veja-se fls. 26, com a seguinte redação:
"Os direitos da personalidade são absolutos, extrapatrimoniais, intransmissíveis, imprescritíveis, impenhoráveis, vitalícios e necessários (32)".
Segundo Luiz Alberto David Araujo, a assertiva transcrita está inserida em publicação da *Revista Forense*, vol. 217, pág. 7, sob a denominação: "Direitos da Personalidade".
(57) Fls. 27 do trabalho referido, tópico 6.b.

Despiciendo dizer da minha reprovação quanto a esta colocação. Embora fique claro na dissertação de Araujo, que a regra no Direito Constitucional seja "a da não proteção à imagem" (objetiva) — inserção minha. Países há em que se respeita a imagem (objetiva) do cidadão que se encontre processado criminalmente, aguardando-se que ocorra uma sentença firme, ou o trânsito do julgado, como dizemos por aqui.

Para esta oportunidade, interessa proteger a imagem subjetiva do cidadão. Essa imagem de que falo tem seu nome transmudado para vários outros vocábulos: "conceito" sobre certa pessoa; "nome ilibado"; "antecedentes", ou, como escrito na Constituição de Portugal, "bom nome"[58]. O "bom nome" só será possível manter se não houver mácula ou evasão de informações sobre eventuais fatos passados. Tanto faz que o sigilo seja quebrado pelos órgãos oficiais ou pelos "arquivos paralelos"[59], pois o resultado em si é o mesmo: sempre nefasto.

De ordinário esbarra-se com a imprensa em geral, com fotos fornecidas pelas Delegacias de Polícia, onde se vê a data e o artigo do Código Penal que teria sido infringido pelo cidadão. Ora, e se esse inquérito policial foi arquivado? E se, havendo denúncia, o acusado vem a ser absolvido? E se essa absolvição se der por atipicidade? São questões com que se defronta diuturnamente, e que trazem muitas preocupações para aqueles que, como eu, não vivem bem com a injustiça.

Usando a locução "segurança nacional"[60], Araujo discorre sobre o uso da fotografia, autorizando-a quando houver conflito entre o direito individual e o social. Também o autor não apoia essa autopermissão de que usufrui o Estado. Há aqui mais que um ângulo a ser analisado. O primeiro deles é o fato de não se saber se, no futuro, esse procedimento policial prosperou. Se vingou ou não. Em não vingando, estar-se-á a desmoralizar, agredindo o "conceito" do cidadão, seu "bom nome" perante os seus iguais, seus pares na sociedade em que vive.

Ainda uma outra situação altamente inquietante é a liberdade de informar de que dispõe a imprensa em geral[61]. Não se trata de pretender

---

(58) Eis o texto do artigo 26.1 da Constituição de Portugal:
"A todos são reconhecidos o direito à identidade pessoal, à capacidade civil, à cidadania, ao BOM NOME e representação, à imagem e à reserva da intimidade de vida privada e familiar.
(59) No Estado de São Paulo, por exemplo, todas as Delegacias Especializadas, mantém seus "arquivos paralelos", com fotografia etc. Isto para ficar apenas na esfera da Segurança Pública.
(60) Pág. 60.
(61) A Constituição Federal regulamenta o assunto através do § 1º do artigo 220.

cercear o trabalho dos profissionais da imprensa, mas de coibir os abusos praticados pelos artífices da chamada "imprensa marrom". De regra, esse pessoal especializado nessa área vive de agredir as pessoas que são envolvidas em investigações policiais, e que, nesse momento, não têm a menor possibilidade de defesa da sua própria imagem. Ao usarem fotos e publicarem entrevistas com pessoas detidas pelos órgãos investigatórios, estão dando publicidade a fatos que, de rigor, não ultrapassam sequer o terreno da expectativa.

Ao se usarem fotografias com o número do artigo do Código Penal que teria sido "aperfeiçoado" pelo investigado, estar-se-á a violentar as duas formas de imagem a que me refiro: a objetiva e subjetiva. Mais grave ainda é o fato de que o funcionário público não pode fornecer esse material, posto que é propriedade do Estado, conseguido mediante o uso da discricionariedade de que este dispõe, sem qualquer autorização ou consentimento do investigado que, naquele momento, nada mais era que "objeto da investigação", conforme quer Fernando Tourinho Fº. Então, data máxima vênia, não se pode concordar com a assertiva de Luiz Alberto Davi Araujo, quando diz que o uso da fotografia tirada pelos órgãos da Polícia não implica em violação, posto que o cidadão consentiu [62]. No momento em que o cidadão posa para o fotógrafo policial, está, à evidência, sob situação de absoluta coação, não desfruta nem um mínimo ínfimo do seu *querer* livre e consciente. Essa publicidade de fatos não devidamente apurados, e ilustrados desde logo com material fotográfico obtido pela Polícia, constitui ilicitude que, não raro, está amparada na corrupção. Esse procedimento, bem de ver, não ajuda em nada no combate à criminalidade, servindo apenas para exibir à sociedade o trabalho reverenciado do órgão repressivo. Demonstra mais. Demonstra que o cidadão delinqüente — ou não — está sempre vigiado. Aguarda-se apenas um breve deslize para que o castiguem outra vez.

Em síntese: *Vigilar y castigar*, como diz Michel Foucault.

Conforme já dito, essa modalidade de ação — conduta — dos órgãos de repressão nada soma ao combate à criminalidade, notadamente se se considera que o combate aqui desenvolvido não visa o *fato* que está no porvir, mas sim o cidadão que já teria, em tese, transgredido a norma jurídica penal. Desmoraliza-se alguém pelo fato já consumado,

---

(62) Pág. 76.

para o qual nada se pode fazer para reverter o quadro. Em sendo assim, como realmente é, já não se preocupa a autoridade com a defesa social, perdendo a pena sua razão de ser: emenda, mas servindo de vingança institucionalizada.

Em trabalho publicado em 1981 pela Revista dos Tribunais[63], Michel Basile Nicolaides, a exemplo do prof. Jair Leonardo Lopes, diz da inocuidade dessa lembrança sistemática:

> *"Não se justifica, portanto a lembrança do crime, ferindo o amor próprio e criando sofrimentos até no seio de familiares daquele que deixou o cárcere e se regenerou".*

Essa *lembrança*, de fato, violenta a imagem subjetiva do cidadão, que luta o quanto pode para esquecê-la, visando poder realçar a sua imagem junto à sociedade com a qual ele — o cidadão — convive diuturnamente.

Numa síntese: o Estado lança mão do recurso extremo da pena como "meio" pelo qual se pretende alcançar um "fim", que é reeducação daquele que disso necessite[64]:

> *"após a realização de uma conduta típica, antijurídica e culpável, a pena só será aplicada se se mostrar de algum modo útil. Ou para reeducar o agente que se mostre necessitado de ser reeducado".*

E, como diz Michel Foucault[65], o que não se diz é como se irá conseguir esse intento. Seguramente não será pela via do cárcere, pois dali somente saem pessoas definitivamente comprometidas com a criminalidade, pelo menos esta tem sido a regra. Mas, se a crítica do cárcere é generalizada, não menos se poderá dizer da publicidade. Esta quiçá a mais dura punição que o cidadão delinqüente pode receber, se ele nutrir um mínimo do *amor próprio* de que falou Nicolaides.

Se a prisão é um estigma cruel, que materialmente violenta o indivíduo, pior é a publicidade quase sistemática que se dá aos antecedentes criminais. Em última análise, a prisão pelo menos isola e segrega, deixando a falaciosa impressão de uma defesa social coerente. Mas, os

---

(63) *RT*, *550*: 261. Sobre o trabalho do autor já se fez referência em outras oportunidades.
(64) COSTA JR., Paulo José da, in *Curso de Direito Penal*, vol. 1 pág. 130, 1ª ed., Saraiva, 1991. Sobre este trabalho já me referi em outra parte, quando ainda estava em fase de elaboração. Veja-se o Capítulo da Culpabilidade.
(65) FOUCAULT, Michel: *Vigilar y Castigar*, no capítulo "Ilegalismos y Delincuencia", pág. 283.

antecedentes, nem isso. Servem exclusivamente para mostrar a face rancorosa do Estado que não quer esquecer o mal causado um dia pelo delinqüente — ainda que ocasional —. Enquanto o Estado quer ter vivo na memória o passado do cidadão, este luta de todas as formas para esquecer, preferindo ser o senhor "Madaleine" em lugar de seguir sendo o "Jean Varjan". Há, em realidade, o rejuvenescimento da surrada contraposição entre o BEM e o MAL. Ali seriam as atitudes do Estado relembrando sempre o seu filho desencaminhado; aqui o cidadão tentando heroicamente sua reabilitação. Tanto um quanto o outro são valores eidéticos, merecendo o mesmo peso sempre que sopesados.

Para concluir. Os antecedentes criminais e sua publicidade em nada ajudam no combate da criminalidade. Alimentam, isto sim, *ad eternum*, uma contenda [66] inútil e o odiosa, sem qualquer sentido prático que não o de reavivar velhas questiúnculas, como a reincidência — no seu sentido gramatical.

Do direito vivo, tem-se um fato relativamente recente: um meliante com longa ficha policial foi preso em uma Delegacia de Polícia da Capital, acertou com o policial um suborno, visando não prosseguirem investigando suas atividades. Combinaram, delinqüente e policial, que iriam até a casa de um sócio daquele, a fim de pegarem o dinheiro do acerto. Ao chegarem à casa designada, o policial é apresentado ao morador, nada menos que o juiz corregedor da Polícia [67]. De imediato houve reação do segmento policiaco: no noticiário daquele dia foi exibida a vasta ficha de antecedentes do delinqüente [68]. Alardeou-se a Vasta folha expedida pelo telex, procurando demonstrar à opinião pública que quem ostentava uma tal folha de antecedentes não merecia credibilidade para acusar quem quer que fosse. Despiciendo dizer-se da falácia que se empregou. Falácia *ad hominem*, é o nome técnico desse argumento. Mas o que interessa mesmo é valorar a utilidade dos antecedentes criminais. Foucalt fala da produção de uma criminalidade que se autoestimula. É um círculo vicioso de terríveis proporções.

---

(66) É sabido que o registro de antecedentes criminais é um obstáculo na maioria das vezes intransponível para que o indivíduo possa se reintegrar na sociedade". Michel Basile Nicolaides, *RT*, 550:263.
(67) Fato ocorrido quando ainda era juiz corregedor o dr. Renato Talli, envolvia um policial lotado no 3º D.P. da Capital.
(68) Do policial em si, nem uma só palavra sobre sua vida funcional ou social. A primeira, pelo menos, não era das mais recomendáveis. Não se faltará mais para não usufruir, aqui, daquilo que se está a combater: os antecedentes arquivados para servirem de prova futura.

Vê-se que o armazenamento das informações pode ser usado tanto para acusar o criminoso quanto para proteger e encobrir certos procedimentos dos órgãos investigatórios. Toda a vez que o acusado alega tortura policial, sua ficha de antecedentes é motivo de publicidade pela imprensa especializada, que vive em constante troca de gentilezas com as autoridades responsáveis pela primeira linha de investigações. Ainda recentemente, uma emissora de televisão "adquiriu" exclusividade numa diligência da Polícia Federal, filmando tudo quanto aconteceu, e que culminou com a apreensão de 554 quilogramas de cocaína, segundo o noticiário exclusivo. Assim, diante de um tal quadro, há de se pensar em alguma solução — ou sugestão — para tão inquietante e fustigante problema. É o que tentarei na seqüência final deste trabalho.

6.7 — O QUE FAZER?

"O Direito não é senão o nível do todo social" [69].

Partindo dessa premissa, forçoso admitir o desajuste existente entre o que a norma jurídica geral pretende e o que dela se consegue, quando dali se abstrai uma "norma jurídica individual" [70]. Já se demonstrou que o sigilo previsto pelas normas jurídicas — substantiva e adjetiva — [71] se vê violado tão logo que requisitada a folha de antecedentes criminais, posto que acostada aos autos e, por via de conseqüência, exposta ao exame público, podendo mesmo serem reproduzidas as informações ali constantes. Então, o conteúdo de um documento que, num primeiro momento, seria de manuseio exclusivo da autoridade judicial, transforma-se em dado de conhecimento geral.

Preliminarmente, surge um impasse a ser superado. Trata-se de analisar a eficácia dos arquivos, máxime os "paralelos", para o trabalho da Polícia [72]. Cria-se uma "delinqüência fechada, pretendendo demonstrar à sociedade que o registro sistemático e permanente, por si só, constitui um óbice ao delinqüente no desenvolvimento de suas atividades

---

(69) Trecho do discurso de posse como professor titular da Cadeira de Direito Econômico da FADUSP, em maio de 1990.
(70) Para Hans Kelsen, "norma jurídica individual" é aquela criada e aplicada diretamente sobre o fato concreto.
(71) Considere a LEP como lei adjetiva, pelo menos no que concerne ao artigo 202
(72) Nesse sentido, leia-se Manuel Grosso Galvam, obra citada, págs. 367/8.

delinqüenciais. Balela das mais gritantes, representando mesmo uma falácia inominada. Na realidade, os arquivos, sejam eles de que matiz forem, servem apenas para agravar a pena no caso de reincidência, e obstruir possíveis benefícios processuais àquela pessoa que, de qualquer forma, seja envolvida com a justiça criminal[73].

Valoriza-se de maneira dogmática a eficácia dos arquivos. Sequer cuidam de dar baixa nos informes acaso superados, para assim manter todo o aparato de repressão. Há, aqui, algo mais que a justificativa da decantada defesa social. O aparato investigatório, de rigor, depende de duas vertentes para apurar delitos: a delação institucionalizada[74] e a tortura praticada pelos órgãos da Polícia. Em qualquer das hipóteses, o arquivo que tiver antecedentes do investigado será acionado. A partir dessa constatação — a da existência de antecedentes criminais — a Polícia passa a pressionar, transformando uma suposição em realidade fática, e assim por diante. O falso combate à criminalidade desenvolve uma perseguição *post-crimen* implacável. Disso deriva, não raro, uma compulsoriedade do crime ao cárcere, uma nova tentativa de reinserção frustrada, de onde se reinicia todo o processo. Como disse Foucault, a "prisão é o esplendor do suplício". Mas, pior que ela são os efeitos dos antecedentes criminais, tal como usado entre nós: infamante, prolixo e inútil.

Tal como colocadas as coisas, vale a pena sugerir alguma providência em nível de *lege ferenda*. Até porque, como diz Albero Silva Franco[75]:

> *"Os direitos fundamentais da pessoa são, antes e acima de tudo, direitos de defesa do cidadão frente ao leviatânico Estado moderno e, nessa qualidade, significam limites e controles à atividade estatal".*

---

(73) "Bons Antecedentes" é uma exigência indeclinável em pelo menos duas oportunidades processuais. Com efeito, vejam-se o artigo 594 e o § 2º do artigo 408, ambos do CPP.
(74) A atividade investigatória cria e mantém um segmento nefasto, cujo produto acabado é o "ganso", como são conhecidos os alcaguetes da polícia. Convém não confundi-los com os delatores. Estes falam sobre coisas e situações que os prejudicam também. Aqueles outros tiram sempre algum tipo de proveito do que sabem, negociando informações com a polícia.
(75) FRANCO, Alberto Silva, in *Temas de Direito Penal*, ed. Saraiva, 1986, pág. 95. Discorrendo sobre a jurisdicialização da execução penal, desenvolve todo um raciocínio sobre o pensamento do constitucionalista português José Joaquim Gomes Canotilho, sobre os direitos fundamentais que se reconhecem ao cidadão do Estado moderno.

Há de se criar sempre alguma coisa nova, visando a inibir esse monstro alado em que se constitui o Estado [76], que usa de todas as artimanhas para pressionar e amordaçar o cidadão, inclusive com sua mais recente criação: o armazenamento dos antecedentes criminais, agora computadorizado[77].

Inquestiona-se a aporia em que se constitui o uso indiscriminado dos arquivos pelo aparato investigatório repressivo. Prova disso foi o caso havido no antigo DOPS antes da ascensão de Montoro ao governo do Estado de São Paulo. Não se espere seja tarefa fácil essa de policiar a Polícia quanto ao uso dos arquivos, máxime os "paralelos". Dir-se-á sempre que os órgãos de investigação necessitam desse controle[78] para melhor poderem desempenhar a árdua tarefa de defender o cidadão e a sociedade da delinqüência. A isto, como já se disse, dá-se o crédito de dogma, como se assim fosse[79], negando-se a grande, real e brutal evidência do Direito Penal que temos: não se combate a criminalidade senão que o criminoso e, ainda assim, após o crime consumado ou tentado. Então, a eficácia dos arquivos é praticamente nenhuma. Servem, isto sim, para arrimar as imputações que se pretenda fazer no futuro contra aquele que, de alguma forma, foi fichado — ou "etiquetado" —, como diz Manuel Grosso Galvan.

Já que aporética a questão da manutenção desses arquivos, é de todo indispensável que se regule com absoluta precisão o espaço de utilidade das informações ali contidas. Como primeira medida saneadora, seria o caso de haver proibição absoluta de referências quanto aos antecedentes criminais na fase investigatória do fato. Deve o inquérito policial cingir-se exclusivamente ao fato ventilado, defeso a juntada de qualquer informação anterior sobre a vida do cidadão.

---

(76) "LEVIATÃ", na obra fundamental de Thomaz Hobbes, seria o monstro alado que encarnava o Estado, "Um mal necessário", segundo Hobbes, mas que devia ser policiado para não acabar por absorver a todos.
(77) Segundo se sabe, teria sido o todo-poderoso Ministro da Polícia da França, José Fouchet, o primeiro governante a usar a força coercitiva desse armazenamento de informações. Isto deixa claro o escritor austríaco Stefan Zweig, ao escrever a biografia romanceada desse incrível personagem da História da França pós-revolucionária. E Fouchet não pode desfrutar dos benefícios dos computadores!!!
(78) Volta-se aos escritos de Galvan, às fls. 367, já mencionada. No mesmo sentido, veja-se Cesar Camargo Hernandez, pág. 118.
(79) "Una vez que el condenado cumple su condena, no hace sino comenzar esa nueva situacion que le enfrenta con una sociedad en donde no se le deja más lugar que aquel para el cual se le ha *etiquetado*". Manuel Grosso Galvan, obra citada, pág. 366.

Da mesma forma, o Ministério Público deveria articular a acusação tendo em vista apenas os fatos apurados e relatados no procedimento investigatório. Se a prova do fato não é convincente, não é lícito socorrer-se dos antecedentes criminais do investigado para o efeito de alicerçar o novo processo. A lei fala em "instruir novo processo". Mas, aqui cabem duas observações: a primeira é a locação "instruir", com o qual não se pode concordar. Mesmo para aplicar a pena já seria arbitrário, quanto mais para instruir o processo. A outra versa sobre esses antecedentes ingressarem no feito desde a primeira hora, quer dizer, desde a instauração do inquérito policial.

O magistrado, de sua parte, deveria aplicar uma pena base antes de conhecer os antecedentes criminais para efeito do agravamento em caso de reincidência[80]. Seria esta uma forma de evitar o desvio de opinião em caso de dúvida quanto ao fato em si. Somente após fixada provisoriamente a pena base, é que o magistrado prolator da sentença iria conhecer os antecedentes. Caso houvesse reincidência, à sentença em si diria o quantum deveria ser acrescido.

E, mesmo nos termos propostos acima, a requisição de folha dos antecedentes criminais deveria ser sempre precedida de todo cuidado quanto ao sigilo. A resposta, por exemplo, deveria vir em documento lacrado e diretamente ao juiz requisitante. Aferidas as informações solicitadas, as folhas de antecedentes deveriam ser destruídas imediatamente. Vale dizer que, uma vez requisitada a folha de antecedentes, já haveria uma sentença condenatória, sem qualquer possibilidade de retrocesso nesta fase do processo. Vale dizer: a culpabilidade já estaria definida e a convicção do magistrado já exteriorizada.

Seria necessário alterar a redação do artigo 202 da Lei de Execuções Penais, colocando ponto final onde está a última vírgula, suprimindo-se a parte que faculta a expedição de documentos ali enumerados para o fim de "instruir processo". Isto somente aconteceria em casos como os já expostos: sentença condenatória cuja pena preliminar já esteja delineada. E, é bom que se diga, todas essas providências estão sendo propostas tendo em vista a absoluta impossibilidade, neste mo-

---

(80) Não que eu aceite a reincidência como fator de acréscimo de pena, apenas faço referência, por imposição do inc. I do art. 61 do CP. A meu juízo, aquele que, de qualquer forma quitou seu débito, não pode, e não deve, ter acrescida em fato futuro qualquer sanção, sob pena de, na prática, estar havendo un *bis in idem* disfarçado.

mento, de ver prosperar e vencer a idéia de extinção pura e simples dos antecedentes, como em vários outros países, e que é o meu ponto de vista, a exemplo de Jair Leonardo Lopes.

Destarte, a regra do artigo 93 do Código Penal passaria a condição de compulsória a partir do primeiro momento, e tornar-se-ia absoluta se, após o interstício legal [81], com o que também não concordo, não houvesse óbice algum. Em síntese, a ninguém seria permitido fazer uso dos antecedentes da pessoa a pretexto algum.

Quanto ao uso dos "arquivos paralelos", questão aporética na sua mais comprometedora essência, como já se disse, até porque nenhum governante assumiria a decisão de coibir essa aberração, deveria ser tratada com toda a rigorosidade, criando-se norma jurídica violenta mesmo. Não faltaria quem viesse em socorro daquele agente administrativo que lançasse mão desse expediente, usando o já surrado chavão: "prendem a polícia e soltam o ladrão". Mas isso não deveria se constituir em constrangimento para a aplicação da lei: aquele que divulga segredo protegido pelo Estado é tão ou mais criminoso que o próprio criminoso combatido por ele. Um corre os riscos inerentes da profissão que abraçou, o outro não, esconde-se atrás do distintivo, do Estado.

Em casos tais, além da ação penal cabível, a ação indenizatória contra o Estado haveria de ser compulsória, e este estaria obrigado a patrocinar imediatamente a ação regressiva contra o funcionário falante. Se isto não acontecesse, que se processasse o funcionário relapso. Talvez esta a única forma de amenizar em parte o problema da divulgação dos antecedentes criminais, informações estocadas nos arquivos paralelos, cuja existência constitui gravíssima ameaça à reabilitação criminal do indivíduo que dela precise fazer prova.

"Se o delito é incerto, não é hediondo atormentar um inocente?" [82].

E não seria o caso de indagar se a mentença sistemática dos antecedentes não representa a expectativa do Estado de que o cidadão irá

---

(81) Também aqui não estou de acordo. Acho que se a pena é tão eficaz como procuram convencer que seria, então, imediatamente após a sua extinção, o apenado deveria estar plenamente reabilitado, o que seria medida compulsória. Este também o ponto de vista de Jair Leonardo Lopes e Michel Nicolaides, pelo menos no pertinente a compulsoriedade da aplicação do instituto da Reabilitação Criminal.

(82) Beccaria, *apud* Paulo Pinto Nery, in *Humanização da Pena*, pág. 61, fazendo alusão à publicação da Editora Atena - São Paulo, pág. 56.

praticar delitos futuros? E apenar pelas más informações sobre o fato passado não é alguma coisa hedionda? Será marginalizado *ad perpetum* alguém que já foi apenado anteriormente? Isto implica em boa justiça? Assim procedendo, está o Estado a desvirtuar teleologicamente a pena.

  Se Beccaria tinha razão ao dizer que "inocente é aquele cujo crime não se provou", não menos verdade é o fato de que se pode afirmar que, quites está com a sociedade aquele que, de alguma maneira pagou sua dívida. Prosseguir perseguindo é desvirtuar a finalidade do Direito Penal e sua sanção tão propalada, quer pela prevenção geral, quer pela prevenção especial.

  De qualquer forma, há de ser encarar a pena como um mal sem sentido, quando não consegue ela, a pena, alcançar, ou pelo menos pretender alcançar, o caminho da reinserção social do apenado. Mas, com o advento da publicidade desta reinserção, na figura hedionda dos antecedentes criminais, ela — a pena — se torna infamante, além de perpétua, o que violenta profundamente a minha consciência jurídica.

7 — CONCLUSÕES

Conclui o presente trabalho, realçando os seguintes pontos julgados relevantes.

I — Foi providencial ter-me sido transmitida orientação para a inserção de um capítulo sobre a "culpabilidade". Afinal, não teria sentido falar em reabilitação criminal sem antes discorrer sobre o início de tudo: a culpabilidade do agente. Ademais, não abri espaço para a conseqüência natural dessa culpa e a sanção seria no mínimo incoerente. Não há falar no que vem muito *depois*, se não se tiver noção do que acontece *antes* e *durante*. Assim, o discorrer sobre a culpabilidade e a pena, ainda que *en passant* e sem muito sentido epistemológico, acabou por fornecer substância a toda a idéia cerne deste arrazoado.

II — O vocábulo *reabilitação* não pode ser interpretado pelo prisma gramatical, mas interessa para o jurista o termo no seu sentido técnico. Esta é sempre uma dificuldade que encontra quem tem de trabalhar com palavras "equívocas", como no caso.

III — A Reabilitação, feita instituto jurídico-penal, é aparentado por ancestralidade com outros tantos, como a *graça*, a *clemência*, a indulgência, a anistia etc., etc.. De cada um deles se distancia — ou diferencia — por detalhes nem sempre temporais, senão que materiais, ontológicos e axiológicos.

IV — Pode-se dizer que o instituto deita raízes no Direito Romano. Por óbvio, passou o instituto por várias fases, como sói sempre acontecer com tudo quanto percorra a trilha do tempo. Na velha Roma, instituto de Reabilitação existiu com o pomposo nome de *restitutio in integrum* e serviu a todos os direitos. Pelo que foi dado observar, é de se admitir que o instituto aparece no Direito Romano pré-clássico, mais precisamente na República (520 até 72 a.C.). Segundo Moacir Lobo da Costa, a primeira aparição do instituto aplicado objetivamente data do ano de 183 a.C. Antes, portanto, do Direito Romano Clássico, segundo Leib Soibelman.

V — Evidencia-se também que a modernidade surgida a partir do final do século XVIII, com a Revolução Francesa, ou, mais, precisamente, com a legislação que se seguiu ao grande movimento humanístico, quando os direitos do Homem e do Cidadão ganharam nova dimensão. É no Código Criminal de 1808 que se constata a presença do instituto tal como o conhecemos.

As idéias reformistas alcançaram toda a Europa, e nessa esteira a Reabilitação foi introduzida na Espanha, que acabou influenciando grande parte de legislação latino-americana, notadamente onde predomina o idioma ibérico. Certo é que o instituto é apresentado já em 1889 na Costa Rica, e em 1891 na Colômbia, pelo menos.

VI — Em solo pátrio, na vigência das Ordenações, notadamente a última delas: o Livro V, das Ordenações Filipinas, que vigiu por longos 227 anos entre nós, não se têm notícias do instituto de forma alguma. Realizava-se aqui a prática da "graça" como *indulgência* do soberano, não porém como medida legal ou judicial.

Conforme o demonstrado, já o Código Criminal do Império faz alusão a uma forma embrionária de reabilitação. Se não era como a que temos hoje — nem poderia ser —, era pelo menos compatível com as condições políticas, sociais e culturais, de 1827, época em que foi elaborado aquele diploma de alto teor epistemológico.

Do diploma seguinte, o Código da república, nada que possa interessar, salvo as críticas já apresentadas no corpor deste trabalho. Um documento comprometido com a mediocridade. Da mesma forma, o trabalho de Vicente Piragibe nada trouxe, limitando-se a compilar tudo quanto já existia até então, uma vez que não foi feito para ser norma jurídica, senão que obra com pretensões doutrinárias.

VII — O Código de 1940 começa pecando logo na sua Exposição de Motivos, ao pretender que o seu antecessor tivesse aplicado "uma forma da *restitutio integrum*". Tivesse sido pesquisado e o ministro Francisco campos não teria cometido semelhante equívoco. A Revisão Criminal pode anular a sentença, provocando até mesmo a absolvição. Ora, quem se vê absolvido de imputação anterior é porque não tinha contra si a formação correta e coerente da culpa (lato senso). Então era inocente, e não tinha de que se reabilitar. Já a Reabilitação Criminal não absolve ninguém, pretendendo apenas fornecer os meios necessários que facilitam ao reabilitando a oportunidade de se reintroduzir na sociedade, conforme os artigos 93 a 95 do Código Penal. De rigor, o instituto se presta unicamente para esse fim: proporcionar ao indivíduo reais possibilidades de viver em paz com a sociedade contra a qual, até certo tempo passado, se insurgiu, disso advindo a sanção.

VIII — Modernamente, ou melhor dizendo, atualmente, já se garante, ainda que de forma precária, o sigilo dos antecedentes criminais, o que poderá ocorrer pelo menos por duas formas distintas, mas judicial qualquer delas: a primeira pela via regular de uma ação própria para o exercício do direito subjetivo da Reabilitação Criminal, conforme determina o direito substantivo vigente. A outra modalidade é de caráter adjetivo penal, e está dimensionada no artigo 202 da Lei de Execução Penal.

Em realidade, a reabilitação judicial, tal como conhecemos, cancela *sub conditio* os antecedentes criminais. Está claro que, ao *reabilitado*, pouco ou nada se garante, bastando ver como julgou um tribunal caso em que recorreu a um mandado de segurança. Negou-se o amparo a pessoa que não queria ver seus atos passados em folha de antecedentes. A justificativa do tribunal foi no sentido de admitir tal anotação de sentença condenatória, posto que o documento se prestava para fazer prova em inscrição para o concurso público (ingresso na magistratura).

IX — Outros países, principalmente alguns do Leste Europeu, *extinguem* os antecedentes criminais em lugar de, como nós, apenas cancelar as anotações. A diferença está em que, naquela primeira hipótese, o Cidadão está livre para sempre do estigma dos antecedentes criminais, enquanto que, nesta última, o espectro do passado rondará para sempre a vida do ex-condenado, não se sabendo quando nem como essa marca volverá a aflorar para embaraçar a convivência do Cidadão em sociedade.

X — A questão dos antecedentes criminais, aporética que é, vem preocupando seriamente, notadamente pela proliferação do uso sem controle possível, pelo menos neste momento. Indaga-se se pode o Estado agir com tanta liberalidade em relação à intimidade do Cidadão, ainda que isso implique em casos anteriores de natureza criminal. À guisa de proteção do Cidadão, até mesmo depois de ele nada mais dever à sociedade e ao Estado.

E mais. Dar publicidade do fato em fase de investigação como se consumado fosse, ou mesmo usar fato passado para induzir a falsa certeza de culpa presente, pode ser considerado como atitude ética do Estado? Pode esse "leviatã" agir assim sem qualquer escrúpulo, como tem ocorrido entre nós? Isso tem sido motivo de sérias preocupações. Precisa ser revisto e, com a urgência possível, corrigido.

Como se não bastasse, vem à tona o uso abusivo e desleal dos **arquivos paralelos**. Não constitui tal uso, por si só, verdadeira distorção das atividades do Estado, no labor de proteger do crime a sociedade? Em síntese, não estaria ocorrendo um lamentável "desvio de poder"? Esses malsinados "arquivos paralelos", dizem, são o sustentáculo da atividade investigatória; que a polícia necessita deles para bem cumprir sua difícil missão. Mas até onde pode chegar essa atividade? Penso que o Estado não pode agir dessa forma. É preciso policiar a polícia.

Essas indagações que afligem aqueles que, como eu, acreditam na reinserção social do indivíduo. Uso a locução "reinserção" apenas para reforçar o argumento, pois, na realidade, sequer se pode garantir que o delinqüente tenha estado alguma vez "inserido" no contexto social.

XI — Finalmente, há todo um trabalho escalonado para que se possa pretender chegar à verdadeira "reinserção social", aquela de que tanto se fala — e se trabalha, é bom que se diga — em Portugal, onde existe, desde 1982, o Instituto de Reinserção Social, criado pelo Decreto-Lei nº 319/82, e que funciona com razoável sucesso, segundo me informaram colegas lusitanos.

Como primeira medida, há de se coibir o uso, a qualquer pretexto, da expedição de "folhas de antecedentes" ou certidões cartorais que relatem fatos passados na vida do Cidadão ex-delinqüente. Esta seria, em meu modesto parecer, medida compulsória de responsabilidade do Juízo processante da execução da pena, a quem caberia determinar todas as baixas inclusive nos "arquivos paralelos" dos cartórios que tenham processado originariamente os efeitos.

De lege ferenda. Implicaria alterar algumas normas jurídicas penais, ou mesmo suprimi-las. Incluam-se nesse rol a conceituação axiológica do instituto de reincidência, que não poderia ser fato gerador de agravamento de pena por fato posterior, e a extinção do período contido no artigo 94 do Código Penal. Além, evidentemente, da exclusão de exigências subsidiárias para a concessão da Reabilitação Criminal.

Assim, superando-se o problema aporético dos antecedentes, e ajustada a legislação pertinente, agilizar-se-ia todo o processo de reintrodução do Cidadão no contexto social, com palpáveis benefícios a todas as partes: ao Cidadão, que poderá "viver em paz" com seus iguais; à sociedade, que não teria de se preocupar com mais um delinqüente potencial; e ao Estado, que não teria de investir pesado, como faz, para tentar proteger a sociedade daquele indivíduo já reabilitado.

A questão gira em torno de se saber se a solução do problema interessa para aquela minoria que vive de alardear, quando não de alarmar, seus excelentes serviços. A pesquisa deixou claro que, de regra, quanto mais alarmada a população, melhor para o Estado poder investir maciçamente na Segurança Pública, não importa que os métodos não estejam a produzir os resultados esperados, como é o nosso caso. O caminho a seguir está esboçado: que se coiba a veiculação dos antecedentes do cidadão; que se facilite a agilização da aplicação do instituto da Reabilitação Criminal. Daí, parece-me, será bem mais fácil chegar-se à reinserção social tão almejada. Em caso contrário, então, a razão assiste a Michel Foucault, quando expõe com clareza os "Ilegalismos y Delincuencia".

XII — De resto, o instituto está definitivamente incrustado no ramo substantivo do Direito Penal, questão aceita como tal pela unanimidade da doutrina e da jurisprudência. Da mesma forma, já não se questiona mais que o instituto, tal como posto, é direito subjetivo do cidadão, tendo em vista que somente aqueles que atendem a certos requisitos e condições, entre elas a de ter a punição extinta por qualquer das formas conhecidas, poderão pleiteá-lo.

Estas as conclusões a que cheguei ao final das pesquisas a que me dediquei, durante o tempo de elaboração deste trabalho. Como já foi dito, este não tem o condão de pretender ser definitivo, ou de atingir as raias da perfeição. Apenas quer ser lembrado como alguma coisa desenvolvida com toda a boa intenção e com a seriedade que o dever impõe. Se equívocos ocorreram, e creio que tal deva ter acontecido, louvo-me da vontade inquebrantável de tentar produzir algo de útil à Ciência Penal e ao Direito Penal, enquanto elemento de equilíbrio das relações sociais.

BIBLIOGRAFIA

- ALCÂNTARA, Machado. *Ante projeto/Parte Geral/do Código Penal*, Editora Revista dos Tribunais, 1938.
- ALMEIDA, Lauro. *Código Penal alemão, Direito Comparado*, José Bushatsky, Editor, 1974.
- ALTAVILA, Enrico. *O Deliqüente e a Lei Penal*, vol. III - Coimbra Editora Ltda - Coimbra, Portugal.
- AMERICANO, Odin I.B.. *Manual de Direito Penal, Parte Geral*, vol. I - Saraiva, 1985.
- ANCEL, Marc.. *A defesa social*, 2ª Edição, 1971, Forense.
- ARAÚJO, Luiz A. D.. *A proteção constitucional da própria imagem*, Dissertação PUC 1989.
- BACIGALUPO, Enrique. *Manual de Derecho Penal*, Temis. Bogotá Colômbia, 1983.
- BARREIROS, José Antonio. O Cidadão Delinqüente: Reinserção Social, Edição dos I.R.S., Lisboa, Portugal, 1983 — Coletânea de Autores.
- BATAGLINI, Giulio. *Direito Penal*, vol. 2, co-edição Saraiva e USP, 1973. Trad. Prof. Paulo José da Costa Jr. e Armindo da Miotto.
- BENTO, de Faria. *Código Penal Brasileiro*, Parte Geral, vol.II, Livraria Jacintho Editora, 1942.
- BONESANA, Cézare (BECCARIA). *Dos Delitos e das Penas*, tradução e comentários de Vicente Sabino, Juriscredi, 1972. Mesma obra, Editora Atena.
- BRUNO, Anibal. *Direito Penal*, vol. III, Forense, 1967.
- BUSTOS, Juan Ramirez. *Introducion al Derecho Penal*, Editora Temis, Bogotá, Colombia, 1986.
- CABRERA, Raul Peña. *Tratado de Derecho Penal*, Parte Geral, vol. I, Editora Sagitário — Lima, Peru, 1987.
- CAMARGO ARANHA, A.Q.T.J.. *Direito Penal*, vol. I, Saraiva, 1986. (rev. Parte Geral Mag. Nor.)
- CARRARA, Francesco. *Programa de Direito Criminal*, vol. II, Editora Saraiva, 1957.
- CARVALHO Fº Aloysio. *Comentários ao Código Penal*, vol. VI, Forense, 1944. Obra fundamental de Nelson Hungria.

- CERNICHIARO, Luiz Vicente. *Estrutura do Direito Penal*, José Bushatsky, Editor, 1974.
- CORREIA, Eduardo. *Direito Criminal*, Tomo II, Livraria Almedina, Coimbra, Portugal, 1988.
- CORREIA, Alexandre. *Manual de Direito Romano*, obra escrita em parceria com Gaetano Sciascia, vol. I, Edição Saraiva, 1949.
- COSTA, Moacir Lobo. *A Revogação da Sentença* (Perfil Histórico). Revista da Faculdade de Direito (USP), vol. LXXII, Segundo fascículo, páginas 155/226.
- COSTA Jr, Paulo José. *La rieducazione del condennato*, extrato, Cedam. Padova — Itália, 1964.
  Comentários ao Código Penal, vol. I, Editora Saraiva, 1988.
  Direito Penal Objetivo, Forense Universitária, 1989.
  Curso de Direito Penal, vol. I, Editora Saraiva, 1991.
- DAVID, Pedro R.. *El Mundo del Deliquente*, Editorial Astrea, Buenos Aires, Argentina.
- DELMANTO, Celso. *Código Penal Comentado*, Edição Freitas Bastos, 1986 e Renoval, 1988.
- DEVESA, José Maria Rodriguez. *Derecho Penal Español*, Parte General, Gráfica Carasa, Madrid, Espanha.
- DORADO MONTEIRO, Pedro Garcia. *Bases para um Nuevo Derecho Penal*, Ediciones Depalma, 1973, Buenos Aires, Argentina.
- ECHENIQUE, José. *Bases de la legislación Penal, Organización Judicial y de procedimiento criminal de la URSS*, Editorial Progresso, Moscou, 1958.
- FERREIRA, Manoel Cavaleiro de. *Direito Penal Português*, vols. I e II, Editora Verbo, Lisboa, Portugal, 1982.
- FERRIANI, Lino. *Criminosos Astutos e Afortunados*, Livraria Clássica Editora - A.M. Teixeira — Lisboa, Portugal, 1896.
- FOUCAULT, Michel. *Vigilar y Castigar*, material xerográfico fornecido pelo prof. Carlos Maria Cárcova.
- FRAGOSO, Heleno Cláudio. *Lições de Direito Penal*. Parte Geral, vol. I, Forense, 1985.
- FRANCO, Alberto Silva. *Temas de Direito Penal*, Saraiva, 1986.
- GALVAN, Manuel Grosso. *Los Antecedentes Penales: Rehabilitación y Control Social*, Bosch, Casa Editorial S/A, Barcelona, Espanha.

- GARCEZ, Walter de Abreu. *Curso Básico de Direito Penal*, Parte Geral, José Bushatsky, Editor, 1972.
- GRAMATICA, Filippo. *Princípios de Defesa Social*, Editorial Montecorvo, Madrid, Espanha, 1974.
- GRAU, Eros Roberto. *Direito, Conceitos e Normas Jurídicas*, Revista dos Tribunais, 1988.
- GORBACHEV, Mikhail. *Perestroyka*, Editora Nova Fronteira, 1988.
- GOULART, Enny. *A individualização da Pena no Direito Brasileiro* (tese), 1970.
- HERNANDEZ, César Camargo. *La Rehabilitación*, Bosch Casa Editorial, Barcelona, Espanha.
- JESCHEK, Hans Heindreich. *Tratado de Derecho Penal*, Parte General, vols. I e II, Bosch, Casa Editorial, Barcelona, Espanha.
    Tradução de Santiago Mir Puig e Francisco Muñoz Conde.
- JESUS, Damásio Evangelista. *Direito Penal*, Parte Geral, Saraiva, 1984.
    Código Penal Anotado, Saraiva, 1989.
- JORGE, Willian Wanderley. *Curso de Direito Penal*, parte Geral, vol. I, Forense, 1986.
- KARAYEV, T.E. *La Reincidencia en el Delito*, Editorial Ciencias Sociales, La Habana, Cuba, 1988.
    Tradução do original por René Gomez Manzano.
- LISZT, Franz Von. Tratado de Derecho Penal, Parte General, vol. III, Instituto Editorial Reus S/A., Madrid, Espanha.
    Tradução Luis de Gimenez Asúa. Adaptação ao Direito Penal Espanhol por Quintiliano Saldaña.
- LOPES, Jair Leonardo. *Reabilitação e o sistema de penas no anteprojeto de reforma da parte geral do Código Penal*, publicado na Revista Ciência Penal, edição Forense, 1981.
    Nova Parte Geral do Código Penal, Livraria Del Rey, Belo Horizonte, MG, 1985.
- LUIS, Osório. *Notas ao Código Penal Português*, França. Armênio, Editores. Coimbra, Portugal, 1917.
- LUISI, LUIZ. *Tipo Penal e Teoria Finalista da Ação* (tese) 1975.
- LYRA, Roberto. *Comentários ao Código de Processo Penal*, vol VI, Edição Forense, 1944.
    A Expressão mais Simples do Direito Penal, José Konfino, Editor, 1953.

- MACHADO, Dyonélio. *Uma Definição Biológica do Crime*, Editora Bels, Porto Alegre, R.S.
- MACK IVER, Luis Consejiño. *Derecho Penal de Chile*, Tomo I, Parte General, 1975. Editorial Jurídica de Chile.
- MAGGIORE, Giuseppe. *Derecho Penal*, Parte General, vol. II, Editorial Temis, Bogotá, Colômbia, 1985.
- MARQUES, José Frederico. *Curso de Direito Penal*, vol. III, Edição Saraiva, 1956.
- MEDICA, Vicenzo La. *O Direito de Defesa*, Armênio Editor, Coimbra, Portugal, 1942. Trad. Fernando de Miranda.
- MEZGER, Edmund. *Tratado de Derecho Penal*, Tomo II, Editorial Revista de Derecho Privado, Madrid, Espanha, 1933.
- MIRABETE, Júlio Fabrini. *Execução Penal*, Atlas Editora, 4ª Edição, 1991.
- MOMMSEN, Theodor. *Derecho Penal Romano*, Editorial Temis, Bogotá, Colômbia, 1976. Tradução de Pedro Garcia Dorado Monteiro.
- MONIZ SODRÉ, Antonio A. *As Três Escolas Penais*. Livraria Freitas Bastos, 1977.
- MOREIRA ALVES, José Carlos. Curso de Direito Romano, vol. I e II.
- NERY, Paulo Pinto. *Humanização da Pena*, Sergio Cardoso. Cia, Editores Manaus, AM, 1959.
- NICOLAIDES, Michel Basile. *Reabilitação*, trabalho publicado na RT/550.
- NORONHA, Edgar de Magalhães. *Direito Penal*, Parte Geral, vol. I, Saraiva, 13ª Edição, 1976.
  Curso de Direito Processual Penal, Saraiva, 7ª Edição, 1974 e 17ª Edição, 1986.
- ORDOÑEZ, Victor Manoel. *La defensa de la libertad personal*, Guadernos de Derecho, nº1, Manágua, Nicarágua, 1990.
- OSORNO, Guillermo Borja. *Derecho Procesal Penal*, Editorial Cajica, Puebla, México, 1977.
- PESSINA, Henrique. *Elementos de Derecho Penal*, vol. IV, Editorial Reus S/A., Madrid, Espanha, 1936. Trad. de Hilarión Gonzalez del Castillo.
- PIERANGELLI, José Henrique. *Códigos Penais do Brasil*, Editora Jalovi, Bauru, SP, 1980.

- PINHO, Ruy Rebello. *História do Direito Penal Brasileiro — Período Colonial,* José Buchatsky, Editor, 1973.
- PIRAGIBE, Vicente. *Consolidação das Leis Penaes,* Livraria Freitas Bastos, 1936.
  Código Penaes Estrangeiros, Livraria Jacinto, 1934.
- PIREZ, Renén Quiróz. *Introdución a la Teoria del Derecho Penal,* Editora Ciencias Sociales, La Habana, Cuba, 1987.
- REALE, Miguel. *Filosofia do Direito,* 2º vol., Saraiva, 1953.
- REALE Jr. Miguel. *Penas e medida de segurança no novo Código,* edição Forense, 1987.
- REQUIÃO, Rubens. *Curso de Direito Falimentar,* vol. II, Saraiva.
- RIBEIRO, Pontes. *Código Penal Brasileiro Comentado,* Livraria Freitas Bastos, 1977.
- RIPOLLÉS, A Quintano. *Comentários ao Código Penal,* Editorial Revista de Derecho Privado, Madrid, Espanha, 1946.
- RODA, Juan Córdoba. *Culpabilidade y Pena,* Bosch, Casa Editorial, Barcelona, Espanha.
- ROSA, Antonio Camaño. *Derecho Penal,* Editorial Bibliografica Uruguaia, Montevideo, Uruguai, 1957.
- ROXIN, Claus. *Culpabilidad y Prevención en Derecho Penal,* Reus - S/A., Madrid, Espanha.
  Problemas Básicos de Derecho Penal, Reus S/A, Madrid, Espanha, 1976.
  Teoria del Tipo Penal, Depalma, Buenos Aires, 1979.
- RUSHE, Kircheimer, *Pena e Estrutura Social,* Edição da Ressegna Penitenziária e Criminologia, Bologna, Itália, 1978.
- SABINO, Vicente Jr.. *Direito Penal,* Parte Geral, vol. II, Sugestões Literárias, 1967.
- SALGADO, Martins José. *Sistema de Direito Penal Brasileiro,* José Konfino, Editor, 1957.
- SAUER, Willhelm. *Derecho Penal,* Parte General, Bosch, Casa Editorial, Barcelona, Espanha, 1956. Trad. Juan Del Rosal.
- SIQUEIRA, Galdino. *Tratado de Direito Penal,* Parte Geral, vol. II, José Konfino, Editor, 1947.
- SOLER, Sebastian. *Derecho Penal Argentino,* Parte General, Tomo II, editado pela T.E.A., Buenos Aires, Argentina, 1951.
- TOLEDO, Francisco de Assis. *Princípios Básicos de Direito Penal,* 2ª Edição, Saraiva, 1986.

- TOURINHO Fº, Fernando Costa. *Processo Penal*, 8ª Edição. Saraiva, 1986.
- THOMPSON, Augusto. *Escorço Histórico do Direito Criminal Luso-Brasileiro,* Editora dos Tribunais, 1976.
- TUCCI, José Rogério Cruz e. *Contribuição ao Estudo Histórico do Direito Processual Penal* (Direito Romano), Forense, 1983.
- VIEHWEG, Theodor. *Tópica e Jurisprudência.* Tradução do prof. Tércio Sampaio Ferraz Jr., edição da Coleção do Pensamento Jurídico Contemporâneo, do Minist. da Justiça, 1979.
- ZAFARONI, Raul Eugênio. *Manual de Derecho Penal*, vol. II, Parte General, Ediciones Juridicas, Lima, Peru, 1986.
- ZDRAVOMILLOV, e outros. *Derecho Penal Soviético*, Editorial Temis Bogotá, Colômbia, 1970. Trad. de Nina de La Mora e Jorge Guerreiro.

XAVIER, Carlos. *Estatutos Penais*, Livraria Freitas Bastos, 1941.

CÓDIGOS PENAIS

1. *ALEMANHA*. Tradução de Lauro de Almeida. José Bushatsky, 1974.
2. *ARGENTINA*. Editora A.Z., Buenos Aires, 1981.
3. *COSTA RICA*. Lehamann Editores, 1988.
4. *CHILE*. Editorial Jurídica de Chile, 1979.
5. *COLÔMBIA*. Poligráficas Editora, 1989.
6. *CUBA*. Divulgação do Ministério de Justiçia, 1987.
7. *ESPANHA*. Trivium Editorial, 1987.
8. *ITÁLIA*. UTET, Torino. Revisão dos profs. Chiavaro e Padovani.
9. *MÉXICO*. Para o Distrito Federal, Editorial Porrea S/A. 1980. Para el Estado Libre y Soberano de México, Editorial Cajica S/A. Puebla.
10. *NICARÁGUA*. Editado por "Asoción Catalana de Profisionals", impresso pela Grafiques Comigó S.C.C.L., Barcelona, Espanha, 1988.
11. *PANAMÁ*. Públicado pelo Colégio Nacional de Abogados, 1983.
12. *PERU*. Editado por EDDILI, Lima, Peru.
13. *PORTUGAL*, Editado pela Livraria Petrony. Lisboa, Portugal, 1983.

CÓDIGOS DE PROCESSO PENAL

1. *ARGENTINA*. A.Z. Editora, Buenos Aires,
2. *CHILE*. Editorial Jurídica de Chile, 1979.
3. *COLÔMBIA*. Poligráficas Editora, 1989.
4. *COSTA RICA*. Lehmann Editores, 1987, San José da Costa Rica.
5. *CUBA*. Divulgação do Ministério de Justiça.
6. *ESPANHA*. Trivim Editorial, 1987.
7. *ITÁLIA*. UTET, Torino, Itália.
8. *MÉXICO*. Editores Mexicanos Unidos, 1978. Editorial Cojica S/A., 1976.
9. *PERÚ*. EDDIT S/A., Lima, Peru, 1987.
10. *PORTUGAL*. Editado pela Livraria Petrony, Lisboa, Portugal, 1983.

DICIONÁRIOS

1. "Novo Dicionário Aurélio", 1ª edição, 3ª tiragem.
2. "Dicionário Contemporâneo da Língua Portuguesa — Caldas Aulete", 1958.
3. "Dicionário Moderno da Língua Portuguesa".
4. "Novo Dicionário Latínico-Portuguez". Editora Verbo, Lisboa, Portugal, 1917.
5. "Dicionário de Direito Penal", Cernicchiaro, Luiz Vicente. Bushatsky, 1974.
6. "Dicionário de Direito Romano". Silveira, Waldemar César. Bushatsky, 1957.
7. "Dicionário de Tecnologia Jurídica". Pedro Nunes. Bolsoi — Rio 1948.
8. "Vocabulário Jurídico". Plácido e Silva.
9. "Dicionário Francês/Português — Português/Francês. Editora Globo, 1958.
10. "Novíssimo Dizionário Portughese/Italiano — Italiano/Portughese. Lello Irmão, 1974.
11. "Dicionário Espanhol/Português — Português/Espanhol. Liv. Nobel S/A. - 1976.
12. "Enciclopédia do Advogado". Leib Soibelman. Editora Rio, 1979.

13. "Enciclopédia Saraiva de Direito". vol. 63. Arminda Miotto e Marli Cardone.
14. "Dicionário de Brocardos Jurídicos". Sugestões Literárias, 9ª edição.
15. Enciclopédia Barsa. Edição 1958.

PUBLICAÇÕES ESPECIALIZADAS EM JURISPRUDÊNCIAS

RT - Revista dos Tribunais
LEX: Supremo Tribunal Federal.
    Superior Tribunal de Justiça.
    Tribunal de Justiça do Estado de São Paulo.
    Revista de Jurisprudência e Doutrina do Tribunal de Alçada Criminal - TACRIM
    Jurisprudência Mineira
    Revista da Associação dos Magistrados do Estado do Paraná.
    Associação dos Advogados de São Paulo - AASP.

Impresso nas oficinas da
EDITORA FTD SA
Avenida Antonio Bardella, 300
Fones: 912-1905 e 912-8099
07220-020 GUARULHOS (SP)